Die Psychologie des Brexit

„Als Psychologe und ehemaliger Präsident des britischen Berufsverbands für Psychologie habe ich die Brexit-Bedenken sowohl im Vereinigten Königreich als auch in Europa aus erster Hand erlebt. Doch eine gründliche psychologische Analyse war bisher Mangelware. Brian Hughes füllt diese Lücke mit einer tiefgreifenden Analyse der Auswirkungen auf Bürger und Gemeinschaften, die mit Energie und Stil geschrieben ist. Ich denke, dass dieses Buch einen dauerhaften Platz im Brexit-Bücherregal erhalten wird."

—Nicola Gale, *Abteilung für Psychologie, City University of London und ehemalige Präsidentin der British Psychological Society*

„Dieses Buch ist eine klar formulierte und aufschlussreiche Untersuchung der Psychologie des Brexit. Brian Hughes stützt sich auf Theorien aus der kognitiven Psychologie, der Sozialpsychologie und der individuellen Unterschiede, um zu erklären, was die Mehrheit der Briten, die zur Wahlurne gegangen sind, dazu bewogen hat, für den Austritt aus der Europäischen Union zu stimmen, und welche psychologischen Folgen diese kollektive Entscheidung hatte. Hughes' zugänglicher und fesselnder Stil macht dieses Buch zu einem Muss für jeden, der sich für menschliches Verhalten und Entscheidungsfindung interessiert."

—Michael Smith, *Außerordentlicher Professor für Psychologie, Northumbria University, UK*

„Dieses Buch ist eine Pflichtlektüre für Politiker, Wissenschaftler und Lehrer sowie für Laien. In diesem ausgezeichneten und klar geschriebenen Band hat Hughes den integralen Zusammenhang zwischen politischen Entscheidungen und psychologischem Wohlbefinden aufgezeigt, und als solches ist dieses Buch in diesem Bereich wegweisend. Politiker müssen sich darüber im Klaren sein, dass ihre Entscheidungen nicht nur die politische und wirtschaftliche Zukunft ihrer Länder beeinflussen, sondern auch die psychische Gesundheit ihrer Bürger erheblich beeinträchtigen können."

—Esther Greenglass, *Professorin für Psychologie, York University, Toronto, Kanada*

„Politische Umstände sind untrennbare Begleiter menschlicher Erfahrungen, die Gewinne und Verluste, Belohnungen und Kosten mit sich bringen, unabhängig davon, ob sie direkt oder indirekt beeinflusst und/oder erlebt werden oder nicht. Es ist daher keine Überraschung, insbesondere für Sozialwissenschaftler, zu entdecken, wie sehr die Politik unser psychologisches Wesen beeinflusst. Doch die psychologische Dynamik, die politische Prozesse und Ergebnisse bestimmt, ist vielleicht weniger offensichtlich, insbesondere für Politiker. Hughes' zeitgemäße, aufschlussreiche und mutige Analyse der politischen Psychologie des Brexit ist eine Lektion für alle."

—Krys Kaniasty, *Professorin für Psychologie, Indiana University of Pennsylvania, USA, und Institut für Psychologie, Polnische Akademie der Wissenschaften, Polen*

Brian M. Hughes

Die Psychologie des Brexit

Erkenntnisse aus Verhaltenswissenschaft und Psychodrama

Brian M. Hughes
School of Psychology
University of Galway
Galway, Irland

Dieses Buch ist eine Übersetzung des Originals in Englisch „The Psychology of Brexit" von Hughes, Brian M., publiziert durch Springer Nature Switzerland AG im Jahr 2019. Die Übersetzung erfolgte mit Hilfe von künstlicher Intelligenz (maschinelle Übersetzung durch den Dienst DeepL.com). Eine anschließende Überarbeitung im Satzbetrieb erfolgte vor allem in inhaltlicher Hinsicht, so dass sich das Buch stilistisch anders lesen wird als eine herkömmliche Übersetzung. Springer Nature arbeitet kontinuierlich an der Weiterentwicklung von Werkzeugen für die Produktion von Büchern und an den damit verbundenen Technologien zur Unterstützung der Autoren.

ISBN 978-3-031-16111-7 ISBN 978-3-031-16112-4 (eBook)
https://doi.org/10.1007/978-3-031-16112-4

Die Deutsche Nationalbibliothek verzeichnet diese Publikation in der Deutschen Nationalbibliografie; detaillierte bibliografische Daten sind im Internet über http://dnb.d-nb.de abrufbar.

Springer

Lektorat: Wiebke Würdemann
Springer ist ein Imprint der eingetragenen Gesellschaft Springer Nature Switzerland AG und ist ein Teil von Springer Nature.
Die Anschrift der Gesellschaft ist: Gewerbestrasse 11, 6330 Cham, Switzerland

Für meine Eltern,
Mary und Jarlath

Danksagung

Ich möchte mich bei allen Mitarbeitern von Palgrave für ihre Arbeit an diesem Buch bedanken, insbesondere bei Beth Farrow für ihre Unterstützung und Beratung. Ich bin auch Jo O'Neill (Palgrave) und Raju Kumar (Springer) dankbar.

Ich bin einer Reihe von Kollegen und Kontakten, die mir Ratschläge und Feedback gegeben haben, sehr dankbar. Ich bin in der glücklichen Lage, auf Fachleute in vielen verschiedenen Bereichen zurückgreifen zu können (nichtsdestotrotz sind alle Irrtümer in Bezug auf Fakten oder Einschätzungen natürlich meine eigenen). Mein besonderer Dank gilt Aidan Kane, Donncha O'Connell, Marie-Louise Coolahan, Marguerite Hughes und Siobhán Howard für das Lesen von Entwürfen verschiedener Abschnitte und für ihr fachkundiges Feedback. Ich bin auch einer Reihe von anderen dankbar, die ihre Ideen, Gedanken und Brexit-Perspektiven mit mir geteilt haben, darunter Krys Kaniasty, Páraic Ó Súilleabháin, Chris Snowdon, Esther Greenglass und John Bogue. Einige der Gedanken auf diesen Seiten habe ich bei einem öffentlichen Vortrag für die Psychological Society of Ireland vorgetragen, und ich bin allen bei der PSI dankbar, dass sie dies organisiert haben, einschließlich Terri Morrissey und Lisa Stafford.

Wie immer möchte ich mich persönlich bei der üblichen Gruppe für ihre ständige Unterstützung und Geduld bedanken, bei Annie und Louis und vor allem bei Marguerite.

Brian M. Hughes

Auch von Brian M. Hughes

Conceptual and Historical Issues in Psychology (2012, Prentice-Hall)
Rethinking Psychology: Good Science, Bad Science, Pseudoscience (2016, Palgrave)
Psychology in Crisis (2018, Palgrave)
A Conceptual History of Psychology: The Mind Through Time (2023, Bloomsbury)

Inhaltsverzeichnis

1

Brexit als Psychodrama

„THE EMPIRE STRIKES BACK“ lautete die Schlagzeile, deren große Buchstaben fast die gesamte Titelseite einnahmen. Es war einer dieser Tage, an denen die Nachrichten in Großbuchstaben verkündet werden mussten. Im Hintergrund war eine kaum sichtbare, angegraute Unionsflagge zu sehen, die zweifellos von den Winden der Zerstörung zerfetzt worden war, während darunter ein Ausschnitt von Premierminister David Cameron zu sehen war, der von der Bühne blickte und dessen schmerzverzerrtes Gesicht der Welt die Niederlage signalisierte.

Mit klischeehaften, aber dennoch anschaulichen visuellen Hinweisen verkündete diese Schlagzeile der Boulevardzeitung einen einzigartigen historischen Wendepunkt, einen Moment in der Zeit, den nur wenige Leser jemals wirklich vergessen würden (Miranda, 2016).

Es war der Tag nach dem Brexit-Referendum. Entgegen jeder Erwartung hatten die Menschen für *den Austritt* gestimmt. „Holt uns hier raus“, sagten sie. Großbritannien, und vielleicht auch die Welt, würden nie wieder dieselben sein.

Aber auch wenn es sicherlich auffällig und angemessen dramatisch war, so war die Schlagzeile doch ein wenig seltsam. Irgendetwas stimmte da nicht ganz.

B. M. Hughes, *Die Psychologie des Brexit*,
https://doi.org/10.1007/978-3-031-16112-4_1

Auf welches „EMPIRE“ wurde genau Bezug genommen?

War dies eine Anspielung auf die selbsternannte Stellung des Vereinigten Königreichs als imperiale Macht, deren globale Relevanz eher auf historischer und kultureller Nostalgie als auf tatsächlicher territorialer Herrschaft beruhte?

Oder war es eine Anspielung auf die Europäische Union selbst, ein pannationales, expansionistisches Konsortium, das von Euroskeptikern oft beschuldigt wird, eigene imperialistische Absichten zu verfolgen?

Wie bei allen Dingen, die mit dem Brexit zu tun haben, war es komplizierter, als es zunächst erschien. Wie wir im Laufe dieses Buches sehen werden, hängt die Bedeutung weitgehend von der eigenen Perspektive ab.

Zumindest die Vorstellung, dass „Reiche“ sich gegenseitig „angreifen“, war angemessen apokalyptisch. Langsam hatte man das Gefühl, dass die Realität aus den Fugen gerät. Innerhalb weniger Stunden nach dem Ergebnis des Referendums hatte der Premierminister seinen Rücktritt angekündigt. Der Wert des Pfunds und des Euro stürzte auf den globalen Devisenmärkten ab. Die Medien auf der ganzen Welt begannen, sich mit den Auswirkungen dieses unerwarteten gesellschaftspolitischen Zusammenbruchs zu beschäftigen.

Und im Vereinigten Königreich wurde der Brexit schnell zu einer alles verschlingenden, kollektiv traumatisierenden und äußerst herausfordernden gesellschaftlichen Umwälzung.

In Ermangelung eines besseren Begriffs entwickelte sich der Brexit in den Jahren seit 2016 zu einem vollwertigen Psychodrama.

In den Medien, in der Wissenschaft und in der Öffentlichkeit gibt es einen allgegenwärtigen Impuls, den Brexit mit psychologischen Wörtern zu erklären, wenn auch mit einem unterschiedlichen Grad an Überzeugungskraft. Brexit-Haltungen werden häufig als Symptome pathologischen Denkens klassifiziert. Menschen, die für den Verbleib gestimmt haben, werden als „Remoaners“ bezeichnet, was eine chronisch gestörte Stimmung unterstellt. Diejenigen, die für den Austritt gestimmt haben, werden als „Brextremisten“ abgetan, was auf Soziopathie hindeutet.

Die Sprache der Psychiatrie wird häufig verwendet, um den Brexit als einen Akt nationaler „Selbstbeschädigung“ anzuprangern, wobei die Befindlichkeiten von Menschen, für die Selbstbeschädigung eine gelebte Realität ist, offenbar wenig Beachtung finden. Diese sog. nationale Selbstschädigung durch den Brexit wird manchmal als Katastrophe dargestellt, ein anderes Mal wird sie benutzt, um das Interesse der Leser anzuregen, indem eine landesweite Vorliebe für Masochismus unterstellt wird.

Andere Perspektiven konzentrieren sich auf die politische Leistung. Sie analysieren die Gruppendynamik und die organisatorischen Verhaltensweisen, die erforderlich sind, um den besten bürokratischen Brexit zu erreichen. Das gesamte Unternehmen, das angeblich die Schaffung einer neuen nationalen Souveränität in einem noch nie dagewesenen Ausmaß zum Ziel hat, wird auf die schmutzigen Realitäten von Persönlichkeitskonflikten und die Erfordernisse des internen Parteimanagements reduziert.

Für viele Menschen sind die psychologischen Auswirkungen des Brexits die Herausforderung seiner Komplexität. Der Brexit lässt „das Gehirn schmelzen". Seine Unverständlichkeit ist eine Quelle nationaler Verzweiflung. In einem Talkshow-Interview, das sich in den sozialen Medien verbreitete, sprach der Schauspieler Danny Dyer für Millionen von Menschen, als er erklärte, der Brexit sei „ein verrücktes Rätsel", von dem „niemand eine Ahnung hat" (Busby, 2018).

Der Brexit ist nicht das Ergebnis einer zufälligen Tragödie oder eines spontanen wirtschaftlichen Aufruhrs. Er wurde von Politikern ersonnen, von den Bürgern gewählt und wird nun von Bürokraten umgesetzt.

Der Brexit ist nicht „einfach passiert". Er existiert, weil die Menschen beschlossen haben, ihn zu vollziehen. Er wird daher in hohem Maße von einer Vielzahl psychologischer Faktoren beeinflusst, die in vielen gesellschaftlichen Gruppen erlebt werden. Der Brexit ist das Ergebnis einer Vielzahl von Wahrnehmungen, Präferenzen, Entscheidungen, Selbstbildern, Einstellungen, Ideen, Annahmen und begründeten (oder unbegründeten) Schlussfolgerungen.

Wenn Sie also den Brexit verstehen wollen, warum wenden Sie sich nicht an einen Psychologen?

Schließlich ist die Psychologie die formale Untersuchung dieser sehr menschlichen Verhaltensweisen, dieser Gefühle und Gedanken, dieser Erfahrungen von Individuen und Gemeinschaften. Die Psychologie ist insofern eine Wissenschaft (mehr oder weniger), als sie nach empirischen Beweisen sucht, um bestimmte Behauptungen zu stützen oder zu widerlegen.

Psychologen entwickeln Theorien, führen Experimente durch und sammeln Daten. Sie suchen nach Signalen in dem, was sonst als Lärm behandelt würde. Sie versuchen, dem Chaos in der Welt eine intellektuelle Ordnung zu geben.

Und was könnte chaotischer sein als der Brexit?

Die Psychologisierung des Brexits

Der Brexit ist unweigerlich relevant, und zwar nicht nur für das britische Publikum. Er ist eine Fallstudie über Gruppenentscheidungen in demokratischen Massensystemen; seine Lehren gelten für jede Gemeinschaft, in der Entscheidungen an den Wahlurnen getroffen werden. Eine der fortschrittlichsten Gesellschaften, die es je gegeben hat, wurde in einen Ort des vorherrschenden und fast permanenten Pandämoniums verwandelt. Es ist eine Warnung an alle anderen friedfertigen Länder vor kultureller Selbstgefälligkeit.

Und da der Brexit das Gleichgewicht der Gesellschaft stört, ihre ruhende Homöostase zerstört, ist er die Definition dessen, was Psychologen als „Stressor" bezeichnen. Es kann daher davon ausgegangen werden, dass er eine schwere psychische Belastung für die Bevölkerung darstellt.

Der Brexit ist aus psychologischen Impulsen entstanden, wurde durch psychologische Entscheidungen bestimmt, wird in Bezug auf psychologische Wahrnehmungen interpretiert und wird einen bleibenden psychologischen Eindruck hinterlassen. Für viele Menschen, vor allem im Vereinigten Königreich (aber nicht nur dort), hat der Brexit einen großen Einfluss auf die Psyche. Es sollte daher nicht überraschen, dass die psychologischen Aspekte des Brexits bei der Erklärung durch Experten so viel Aufmerksamkeit erhalten.

Aber nicht alle Hot Takes sind gleich. Manchmal verrät die Interpretation von Ereignissen mehr über die Menschen, die sie interpretieren, als über die Ereignisse selbst. Die Vorstellung, dass der Brexit die Sehnsucht der Briten nach vergangenem imperialem Ruhm widerspiegelt, könnte ein gutes Beispiel dafür sein. Das ist wichtig, weil solche imperialistischen Narrative nicht nur dazu benutzt wurden, den Brexit zu erklären, sondern auch, um diejenigen zu dämonisieren, die ihn unterstützen.

Die Vorstellung, dass Jahrhunderte der Geschichte in das Verhalten der heute lebenden Bürger einfließen, ist eine sehr verführerische Erzählung. Bei jedem psychologischen Ansatz ist es jedoch wichtig, empirische Beweise und wissenschaftliche Standards der Argumentation zu berücksichtigen. Denn verführerische Erzählungen werden selbst von psychologischen Einflüssen angetrieben. In vielen Fällen sind sie gerade deshalb verführerisch, weil sie sich von der Banalität der realen Welt abheben.

Mit anderen Worten: Viele verführerische Erzählungen sind Beispiele für Eskapismus.

Sie sind gerade deshalb so verführerisch, weil sie falsch sind.

Imperium 2.0

Es liegt in der psychologischen Natur des Menschen, seine eigene Art als außergewöhnlich zu betrachten. In dieser Hinsicht sind die Menschen, die das moderne Vereinigte Königreich bilden – nun ja – keine Ausnahme.

Die Briten sind sich im Allgemeinen bewusst, dass das Vereinigte Königreich einen bedeutenden Einfluss auf die Welt gehabt hat. Nur wenige Nationen können für sich in Anspruch nehmen, die Welt mehr beeinflusst zu haben. Bis auf 22 Länder, aus denen sich die heutige internationale Gemeinschaft zusammensetzt, sind die Briten früher oder später gewaltsam in alle Länder eingedrungen (Laycock, 2012).

Es scheint, dass sie schon so lange, wie die Geschichte geschrieben wurde, darauf aus waren, die Dinge zu übernehmen: Eine der ersten Erwähnungen der Briten ist jene, als Julius Cäsar darüber schrieb, dass sie unerwartet im Kampf gegen die Römer in Frankreich auftauchten.

Der erste formelle britische Versuch, einen anderen Staat zu stürzen – eine Invasion in Gallien unter der Führung von Clodius Albinus im Jahr 197 n. Chr. – kam nicht über Lyon hinaus. Im Laufe der folgenden Jahrhunderte häufte Großbritannien jedoch eine ganze Reihe von Herrschaftsgebieten, Kolonien, Territorien und Protektoraten an. Großbritannien beherrschte die Wellen „auf Geheiß des Himmels“ und errichtete ein Gemeinwesen, das sich über den gesamten Globus erstreckte. Seine wahrhaft globale Ausdehnung veranlasste George Macartney, den in Irland geborenen Gouverneur der Britischen Westindischen Inseln, dazu, es zu einem „riesigen Reich, über dem die Sonne niemals untergeht und dessen Grenzen die Natur noch nicht ergründet hat" zu erklären (Kenny, 2005).

Im Vereinigten Königreich wird den Schulkindern beigebracht, dass das Britische Empire auf seinem Höhepunkt ein Viertel der Landfläche der Erde und ein Viertel der Bevölkerung umfasste. Das Konzept ist in den Köpfen der Bürger von klein auf verankert. Ob alle seine Auswirkungen gewürdigt werden, ist weniger klar.

Gelegentlich wird die Statistik verfälscht, wie zum Beispiel, als ein Anrufer im nationalen Radio behauptete, dass die Bürger keine Angst vor einer Zukunft nach dem Brexit haben müssten, weil ihr Land früher „drei Drittel der Welt" kontrolliert habe. Auf Nachfrage reduzierte der Anrufer dies auf „zwei Drittel" (Oppenheim, 2017). Der Ruhm der Vergangenheit hat oft mehr Einfluss auf das Wesen als auf den Inhalt.

In öffentlichen Kommentaren und in der Medienberichterstattung wird der Brexit regelmäßig in einen postimperialen Rahmen eingeordnet. Für die Wissenschaftlerin Nadine El-Enany (2017) spiegelte das Brexit-Votum eine lang gehegte Angst vor dem Verlust des Imperiums wider. Dies führte in Großbritannien zu einem „extremen Unbehagen über seinen Platz als formal gleichberechtigter Partner neben den anderen EU-Mitgliedstaaten" und nicht als Inhaber des imperialen Throns. Vince Cable, Vorsitzender der Liberaldemokraten, argumentierte, dass viele Brexit-Befürworter von der „Nostalgie nach einer Welt, in der die Pässe blau, die Gesichter weiß und die Landkarte kaiserlich rosa gefärbt waren", verwirrt seien (Jamieson, 2018).

Wissenschaftler und Journalisten haben beschrieben, wie eine „nostalgische Sehnsucht nach den verlorenen Kolonien" als „Teil der nationalen Psyche [Großbritanniens]" tief verankert wurde (Olusoga, 2017). Sie schafft einen Zustand der „postkolonialen Melancholie", der die politische Debatte weiterhin verzerrt (Saunders, 2019). Großbritannien leidet unter einer wiederkehrenden „selbstbetrügerischen Erzählung" über seine Aussichten auf neue imperiale Errungenschaften, wonach „unsere" ehemaligen Kolonien ein neues, weißes, „englischsprachiges Handelsgebiet –

genannt Empire 2.0 – bilden wollen, das die EU ersetzen soll" (Mason, 2018).

Das Thema der pathologischen Selbstverherrlichung taucht immer wieder auf. Laut dem Guardian-Autor Gary Younge (2018):

> Unsere koloniale Vergangenheit und die Unfähigkeit, sich mit ihrem Ende abzufinden, vermittelten vielen den Eindruck, dass wir viel größer, stärker und einflussreicher sind, als wir es tatsächlich sind. Irgendwann haben sie sich eingeredet, dass wir deshalb im Zentrum der meisten Weltkarten stehen, weil sich die Erde um uns dreht, und nicht, weil wir es waren, die die Karten gezeichnet haben.

In ihrem Buch „*Rule Britannia: Brexit and the End of Empire*" warnen der Geograf Danny Dorling und die Soziologin Sally Tomlinson, dass eine solche postimperiale „Arroganz" den Brexit begünstigt, weil „eine kleine Anzahl von Menschen in Großbritannien eine gefährliche, imperialistische Fehleinschätzung unserer Stellung in der Welt hat" (Dorling & Tomlinson, 2019).

Die post-imperiale Sichtweise ist nicht auf britische Kommentare beschränkt. Sie wurde auf der ganzen Welt als journalistisches Kürzel für die Berichterstattung über den Brexit übernommen. Die *New York Times* beschreibt den Brexit als „Englands letzten Atemzug des Empire", eine „fehlgeleitete Sehnsucht", die auf einer „Fantasie von wiederbelebter Größe" beruht, die von „Träumern" gefördert wird, die „von Nostalgie angewidert" sind (Judah, 2016). In der *Washington Post* wird Großbritanniens „alte koloniale Hybris" so dargestellt, dass sich das Vereinigte Königreich „an die imperiale Nostalgie klammert", die von „einer gehörigen Portion Wahnvorstellungen" belastet wird (Tharoor, 2019).

In *Le Monde* beklagt der französische Historiker Jean-François Dunyach, wie britische Euroskeptiker Empiremythen als „ideologisches Beiwerk" einsetzen, das aus kaum mehr als „irreduziblen Zweideutigkeiten" besteht (Dunyach, 2019). Die amerikanische Historikerin Dane Kennedy beschreibt, dass der Brexit permanent von „wiederholten Beschwörungen der imperialen Vergangenheit" angetrieben wird (Kennedy, 2018).

Aus all diesen Ausführungen ergibt sich ein ausgeklügeltes psychologisches Modell – eine Theorie, wenn man so will –, das dem tief verwurzelten Empiredenken eine klare Rolle bei der Gestaltung der heutigen Ereignisse zuweist. Wie Dorling und Tomlinson es ausdrücken, stellt der Brexit „die letzten Überreste des Imperiums dar, die sich aus der britischen Psyche herausarbeiten".

Auf den ersten Blick scheint es zu passen. Allein die Tatsache, dass Großbritannien schon einmal die Wogen geglättet hat, scheint ein *Prima-facie*-Beweis dafür zu sein, dass es wieder dazu in der Lage ist. Dadurch wird der britische Wohlstand in den Köpfen der Menschen zu einer greifbaren Möglichkeit und nicht nur zu einer Hypothese.

Aber hinter diesem Psychodrama steckt mehr als eine Vergangenheit, die als Vorbild für die Zukunft dient. Es geht nicht nur darum, logische Lektionen zu lernen, die es erlauben, die Geschichte zu imitieren. In dieser Analyse gibt es geheimnisvolle Kräfte wie „Wahn", „Melancholie", „Sehnsucht", „Unbehagen" und „Nostalgie" und natürlich die amorphe „britische Psyche". Diese Theorie über den Brexit beschreibt ein Volk, das gleichzeitig von einer verzerrenden Impulsivität überwältigt wird und nicht in der Lage ist, echte Logik zu erkennen.

Die Auswirkungen dieser Art von Dingen sollten weitreichend sein. Die Behauptung, dass die Briten tatsächlich von kolonialen Ängsten, imperialen Anhängseln und Majestätswahn geplagt werden, beschreibt eine Art Gehirnkrankheit, die den eigentlichen Prozess der Demokratie untergräbt. Es würde bedeuten, dass die Briten, oder zumindest einige von ihnen, *nicht bei klarem Verstand* sind. Eine solche Behauptung sollte die Psychologie des Brexits in den Mittelpunkt des täglichen Lebens stellen.

Von der Selbstachtung zur Selbstverleugnung

Doch bevor wir uns mit seinen Vorzügen befassen, sollten wir uns einen Moment Zeit nehmen, um zu sehen, wohin uns diese Linie des *Brexits als post-imperiales Psychodrama* noch führen könnte. Eine Folge davon, dass die Briten nicht mehr an der Spitze eines Imperiums stehen, ist, dass sie nun erklären müssen – vor allem sich selbst –, warum ihr Status so reduziert ist. Jahrzehntelange psychologische Forschung zeigt, dass die meisten Menschen Verluste nicht einfach dadurch erklären, dass sie selbst die Schuld dafür übernehmen. Stattdessen lassen sie sich auf verschiedene Arten von Rationalisierungsprozessen ein, bei denen die persönliche Geschichte im Nachhinein neu geschrieben wird.

Ein Ansatz besteht darin, einen Sündenbock zu finden, jemanden, dem man die Schuld an der eigenen Misere gibt. Oft werden den Sündenböcken genau die Fehler vorgeworfen, für die sich die Ankläger selbst schuldig fühlen. Mit anderen Worten: Die Menschen projizieren ihre eigenen Fehler auf andere. In der Paartherapie könnte ein egozentrischer Klient versuchen, unerwünschte Kritik abzulenken, indem er behauptet, sein *Partner* sei derjenige, der wirklich gierig ist. Solche Rationalisierungen können vielleicht im Hier und Jetzt die Schuld ablenken, aber sie führen wahrscheinlich nicht zu dauerhaftem Glück.

Eine zweite Strategie besteht darin zu versuchen, das Unbehagen in etwas umzuwandeln, das sich positiver anfühlt. Ein Klient, der seinen Partner als egoistisch empfindet, könnte zum Beispiel beschließen, dass er die Tatsache *liebt*, dass sein Partner so „selbstbewusst" ist. Auf diese Weise wird die unangenehme Situation des Klienten zu einer Quelle positiver statt negativer Emotionen, wenn auch nur oberflächlich und auf prekäre Weise.

Wenn diese Rationalisierungen wissentlich angenommen werden, können sie als nützliche Bewältigungsstrategien angesehen werden, als Ausreden, die man anbringen kann, um Schuld zu vermeiden. Wenn sie jedoch ernsthaft geglaubt werden, werden diese Ausreden zu etwas anderem. Sie werden zu pathologischen Wahnvorstellungen, zum Glauben an Unwahrheiten, zu psychotischen Gedanken, zur Abkopplung von der Realität. Sie werden zu *Symptomen.* Dieses symptomatische Szenario ist in der Darstellung des Brexits als post-imperiales Psychodrama enthalten.

In einigen Berichten über den Brexit wird versucht, diese Nebensächlichkeiten herauszuarbeiten und nach Anzeichen zu suchen, die die Richtigkeit der Gesamtinterpretation bestätigen. Es wird behauptet, dass die Briten häufig versucht sind, Trost zu finden, indem sie „gesichtslose Brüsseler Bürokraten" als „Außengruppe" darstellen, auf die sie ihr eigenes schlechtes Urteilsvermögen projizieren können (Carswell, 2018).

So haben britische Kritiker die Europäische Union häufig dafür kritisiert, dass sie es versäumt hat, die Einwanderung in das Vereinigte Königreich zu begrenzen. Allerdings haben die britischen Behörden seit Jahren die Macht, dies selbst zu regeln (Lee, 2018). Mit anderen Worten: Britische Euroskeptiker – von denen viele Parlamentarier sind – beschuldigen die EU, bei der Migration wegzuschauen, während in Wirklichkeit das gewählte britische Parlament – also viele eben jener Euroskeptiker – die wahren Schuldigen sind.

Vom Selbsthass zum Selbstmissbrauch

Die Strategie des Sündenbocks wird oft durch das Bemühen ergänzt, im Leid Trost zu finden. Eine Lehre aus der psychologischen Forschung ist, dass es den Menschen recht leichtfällt, ihre Emotionen angesichts der Umstände umzufunktionieren. Tatsächlich tun sie das ständig, oft ohne sich dessen bewusst zu sein.

In einem berühmten Experiment aus den 1960er-Jahren injizierten Psychologen der Universität von Minnesota Studenten Adrenalin, ohne ihnen zu sagen, was in der Spritze war (Schachter & Singer, 1962). Anschließend überzeugten sie die Studenten davon, dass ihre seltsamen körperlichen Reaktionen tatsächlich auf emotionale Reaktionen und nicht auf die Wirkung der Droge zurückzuführen waren. Wichtig ist, dass die Psychologen *wählen* konnten, welche Emotionen die Studenten letztendlich empfanden. Sie überzeugten einige der Studenten, dass ihre körperlichen Reaktionen auf Wut zurückzuführen waren, indem sie ihnen ärgerliche Dinge sagten. Andere Studenten überzeugten sie davon, dass ihre Erregung auf Glück zurückzuführen war, indem sie ihnen Witze erzählten. Alle Schüler erlebten den gleichen körperlichen Adrenalinstoß, aber wie er interpretiert wurde, hing ganz davon ab, was die Psychologen *entschieden, dass* sie fühlen sollten. Die Studie zeigte, dass der Mensch durchaus in der Lage ist, seine eigenen Gefühle neu zu interpretieren, *nachdem er sie empfunden hat.*

Daraus ergibt sich einer der wichtigsten Grundsätze der Psychologie: *Menschen werden in hohem Maße von anderen beeinflusst – und haben nie so viel Kontrolle über ihre Gefühle und Wahrnehmungen, wie sie gerne glauben.*

Dadurch können Menschen sogar lernen, sich im Schmerz *zu suhlen* oder sich zumindest durch diese Erfahrung bestätigt zu fühlen. Die Identifikation mit der Rolle des „Schmerzempfängers" treibt sie schließlich zu selbstzerstörerischem Verhalten. Nach Ansicht des irischen Journalisten Fintan O'Toole können genau diese psychologischen Überlegungen zur Erklärung des Brexits herangezogen werden. O'Toole legt eine besonders pulsierende Darstellung dieser Sichtweise in seinem Buch *Heroic Failure: Brexit and the Politics of Pain* (O'Toole, 2018) dar, in dem er mehrere anschauliche Beispiele für eine „sadopopulistische" Dynamik in der britischen Kultur aufführt.

So zieht er beispielsweise Parallelen zwischen der Punkbewegung der 1970er-Jahre – mit ihrer Botschaft des „Masochismus als Revolte" – und der „nihilistischen Energie, die den Brexit-Impuls angetrieben hat". Der Punk brachte die Fesselungsklamotten aus dem Schlafzimmer auf die „Straße", argumentiert er, während der Brexit das Selbstmitleid der Klientel aus dem medienpolitischen Boudoir in die reale Politik brachte.

O'Toole stellt die populäre sadomasochistische Vorliebe für Nazi-Uniformen dem von den Befürwortern des Austritts immer wieder beschworenen Hurrapatriotismus des Zweiten Weltkriegs gegenüber. Er verweist auf die einzigartige Popularität sog. „alternativer Geschichtsromane" in Großbritannien, in denen das Vereinigte Königreich als Verlierer des Krieges und als von den Faschisten unterworfen dargestellt wird. Könnte dies, so fragt O'Toole, ein Zeichen dafür sein, dass die Briten ein tiefes Gefühl dafür haben, beispielsweise von der Europäischen Union dominiert zu werden?

Er führt weiter aus, dass „das meistverkaufte Buch eines englischen Autors" in den Jahren vor dem Brexit-Referendum E. L. James' *Fifty Shades of Grey* war, ein erotischer Liebesroman, der sich stark auf die Themen Dominanz, Unterwerfung und Sadomasochismus stützt (James, 2012). O'Toole vermutet, dass die „stellvertretende Knechtschaft", die die Leser bei der Lektüre des Buches genossen, eine Empfänglichkeit für das umfassendere politische Narrativ offenbarte, das die Befürworter des Brexit später vorbrachten: nämlich, dass das Vereinigte Königreich selbst der Europäischen Union hörig ist. Auch hier ist die Idee, dass der kulturelle Geschmack die inneren Gefühle (vieler) Briten offenbart, ein tief verwurzeltes Gefühl der Opferrolle, das als Lust am Masochismus dargestellt wird.

O'Toole ist nicht der Einzige, der andeutet, dass Masochismus bei der Brexit-Erfahrung eine treibende Kraft ist. Die politische Diskussion dreht sich oft um diese Idee. Die Behauptung, dass der Schmerz eines harten Brexits „ein Preis ist, den es zu zahlen lohnt" – im Wesentlichen, dass das Leiden gut für das Land wäre –, ist ein wiederkehrendes Thema. Im Parlament verurteilte der Vorsitzende der Scottish National Party im Unterhaus solche Ansichten ausdrücklich als „Masochismus" und sagte, sie beinhalteten „Wahnvorstellungen, Taubheit, Selbstgeißelung – für die [die Konservativen] offensichtlich Geschmack gefunden haben" sowie „Spaltung, Lähmung und schließlich den politischen Tod" (O'Donoghue, 2019).

Das Argument, dass diese Kräfte nur dazu dienen, die Unterstützung für den Brexit aufrechtzuerhalten, anstatt ihn zu behindern, wird durch die Ergebnisse mehrerer Meinungsumfragen bestätigt. In solchen Umfragen spricht sich eine Mehrheit der „Leave"-Wähler in der Regel dafür aus, dass Großbritannien aus der Europäischen Union austreten sollte, ungeachtet des wirtschaftlichen Schadens, den dies verursachen würde, und selbst dann, wenn dies dazu führen würde, dass eines ihrer eigenen Familienmitglieder arbeitslos würde (Mance, 2017).

Darin liegt der Endpunkt des Psychodramas. Die Briten (oder, wie O'Toole betonen würde, die Engländer) haben ihr einst glorreiches Imperium verloren und treiben nun weiter, für immer psychisch verwundet. Sie lernen, sich in einer fremdenfeindlichen Opferrolle zu suhlen. Sie sind besessen von ihren Brüsseler Peinigern, verteufeln sie aber gleichzeitig. Letztendlich führen sie unweigerlich ihre eigene vorsätzliche, selbst entworfene und selbst verordnete Zerstörung herbei. Für ein psychologisches Narrativ ist das alles sicherlich ausreichend.

Die bloße Gegenüberstellung zweier Ideen beweist jedoch nicht, dass eine Sache eine andere verursacht. In der Psychologie geht es um viel mehr als um die Konstruktion einer gründlichen Erzählung. Die Wissenschaft verlangt, dass Erzählungen anhand einer strengen Entscheidungslogik und, wenn möglich, anhand objektiver empirischer Beweise geprüft werden. Wir alle kennen das Psychodrama als aufregend, farbenfroh und aufsehenerregend. Aber das macht es leider nicht real.

Eine wissenschaftliche Psychologie des Brexit

Die Psychologie kann eine schwierige Wissenschaft sein, gerade weil sie so interessant ist. Ihr Gegenstand ist der Stoff, aus dem die täglichen Gespräche sind. Nur wenige Themen, wie z. B. die Kernphysik, werden am Esstisch diskutiert. Das „Nahrungsbestandteile" der Psychologie werden jedoch bei jeder Mahlzeit verzehrt. Standardmäßig reduziert sich jede menschliche Unterhaltung auf den Stoff der Psychologie: Wer hat was getan? Warum haben sie es getan? Und werden sie es wieder tun? Um Homer zu paraphrasieren: In gewisser Weise sind wir *alle* Psychologen. Aber, um Homer Simpson zu paraphrasieren, auf andere – *genauere* – Weise sind wir es nicht.

Psychologie ist keine Meinungsmache. In vielerlei Hinsicht ist sie das Gegenteil. Während die Meinungsmache die Möglichkeit bietet, eine subjektive Experteneinschätzung abzugeben, versucht die Psychologie – als wissenschaftliches Fachgebiet – den Begriff der subjektiven Einschätzung zu *umgehen*. Stattdessen konstruiert die Psychologie Erklärungen, indem sie das Ziehen von Schlussfolgerungen an eine formale Methode auslagert.

Die Gründe dafür sind von der Psychologie selbst beleuchtet worden. Wir haben einige von ihnen oben erörtert. Insbesondere ist der Mensch, wenn er sich selbst überlassen ist, weit weniger objektiv, als er glaubt zu sein. Daher müssen sie auf ihre eigene Subjektivität achten, ihrer eigenen Voreingenommenheit widerstehen und bewusst Maßnahmen ergreifen, um zu objektiven Schlussfolgerungen zu gelangen. Aus diesem Grund hat die Menschheit die wissenschaftliche Methode erfunden, und deshalb ist die Psychologie im Gegensatz zur Klugscheißerei eine Wissenschaft geworden.

Das bedeutet nicht, dass alle Psychologen weiße Kittel tragen, in Laboren leben, Zahlen rechnen oder Männer sind (Hughes, 2016). Wissenschaft ist keine Uniform, kein Ort, kein Ritual. Vielmehr ist Wissenschaft das, was Philosophen eine „Art des Wissens", eine Erkenntnistheorie nennen. Sie ist eine Alternative zu Meinung, Hörensagen, Instinkt, Autorität oder Aberglauben. Es stimmt, dass sich die meisten Wissenschaften auf numerische Daten konzentrieren, die unter kontrollierten

Bedingungen, z. B. in Laborexperimenten, erhoben wurden. Wissenschaftliche Argumentation erfordert jedoch nicht diese besonderen logistischen Merkmale. Die Wissenschaft setzt voraus, dass die Dinge nachweisbar, (potenziell) widerlegbar und wiederholbar sind. Wenn diese Bedingungen erfüllt werden können – in der Realität oder auch *nur im Prinzip* –, *dann* kann man sagen, dass die eigene Argumentation wissenschaftlich ist.

Es ist möglich, einen wissenschaftlichen Ansatz zu wählen, um Krankheiten zu heilen, den Klimawandel zu bekämpfen oder Autos zu entwickeln. Man kann auch wissenschaftlich vorgehen, wenn es darum geht, mit Rassismus umzugehen, Kinder zu erziehen oder auszuwählen, wohin man in den Urlaub fährt.

Natürlich ist es auch möglich, die Psychologie des Brexits mit einem wissenschaftlichen Ansatz zu verstehen. Wir können das post-imperiale Psychodrama des Brexits als unser erstes Beispiel betrachten.

Psychodrama unter dem Mikroskop

Es besteht kein Zweifel, dass die kulturelle Immersion real ist und dass die Menschen ihr ganzes Leben lang mit Propaganda bombardiert werden. Diejenigen, die beim Brexit-Referendum mit abgestimmt haben oder jetzt die Umsetzung des Brexits steuern, haben jedoch alle ein begrenztes Leben in der Neuzeit gelebt. Die erste Frage, die wir uns daher stellen könnten, lautet: Ist es wirklich wahr, dass historische Ereignisse, wie der Untergang des Empire, wichtige Einblicke bieten, warum so viele Menschen heute vom Brexit beseelt sind?

Am rudimentärsten können wir die post-imperiale Psychodramatheorie im Hinblick auf ihre Ursachewirkungsstruktur betrachten. Der „Untergang des britischen Empire" ist die vorgeschlagene Ursache, die Unterstützung für den Brexit die vorgeschlagene Wirkung. Natürlich ist das alles sehr vereinfacht. Kein Analytiker würde behaupten, dass es nur eine Ursache für den Brexit gibt. Wir würden den Brexit sicherlich als eine *multikausale* Angelegenheit betrachten. Aber das ändert nichts an der zentralen Ursachewirkungsbeziehung, die vorgeschlagen wird. Zur Veranschaulichung: Auch wenn es wahrscheinlich viele Ursachen für

Herzkrankheiten gibt, die sich gegenseitig verstärken, ist es dennoch vernünftig zu fragen, ob rotes Fleisch allein ein Risikofaktor ist, über den wir uns Sorgen machen sollten.

Wenn wir von einer vorgeschlagenen Ursachewirkungsbeziehung hören, ziehen wir oft vorschnell den Schluss, dass die Ursache die Ursache und die Wirkung die Wirkung ist. In Wirklichkeit können wir ohne weitere Beweise höchstens sagen, dass zwei Ereignisse stattgefunden haben. Allein dadurch, dass sie im selben Universum stattfanden, sind die angebliche Ursache und die Wirkung „korreliert". Aber wie hinlänglich bekannt ist, sind *Korrelation* und *Kausalität* nicht dasselbe. Nur weil zwei Dinge zusammen passieren, heißt das nicht, dass das eine das andere verursacht hat. Es könnte sein, dass das andere das eine verursacht hat. Es könnte sein, dass eine dritte Sache beide verursacht hat. Oder es könnte alles nur ein Zufall sein. Mit anderen Worten, es könnte überhaupt kein Zusammenhang zwischen den beiden Ereignissen bestehen.

Es ist sehr menschlich, voreilige Schlüsse zur Kausalität zu ziehen. Wir alle tun dies tausende Male am Tag. Wenn Sie Wassertropfen an einer Fensterscheibe klimpern hören und dann dunkle Wolken am Himmel dahinter sehen, schließt Ihr Gehirn sofort, dass es regnet (mit anderen Worten, dass die Wolken die Tropfen „verursacht" haben). Sie ziehen diese Schlussfolgerung, ohne sich mit der Materie auseinandersetzen zu müssen. Das ist ein Zeichen für die Effizienz Ihres Gehirns, dessen biologische Grundlagen Sie mit allen anderen Menschen teilen, ein Organ, das sich im Laufe der Jahrtausende so entwickelt hat, dass es gut darin ist, Muster zu erkennen.

Das Problem ist natürlich, dass nicht alle Muster sinnvoll sind. Manchmal gibt es einen anderen Grund für diese Wassertropfen. Aber da sich unser Gehirn so entwickelt hat, dass es in der Lage ist, Muster zu erkennen, neigen wir dazu, eine Kausalität zu sehen, wenn wir eine Korrelation entdecken. Dies ist ein starker Instinkt, dem man nur schwer widerstehen kann.

So versuchte eine Gruppe von Abgeordneten im Januar 2019 im Unterhaus einen Antrag (den sog. „Cooper-Änderungsantrag") zu verabschieden, der den Zeitraum für die Brexit-Verhandlungen über die damalige Frist des 29. März hinaus verlängern sollte. Die Regierung unter der Führung von Premierministerin Theresa May hat diesen Antrag jedoch erfolgreich abgelehnt und daraufhin eine weitere eigene Maßnahme (den „Brady-Änderungsantrag“) verabschiedet, mit der sie ihre geplante Verhandlungsstrategie beibehielt. Am nächsten Tag verlor das Pfund auf den Devisenmärkten gegenüber dem US-Dollar 1 Cent an Wert (Elliott, 2019). Kritiker der Regierung erklärten dies zu einem kausalen Ereignis und argumentierten, dass die Märkte auf die Abstimmung im Parlament reagierten. Natürlich könnte dies zutreffen, denn Währungsanleger täten gut daran, politische Entscheidungen zu berücksichtigen, wenn sie entscheiden, ob sie das Pfund Sterling kaufen oder nicht. Allerdings verlieren Währungen in der Regel an Wert, wenn die jeweilige Regierung im Parlament eine *Niederlage* erleidet, und nicht, wenn sie ihre wichtigsten Abstimmungen gewinnt. Während Experten den Rückgang des Pfunds als offensichtliche Auswirkung parlamentarischer Ursachen deklariert haben könnten, wäre es für sie genauso einfach gewesen, einen *Anstieg* des Pfunds als Ursache und Wirkung zu interpretieren.

Kurz gesagt, Korrelationen bieten verführerische Erzählungen, egal in welche Richtung sie zeigen. Man kann *entweder* einen Rückgang *oder* einen Anstieg des Pfunds für sinnvoll erklären. Aber es kann kaum sein, dass zwei gegensätzliche Szenarien gleichwertige Erkenntnisse liefern. Wahrscheinlicher ist, dass sie gar nicht so viele Erkenntnisse liefern. Unser mustererkennendes Gehirn extrahiert zu viele Signale aus dem, was eigentlich Lärm ist.

Wenn es schon schwierig ist, einen Kausalzusammenhang zwischen den Parlamentsabstimmungen eines Tages und den Währungsschwankungen des nächsten Tages herzustellen, kann man sich vorstellen, wie schwer es sein muss, einen Kausalzusammenhang zwischen dem Untergang des britischen Empire und dem Brexit im 21. Jahrhundert herzustellen.

Wenn wir vorschnell einen Kausalitätsschluss ziehen und dieser sich als falsch erweist, nennen wir das einen „Korrelationsfehler“. Das kommt recht häufig vor. Um dies zu vermeiden, wird in der Wissenschaft eine Theorie in der Regel anhand einer Reihe von alternativen Erklärungen geprüft. Grob gesagt, wird bei einer wissenschaftlichen Bewertung gefragt, ob eine behauptete kausale Wirkung tatsächlich durch Zufall erklärt werden könnte, ob sie sich zu sehr auf auffällige Informationen verlässt, ob sie durch Gegenbeispiele widerlegt wird oder ob einfachere

Theorien die Aufgabe besser lösen könnten. Schauen wir uns an, wie die Brexit-als-post-imperiales-Psychodrama-Theorie bei einer solchen Prüfung abschneidet.

Das Problem der Unwahrscheinlichkeit

Manchmal erscheinen historische Ereignisse im Nachhinein fast so, als wären sie unvermeidlich gewesen. Wir nehmen sie so wahr, als würden sie eine Art historische „Logik" widerspiegeln, als würden sie eine inhärente Ordnung im Lauf der Zeit offenbaren. In gewissem Maße spiegelt dies wiederum die Art und Weise wider, wie unser Gehirn darauf getrimmt ist, Muster zu erkennen, selbst wenn diese nicht wirklich vorhanden sind. Wir wenden Erzählungen auf die Geschichte an, um ihr einen Sinn zu geben. Die Alternative, die Vorstellung, dass die Geschichte einfach nur, um Alan Bennett zu zitieren, „eine blutige Sache nach der anderen" ist, erscheint uns zutiefst unbefriedigend.

Dies wird durch die Art und Weise unterstrichen, wie wir Ereignisse zusammenfassen, um sie zu erklären, ob wir nun Journalisten, Historiker oder interessierte Bürger sind. Alle Zusammenfassungen sind *per definitionem* verfälschte Versionen der tatsächlichen Ereignisse. Einschlägige Details werden in der Regel hervorgehoben oder „geschärft". Weniger relevante Details werden heruntergespielt oder „nivelliert". Dies sind natürliche Prozesse des Geschichtenerzählens. Wir nutzen sie, um sicherzustellen, dass unsere Erklärungen von Ereignissen relevant bleiben. Würden wir unser Publikum mit mikroskopisch kleinen Details oder trivialen Beschreibungen bombardieren, könnte der eigentliche Sinn unserer Erklärungen verloren gehen.

Hervorhebung und Nivellierung sind wichtige Merkmale der menschlichen Kommunikation und haben großen Einfluss auf die Art und Weise, wie sich Informationen über soziale Kommunikationskanäle verbreiten. Die Psychologie der menschlichen Interaktion spielt auch heute noch eine große Rolle bei der Gestaltung der Ereignisse rund um den Brexit. Wir werden dies in Kap. 3 im Detail betrachten.

Auch in unserem Gehirn findet eine Schärfung und Nivellierung statt, wenn wir Erinnerungen im Langzeitspeicher verarbeiten. Wir stellen uns unsere Erinnerungen oft als eine Art Faksimile-Dokument vor, ein Video von Ereignissen, das wir vor unserem geistigen Auge abspielen, wann immer wir uns an etwas erinnern wollen. Doch in Wirklichkeit sind die meisten menschlichen Erinnerungen – selbst die persönlich wichtigsten – verfälschte Zusammenfassungen dessen, was wirklich geschehen ist. Wir schreiben Erinnerungen so in unser Gehirn, dass die wichtigsten Punkte erhalten bleiben und falsch hervorgehoben werden.

Wie in vielen anderen Situationen ist unser Mustererkennungsgehirn oft überempfindlich. Es neigt zu falsch-positiven Ergebnissen und sieht viele Sequenzen, die einfach nicht existieren. Anstatt Muster in den Informationen zu erkennen, die in unsere Richtung fließen, versuchen unsere Gehirne, allem ein Muster aufzuzwingen, um der ansonsten überwältigenden Komplexität einen vereinfachten Sinn zu geben.

Aus der Psychologie der Wahrnehmung und des logischen Denkens wissen wir, dass unsere angeborene Neigung zur Mustererkennung uns in den meisten Fällen gute Dienste leistet. In manchen Situationen verursacht sie jedoch erhebliche Probleme. Eine unserer größten Herausforderungen ist die Interpretation von Informationen, die einfach zu kompliziert sind, um sie zu verarbeiten. Wir sind besonders schlecht darin, Wahrscheinlichkeiten, Zufälle und Zufälligkeiten zu verstehen.

Wenn wir hören, dass der Brexit als Folge des post-imperialen Unbehagens beschrieben wird, ist unsere unmittelbare Reaktion, den Sinn in der Erzählung zu sehen. Wir sollten jedoch bedenken, dass wir instinktiv die Komplexität der Ereignisse herunterspielen. Wir verlieren aus den Augen, welche Rolle der Zufall – das Glück – bei der Bestimmung der Ergebnisse spielt. Wenn wir diese Idee des Zufalls richtig in Betracht ziehen, sieht das post-imperiale Psychodrama viel weniger überzeugend aus.

So war zum Beispiel die Tatsache, dass es überhaupt ein Brexit-Referendum gab, größtenteils ein Zufallsprodukt. Premierminister David Cameron schlug die Idee in einer Parteitagsrede im Januar 2013 vor. Damals waren sich die meisten Politikexperten jedoch einig, dass Cameron diese Zusage niemals würde einhalten müssen. Denn es wurde davon ausgegangen, dass die konservative Partei bei den folgenden Wahlen keine Mehrheit erlangen würde. Stattdessen würde sie eine weitere Koalition mit den Liberaldemokraten eingehen müssen, die ein Brexit-

Referendum nicht zulassen würden. Indem Cameron dieses Versprechen für die Zukunft zum Nulltarif einging, traf er eine höchst rationale Entscheidung, denn es ist der normale menschliche Imperativ, unnötige Risiken zu vermeiden. Er konnte diejenigen in seiner Partei besänftigen, die ein symbolisches Versprechen geben wollten, ohne dieses Versprechen jemals in die Tat umsetzen zu müssen.

Vor den Parlamentswahlen 2015 sagten die Meinungsumfragen übereinstimmend ein ungerades Parlament voraus. Von den elf Umfragen, die in der letzten Woche des Wahlkampfs veröffentlicht wurden, sagten fünf ein unentschiedenes Ergebnis voraus, bei dem die Konservativen und die Labour-Partei jeweils den gleichen Stimmenanteil erhalten würden. Der Durchschnitt aller Umfragen ergab, dass die Konservativen nicht mehr als 33,6 % der Stimmen erhalten würden. Die BBC kam zu dem Schluss, dass die Konservativen eine parlamentarische Mehrheit um etwa 50 Sitze verfehlen würden, was den Weg für eine mögliche Koalition zwischen Labour und der Scottish National Party ebnen würde. Als die echten Wähler bei den echten Wahlen ihre Stimme abgaben, errangen die Konservativen mit 330 der 650 Sitze die absolute Mehrheit. Sie erhielten 36,8 % der abgegebenen Stimmen, etwa 3,2 % mehr als in den Meinungsumfragen vorhergesagt.

Man muss sich also vor Augen halten, dass diese 3,2 % der Wähler über das Wahlergebnis entschieden haben. Hätte die Hälfte von ihnen anders gestimmt, wäre es wahrscheinlich zu einem ungleichen Parlament gekommen. Wenn man die Wahlbeteiligung betrachtet, könnte man sogar behaupten, dass *weniger als ein Prozent der registrierten Wählerschaft* über das Endergebnis entschieden, ein ungerades Parlament verhindert und – entgegen aller Wahrscheinlichkeit – ein Brexit-Referendum garantiert hat.

Ein ähnliches Bild ergibt sich beim Referendum selbst. Insgesamt haben 17,4 Millionen Menschen für den Austritt gestimmt, gegenüber 16,1 Millionen, die für den Verbleib stimmten. Der Vorsprung von etwa 1,3 Millionen Stimmen entspricht etwa 2 % der Gesamtbevölkerung des Vereinigten Königreichs. Hätte die Hälfte dieser Menschen – also 1 % der britischen Bevölkerung – anders gestimmt, hätten die Remainer gewonnen.

Damit soll nicht gesagt werden, dass demokratische Wahlen und Referenden etwas anderes als gültig sind. Ihre Ergebnisse können knapp ausfallen, wobei der Zufall eine entscheidende Rolle spielt, aber knappe Ergebnisse sind genauso demokratisch wie alle anderen. Der Punkt ist, dass im Fall des Brexits winzige Details enorme Unterschiede ausmachten. Die Behauptung, dass das Ergebnis unvermeidlich war, scheint ziemlich weit hergeholt zu sein. Daraus folgt, dass die Behauptung, der Brexit sei durch den Untergang des britischen Empire vorherbestimmt gewesen, ebenso weit hergeholt ist. Das genaue gegenteilige Ergebnis – nämlich gar kein Brexit – hätte unter fast identischen Umständen leicht eintreten können.

Mit anderen Worten: Wenn wir uns voll und ganz auf die Unwahrscheinlichkeit von Ereignissen, die Komplexität kleiner Details und die Rolle des Zufalls konzentrieren, ist es sehr schwer, die Behauptung aufrechtzuerhalten, dass der Brexit unaufhaltsam aus dem Untergang des Kaiserreichs hervorgegangen ist.

Das Problem der leicht zu merkenden Beispiele

Kommentatoren, die argumentieren, dass der Brexit (auch nur teilweise) auf den Untergang des Imperiums zurückzuführen ist, haben viele Beispiele angeführt, um ihre Ideen zu rechtfertigen. Aber manchmal erscheinen diese Beispiele einfach deshalb überzeugend, weil wir sie wiedererkennen. Forschungen zur Psychologie des Denkens haben ergeben, dass wir Informationen, die wir uns leicht merken können, eine übermäßige Bedeutung beimessen. Psychologen bezeichnen diese Angewohnheit als „Verfügbarkeitsheuristik“. Wenn wir Schlussfolgerungen ziehen, nehmen wir gedankliche Abkürzungen (sog. „Heuristiken“), die darauf beruhen, wie leicht uns ein Beispiel in den Sinn kommt (mit anderen Worten, wie „verfügbar“ es ist).

Wenn wir uns an eine Idee oder ein Ereignis erinnern können, sehen wir es sofort als bedeutsamer an als etwas, an das wir uns nur schwer erinnern können. Mit anderen Worten: Wir berücksichtigen nicht die Tatsache, dass wir nicht alles wissen.

Mentale Abkürzungen dieser Art haben großen Einfluss auf die Entscheidungen, die Menschen treffen, insbesondere wenn sie unter Stress stehen. In Kap. 2 werden wir uns mit vielen anderen „Heuristiken“ befassen und damit, wie sie die Brexit-Entscheidungen von Wählern, Verhandlungsführern und Politikern beeinflussen.

Wenn man nach der britischen Geschichte fragt, denken die meisten Menschen sofort an die politische Geschichte. Die politische Geschichte befasst sich mit den Regierungen, den Staatsgeschäften, dem Einfluss von Staatsoberhäuptern und großen diplomatischen Ereignissen wie Kriegen. Nur wenige denken an die Sozialgeschichte, die sich mit der Geschichte des täglichen Lebens befasst, z. B. wie die Kindheit in der Vergangenheit aussah, wie Frauen behandelt wurden oder wie Familien und Gemeinschaften miteinander umgingen. Noch weniger Menschen machen sich Gedanken über die Geistesgeschichte, etwa über die Geschichte der „Rasse“ als Idee oder über frühere Einstellungen zur Rolle von Beweisen bei der Bewertung von Wissen. Dennoch kann man davon ausgehen, dass diese Art von Geschichte ebenso wichtig ist wie die politische Geschichte, wenn es darum geht, das Entstehen zeitgenössischer Ansichten zu erklären.

Von Schulbüchern über Geldscheine und Nachnamen bis hin zu Lebensmitteln, ganz zu schweigen von Kunst und Literatur, sind die Erinnerungen an das Empire in der britischen Gesellschaft allgegenwärtig. Ebenso auffällig ist die Tatsache, dass das britische Empire nicht mehr existiert, dass es eine wirklich historische Sache ist. Die Behauptung, dass der Untergang des Empire Einfluss auf die heutige Politik hat, erhält zusätzliches Gewicht durch die Vertrautheit mit post-imperialen Elementen im täglichen Leben. Die Vertrautheit mit ihren allgemeinen Elementen sollte jedoch nicht ausschlaggebend dafür sein, ob eine Theorie geglaubt wird. Nur weil etwas leicht zu merken ist, bedeutet es nicht, dass es relevant ist.

Das Problem der Gegenbeispiele

Für die meisten Menschen ist das Anführen von Beispielen ein guter Weg, um ein Argument zu beweisen. Dies ist jedoch kein sehr wissenschaftlicher Weg. Tatsächlich besteht eine der einfachsten Techniken der wissenschaftlichen Argumentation nicht darin, nach Beispielen zu suchen, sondern nach *Gegenbeispielen*. Dies bezieht sich auf den allgemeinen Begriff der *Falsifikation*. Eine wissenschaftliche Idee ist nützlicher, wenn sie so formuliert ist, dass sie falsifizierbar ist, und es werden mehr Fortschritte bei der Gewinnung von Wissen gemacht, wenn man versucht, sie zu falsifizieren.

Wir können alle sehen, dass Großbritannien einst ein Imperium hatte und dass seine Bürger für den Austritt aus der Europäischen Union gestimmt haben. Mit Beispielen lassen sich jedoch keine Ursache und Wirkung beweisen. Gegenbeispiele sind dagegen sehr viel aussagekräftiger. Ein eindeutiges Gegenbeispiel kann eine kausale Theorie wirksam widerlegen. Wie Großbritannien hatte auch Frankreich einst ein Imperium, aber selbst die europaskeptischsten Politiker schlagen nicht mehr vor, dass das französische Volk für den Frexit stimmen sollte. Wenn die Tatsache, dass es sich um eine ehemalige imperiale Macht handelt, ein Hauptgrund dafür ist, dass sich die britischen Wähler für den Austritt aus der Europäischen Union entschieden haben, warum geschieht dann nicht dasselbe in Frankreich?

Auch Spanien hatte einst ein Kolonialreich, ebenso wie Portugal, Belgien und die Niederlande. Das galt wohl auch für Dänemark, Italien, Deutschland und sogar Schweden. Alle diese Länder befinden sich in einer ähnlichen Lage wie Großbritannien. Ihre glorreichen Tage als imperiale Mächte sind lange vorbei und relativ gesehen ist ihr Status in der Welt heute deutlich geringer. Dennoch sind in diesen Ländern die Forderungen nach einem Austritt aus der Europäischen Union auf die äußersten Ränder der Politik beschränkt.

Natürlich sind alle diese Länder unterschiedlich und ihre imperialen Erfahrungen sind vielleicht nicht die gleichen wie die Großbritanniens. Das Vereinigte Königreich könnte ein Sonderfall sein. Wir sollten auch nicht vergessen, dass politische Ereignisse mehrere Ursachen haben. Aber um das Problem kurz anzugehen, können wir feststellen, dass es in der Tat mehrere *potenzielle* Gegenbeispiele gibt. Daher ist die Behauptung, dass der Niedergang des britischen Empire für den Brexit verantwortlich ist, selbst in ihrer einfachsten Form nicht haltbar. Zumindest sind die Dinge komplizierter als das.

Das Problem der einfacheren Erklärungen

Ein letzter Grundsatz der wissenschaftlichen Argumentation bezieht sich auf die Gefahr der Übertreibung. Wir bezeichnen diesen Grundsatz als „Parsimonie“, d. h. die Vorstellung, dass einfachere Erklärungen immer logisch vertretbarer sind als komplexe Erklärungen. In gewisser Hinsicht ist die Behauptung, dass der Niedergang des britischen Empire den Brexit verursacht hat, eine sehr einfache Erklärung. Im Zusammenhang mit wissenschaftlicher Argumentation betrachten wir jedoch die „einfachste“ Erklärung als diejenige, die sich auf die wenigsten Eventualitäten stützt, oder diejenige, die die wenigsten unbestätigten Annahmen macht. Mit anderen Worten, sie ist diejenige, die am wenigsten dem Zufall überlässt.

Haben die Briten für den Brexit gestimmt, weil sie ein tiefsitzendes, sogar unbewusstes Gefühl hatten, das mit der Demütigung zwischen den Generationen durch eine undankbare Außenwelt zu tun hatte, und wegen der Nachwirkungen des imperialen Niedergangs, eines Prozesses, der nach Ansicht vieler Historiker im späten 19. Jahrhundert begann? Oder haben die Briten für den Brexit gestimmt, weil sie am Tag des Referendums mehrheitlich der Meinung waren, dass dies ihrem Eigeninteresse dienen würde?

Die letztere Erklärung ist auf jeden Fall die vernünftigere. Wir wissen, dass eine Mehrheit der Wähler am Tag des Referendums für den Brexit gestimmt hat. Wir wissen im Allgemeinen, dass die Wähler motiviert sind, Stimmen abzugeben, die ihren eigenen Interessen dienen (oder, anders ausgedrückt, wir wissen, dass sie motiviert sind, Stimmen zu *vermeiden*, von denen sie glauben, dass sie ihren Interessen *schaden*). Keine dieser beiden Annahmen ist provisorisch gedacht.

Wir wissen jedoch *nicht*, ob ein nennenswerter Teil der Wählerschaft durch die post-imperialen Ängste der britischen Kultur motiviert war. Sicherlich könnten einige Wähler dies mit ihren eigenen Interessen gleichgesetzt haben und aus post-imperialen Gründen für den Austritt gestimmt haben. Die Art der von den Wählern wahrgenommenen Eigeninteressen zu spezifizieren ist jedoch schwieriger als sie nicht zu spezifizieren. Daher ist eine allgemeine Erklärung, die sich auf post-imperiale Ängste beruft, weniger schlüssig als eine, die dies nicht tut.

Das größte Problem mit dem Psychodramaansatz ist die Tatsache, dass er dramatisch ist. Dramatik entsteht durch Details. Je mehr Details man in einer Theorie sieht, desto verführerischer wird sie. Außerdem ist eine detaillierte Theorie einprägsamer als eine fade Theorie, was sie aufgrund der Verfügbarkeitsheuristik bedeutender erscheinen lässt. Mehr Details bedeuten jedoch auch mehr Schwachpunkte. In einer detaillierten Theorie, in der mehrere Elemente unbewiesen sind, kann jedes Element, das sich als unzuverlässig erweist, das gesamte Kartenhaus zum Einsturz bringen.

Eine ausgefeilte Theorie kann natürlich richtig sein. Aber solange es keinen Beweis dafür gibt, dass sie richtig ist, können wir das nicht mit Sicherheit sagen. In diesem Fall, und wenn alle anderen Dinge gleich sind, wird eine einfachere alternative Theorie immer logisch vertretbarer sein.

Die Brexit-als-post-imperiales-Psychodrama-Theorie mag vieles sein. Aber einfach ist sie sicher nicht.

Die wahre Psychologie des Brexits

Die Psychodramatheorie über den Brexit – in der der Brexit „die letzten Überreste des Imperiums darstellt, die sich aus der britischen Psyche herausarbeiten" (mit etwas Sadomasochismus als Zugabe) – ist bunt, fantasievoll und regt zum Nachdenken an. Sie bietet viele Diskussionspunkte und wirft wichtige Fragen auf. Als psychologische Abhandlung hat sie jedoch einige Einschränkungen. Eine davon ist, dass sie nicht besonders wissenschaftlich ist. Der Psychodramaansatz hat seine Berechtigung, genau wie ein wissenschaftlicherer Ansatz. Schließlich wird sich zuverlässiges, evidenzbasiertes Wissen auf lange Sicht sicherlich als nützlicher erweisen als unzuverlässiges, spekulatives Wissen.

Die Vorteile der wissenschaftlichen Psychologie sind nicht nur methodischer Natur. Sie sind auch ethischer Natur. Ohne das aktive Bemühen, Beweise zu sammeln, Voreingenommenheit zu vermeiden und Behauptungen auf ihre Falsifizierbarkeit zu prüfen, besteht die ständige Gefahr, dass wir uns von Erklärungen einlullen lassen, die uns einfach nur erzählen, was wir hören wollen.

Manchmal berufen sich Kommentatoren auf die Idee des Imperiums, um ihre Unterstützung für den Brexit zu bekunden. Sie argumentieren, dass der Brexit lediglich die letzte in einer langen Reihe britischer Eroberungen in der Welt sei. Die inhärente Übervereinfachung dieses Narrativs droht den Brexit „einfach aussehen" zu lassen und trägt vielleicht dazu bei, dass die britischen Verhandlungsführer fälschlicherweise davon ausgehen, dass andere Länder sich fügen und ihre imperialen Forderungen akzeptieren werden (Lis, 2019).

In den meisten Fällen sind es jedoch die Remain-orientierten Kommentatoren, die den Brexit mit dem Imperium in Verbindung bringen. Die Assoziationen sind eindeutig. Leave-Wähler sind Dinosaurier, Rassisten und Monomanen, die einer längst vergangenen monokulturellen und hierarchischen Vergangenheit nachtrauern und sich in der modernen Welt mit ihrer Vielfalt und Gleichberechtigung nicht wohlfühlen. Diese post-imperialen, post-kolonialen, sadopopulistischen Leave-Befürworter agieren unverbesserlich jenseits der Mainstreamnormen der Vernunft. Sie skandieren fremdenfeindliche Parolen wie „Geht zurück, wo ihr herkommt", während *sie* sich in Wirklichkeit danach sehnen, dorthin zurückzukehren, wo *sie* herkommen: in das romantische, kolonialistische, imperiale, schöne England (Earle, 2017).

Aber wenn diese düstere Karikatur von einer Psychodramatheorie angetrieben wird, die selbst nicht haltbar ist, dann müssen wir uns fragen, ob das alles nur ein weiteres Beispiel für Brexit-Propaganda darstellt. Das post-imperiale Psychodrama verunglimpft nicht nur die Leave-Befürworter, sondern stellt auch die Remainers in einem allzu schmeichelhaften Licht dar. Es impliziert, dass sie irgendwie immun gegen die Hinterlassenschaften des Kolonialismus sind, als ob sie nie von einem weißen Privileg Gebrauch gemacht hätten und unfähig wären, post-imperialistische Ansichten zu vertreten. Postkolonialismus, so scheint es, ist etwas, das anderen Menschen passiert – denen, die den Brexit unterstützen.

Der Psychodramaansatz ist auch durch seinen Reduktionismus begrenzt. Er perpetuiert die Polarisierung. Er beschönigt die Tatsache, dass der Brexit sowohl von Antikolonialisten auf der extremen Linken als auch von Politikern auf der extremen Rechten unterstützt wird. Sie ignoriert die Tatsache, dass der Brexit von einer beträchtlichen Anzahl schwarzer und ethnischer Minderheiten unterstützt wird, die sich vermutlich *nicht* nach den glorreichen Tagen des britischen Empire sehnen. Ideen, die sich auf Identität, Kultur, Rasse, Sprache, Gemeinschaften und Religion beziehen, sind alle psychologisch wichtig, aber das Post-Imperium-Narrativ reduziert alles auf ein enttäuschend binäres Schema: die Kultivierten, die sich in der modernen Welt wohlfühlen, gegen die Primitiven, die damit nichts anfangen können.

Die Suche nach Möglichkeiten, den Brexit besser zu verstehen, ist aus vielen Gründen wichtig. Der klischeehafteste Grund ist, dass wir aus der Vergangenheit lernen, die Wiederholung unserer Fehler vermeiden und eine bessere Zukunft aufbauen können. Aus psychologischer Sicht sind auch Fragen der psychischen Gesundheit und des Wohlbefindens von Bedeutung. Der Psychodramaansatz lenkt von den schwerwiegenden Folgen des Brexit für die psychische Gesundheit in Großbritannien ab. Ironischerweise tut er dies, indem er die politischen Präferenzen der Menschen fälschlicherweise pathologisiert. Die Art und Weise, wie post-imperiale Narrative dazu dienen, die Remainer zu trösten und die Leaver zu dämonisieren, deutet darauf hin, dass diese Weltanschauungen eher ein *Symptom* der Massenangst sind als eine geeignete Grundlage, um sie zu erklären. Imperiale Narrative bedürfen der Aufmerksamkeit, aber vor allem deshalb, weil sie dazu führen, dass die Menschen die Art des Brexit-Stresses missverstehen. Wir werden diese Auswirkungen des Brexits auf die psychische Gesundheit in Kap. 4 untersuchen.

Es gibt einen letzten Grund, warum es wichtig ist, das post-imperiale Psychodrama des Brexit zu entschlüsseln. Die Verknüpfung des Brexits mit post-imperialem Unbehagen stellt aktuelle Ereignisse als von weitreichenden historischen Einflüssen getrieben dar. Dabei wird die Tatsache übersehen, dass viele wichtige Ereignisse von jüngsten Entscheidungen, aktuellen Einstellungen und gegenwärtigen Handlungen abhängig sind. Mit anderen Worten: Wenn Ereignisse wie der Brexit durch den Niedergang von Imperien verursacht werden, scheint es wenig zu geben, was die einfachen Menschen tun können, um sie zu beeinflussen. In Wirklichkeit sind Ereignisse wie der Brexit jedoch auf Faktoren zurückzuführen, die weitaus banaler sind. Das wiederum sollte bedeuten, dass wir eine größere Macht haben, einzugreifen. Die Psychologie legt nahe, dass wir diese Macht haben. Das Psychodrama hingegen ist entmündigend.

Der Brexit ist weit davon entfernt, von der Geschichte geschrieben zu werden. Er ist ein fortlaufendes kulturelles Ereignis, das von psychologischen Entscheidungen, sozialen Kräften und der menschlichen Fähigkeit zur Vernunft geprägt ist. Die Art und Weise, wie Menschen ihre Welt sehen, ihre Bedürfnisse priorisieren und ihre Entscheidungen formulieren, ist für das Verständnis des Brexits und für die Vorhersage seines Verlaufs von entscheidender Bedeutung. In der Brexit-Lehre ist viel vom „Willen des britischen Volkes" die Rede. Diesem Begriff des britischen Willens – der Psychologie der politischen Vernunft – wollen wir uns nun zuwenden.

2

Argumente für den Brexit

I. Beschlüsse, Beschlüsse

In einer idealen Welt stellen Volksabstimmungen eine Form der „direkten Demokratie" dar. Auf dem Planeten Brexit mag Demokratie jedoch vieles sein, aber niemals „direkt".

Vielleicht ist es daher keine Überraschung, dass das Vereinigte Königreich dazu neigt, Volksabstimmungen zu vermeiden. Die britische politische Tradition betrachtet das Parlament und nicht das Volk als souverän. Kein Gericht kann das Parlament außer Kraft setzen. Kein Parlament kann ein Gesetz verabschieden, das ein zukünftiges Parlament nicht mehr ändern kann.

In klassisch imperialer Manier betrachten die Briten ihre Nation sogar als die „Mutter aller Parlamente". Sie glauben, dass die Regierungen anderer Länder von der britischen Herangehensweise einiges lernen könnten.

Wenn alles andere versagt, wendet man sich an das Parlament.

Die Mutter weiß es ja schließlich am besten.

B. M. Hughes, *Die Psychologie des Brexit*,
https://doi.org/10.1007/978-3-031-16112-4_2

Es stimmt, dass in einigen Ländern mehr Volksabstimmungen stattfinden als in anderen. In der Schweiz zum Beispiel gibt es etwa zehn Volksabstimmungen pro Jahr. Aber obwohl britische Referenden ungewöhnlich sind, sind sie keineswegs selten. In den zwei Jahrzehnten vor dem Brexit hielt das Vereinigte Königreich neun große Volksabstimmungen ab, also im Durchschnitt etwa alle 26 Monate ein Referendum.

Viele dieser Volksabstimmungen betrafen die lokale Dezentralisierung und wurden auf regionaler Ebene durchgeführt. Nichtsdestotrotz hat jeder Teil des Vereinigten Königreichs diese Erfahrung mehrfach gemacht.

Die Bevölkerung von Schottland, Wales, London und Nordostengland wurde jeweils gefragt, ob sie von dezentralen Verwaltungen regiert werden wollte. Die Waliser wurden später befragt, ob sie eine Stärkung ihrer lokalen Versammlung wünschten. Die nordirischen Wähler wurden nach ihrer Unterstützung für das Karfreitagsabkommen befragt. Die schottischen Wähler gingen ein weiteres Mal an die Urnen, diesmal um zu entscheiden, ob sie völlig unabhängig werden wollten. Und in einem landesweiten britischen Referendum hatten alle britischen Wähler die Möglichkeit, sich zu einem vorgeschlagenen neuen System für die Wahl der Abgeordneten zu äußern.

Dezentralisierung. Unabhängigkeit. Frieden. Ein neues Wahlsystem. Die Themen, die dem Volk vorgelegt wurden, waren sehr unterschiedlich. Ebenso unterschiedlich waren die Reaktionen des Volkes. Während einige dieser Volksabstimmungen sehr umstritten waren, haben andere nur wenige begeistert.

Dennoch gibt es einen roten Faden, der sich durch alle Abstimmungen zieht. Hinsichtlich der Struktur und nicht des Inhalts, waren diese Stimmzettel sehr einheitlich.

Bei allen acht Volksabstimmungen wurden die Bürger aufgefordert, zwischen zwei Antworten zu wählen: einem Kästchen mit der Aufschrift „Ja" oder einem mit der Aufschrift „Nein". Millionen und Abermillionen solcher Stimmen wurden abgegeben, aber jede einzelne davon war ein „Ja" oder ein „Nein".

Das war bis zum 23. Juni 2016 so. Beim Brexit-Referendum war alles anders. Die Stimmabgabe erfolgte auf eine besondere Art und Weise.

Dieses Mal steckten die Briten etwas andere Stimmzettel in ihre Wahlurnen.

Der Brexit war, wie in so vielen anderen Bereichen, ein besonderer Fall.

Das ist die Frage

Beim ersten Vorschlag für das Brexit-Referendum sollte die Frage in einem Ja-Nein-Format gestellt werden. Das EU-Referendumsgesetz der Regierung sah vor, dass die Wähler Folgendes gefragt werden sollten:

Soll das Vereinigte Königreich Mitglied der Europäischen Union bleiben?

Die Antworten sollten wie bisher „Ja" oder „Nein" lauten. Nach einer Prüfung der Angelegenheit beschloss die Wahlkommission des Vereinigten Königreichs jedoch, die Formulierung zu ändern. Sie lautet nun wie folgt:

Sollte das Vereinigte Königreich Mitglied der Europäischen Union bleiben oder die Europäische Union verlassen?

Diese neu formulierte Frage erforderte anders formulierte Antworten. Anstatt „Ja" oder „Nein" zu wählen, mussten die Wähler nun zwischen den Feldern „Mitglied der Europäischen Union bleiben" oder „die Europäische Union verlassen" entscheiden.

Und so wurde die Stammesnomenklatur des „Remain" vs. „Leave" geboren.

Diese Schlüsselwörter, „Remain" und „Leave", wurden wegen ihrer Neutralität gewählt. Sie wurden zu zwei der emotionalsten Bezeichnungen, die in der britischen Politikgeschichte je geprägt wurden.

Der Grund für die Änderung war subtil, aber absichtlich und unbestreitbar parteiisch. Während die Wahlkommission eine offene Aufforderung zur Einreichung von Vorschlägen veröffentlicht hatte, erhielt sie von den Befürwortern des Brexit einen weitaus größeren Beitrag (Green, 2017).

Die Befürworter glaubten, dass eine Ja-Nein-Frage die Wähler zur Konformität veranlassen könnte. Die Wähler würden dazu neigen, das zu tun, was sie für „positiv" hielten. Beim schottischen Unabhängigkeitsreferendum, so glaubten die Befürworter, habe die Regierung einen unfairen Nachteil erlitten, weil sie die Menschen auffordern musste, mit „Nein" zu stimmen. Die Menschen mögen es nicht, negativ zu sein. Und es ist schwer, negativer zu sein als „Nein".

In der Psychologie bezeichnen Forscher die „Ja"-Präferenz als „acquiescence bias", d. h. als Verzerrung der Zustimmung, was für Psychologen, die Meinungsumfragen erstellen, ein besonders schwerwiegendes Problem darstellt. Die Menschen sagen einfach gerne „Ja".

Es ist unwahrscheinlich, dass dieser Impuls jemanden überwältigt, der bereits eine feste Meinung hat. Für Menschen, die sich nicht entscheiden können, kann er jedoch sehr schädlich sein. Wenn Menschen gefragt werden, ob sie einer Aussage zustimmen, bei der sie sich nicht ganz sicher sind, werden sie dazu neigen, „Ja" zu sagen. Wenn dieselbe Aussage später negativ formuliert wird und sie ein zweites Mal danach gefragt werden, neigen sie wieder dazu, „Ja" zu sagen.

Untersuchungen in der Psychologie zeigen, dass unentschlossene Befragte viel eher zustimmen als ablehnen.

Private Umfragen hatten darauf hingedeutet, dass mehr Wähler für den Austritt aus der Europäischen Union stimmen würden, wenn sie aufgefordert würden, „Leave" zu unterstützen, anstatt ein „No" anzukreuzen. Daher unternahm die Pro-Brexit-Kampagne koordinierte Anstrengungen, um die Wahlkommission davon zu überzeugen, ihre Referendumsfrage umzuformulieren, um diesen Effekt zu vermeiden (Shipman, 2016).

Die Wahlkommission berichtete, dass ihre Aufforderung zur Einreichung von Beiträgen von den Brexit-Befürwortern „klarere Ansichten" erhalten hatte, und empfahl, das „Ja-Nein"-Format aufzugeben. Es würde die Wähler dazu ermutigen, „eine Antwort als vorteilhafter zu betrachten als die andere", so die Kommission, während ein „Remain-Leave"-Layout sich als „neutraler" erweisen würde (Electoral Commission, 2015).

Nach einer langen Reihe von „Ja-Nein"-Referenden wollte das Vereinigte Königreich nun endlich seine Stimmzettel umgestalten, um eine Eigenart des menschlichen Denkens zu umgehen. Es wurde erkannt, dass die Psychologie der Wahlentscheidung Aufmerksamkeit verdient. Die Voreingenommenheit könnte nur eine kleine Gruppe von Wählern betreffen. Bei einem knappen Referendum kann eine kleine Gruppe jedoch einen sehr großen Unterschied ausmachen.

Das Zeitalter der Unvernunft

Natürlich ist nichts jemals perfekt. Einige Kommentatoren meinten, dass „Remain-Leave" nicht neutraler sei als „Yes-No". Schließlich suggeriere „Remain" Passivität, während „Leave" handlungsorientiert sei. Vielleicht würden sich unentschlossene Wähler davon beeinflussen lassen, die Dynamik der Trägheit vorziehen.

Psychologen haben viele Untersuchungen zu Ja-Nein-Fragen durchgeführt. Aber sie haben wenig, worauf sie zurückgreifen können, wenn es um die Bewertung von Dingen wie „Remain-Leave" geht. Es ist schwer, sicher zu sein, dass „Remain-Leave" wirklich neutral war. Die Formulierung war speziell auf das Brexit-Referendum zugeschnitten und wurde für einen einzigen Zweck ausgearbeitet. Allein diese Neuheit könnte schon ein Risiko darstellen. Durch die Verwendung eines unerprobten Formats wagte das Referendum einen Schritt ins Ungewisse.

Auch die Gestaltung des Stimmzettels wurde kritisiert. Die Option „Verbleib" nahm mehr Platz auf der Seite ein. Schließlich war „Mitglied der Europäischen Union bleiben" ein längerer Satz als „die Europäische Union verlassen". Es wurde mehr Tinte benötigt. Wirkte die Option „Remain" dadurch gehaltvoller? Spielt die Größe eine Rolle, wenn man ein unentschlossener Wähler ist?

Ein Politiker beschwerte sich, dass das Wort „Leave" zu nah an der Mitte der Seite erschien. Es war viel näher an der Mitte als das Wort „Remain". Er meinte, dies würde die Wähler dazu bringen, sich für „Leave" zu entscheiden, da es sicherstellt, dass das Wort in den Augen der Menschen erscheint, sobald sie auf ihre Stimmzettel schauen. Er wies darauf hin, dass genau dieser Trick 1938 von Hitler angewandt wurde, als er ein Referendum über die geplante Annexion Österreichs manipulierte. Ihm zufolge war der Brexit-Wahlzettel sogar „schlimmer als der Hitler-Wahlzettel", weil er „unterschwellig" war (Crisp, 2016).

Diese ergonomischen Merkmale mögen unbedeutend erscheinen und in den meisten Medienberichten wurden sie als solche abgetan. Aus psychologischer Sicht ist es jedoch schwierig, sie völlig zu ignorieren. Menschen treffen nicht immer eine wohlüberlegte Entscheidung, nachdem sie die verfügbaren Beweise abgewogen haben. Auch verzichten sie nicht freiwillig auf eine Entscheidungsfindung, nur weil sie schlecht informiert sind. Die Wankelmütigkeit ihrer Wahlentscheidungen sollte nicht unterschätzt werden.

Die Psychologie des menschlichen Denkens zeigt, dass Menschen in vielen Situationen zu impulsiven, irrationalen und unerklärlichen Entscheidungen neigen. Sie tun dies, wenn sie unter Zeitdruck stehen, wenn sie emotional sind und wenn sie mit Unklarheiten konfrontiert sind. Diese besondere Kombination von Umständen wird jedem, der den Brexit verfolgt, sehr vertraut vorkommen.

Umfragen, die unmittelbar nach dem Referendum 2016 durchgeführt wurden, haben gezeigt, dass jeder zehnte Wähler bis zum Tag des Referendums selbst keine Wahlentscheidung getroffen hat (Ashcroft, 2016). Sie gingen buchstäblich mit offenem Visier ins Wahllokal. Wer weiß, wovon ihre endgültige Entscheidung abhing, als sie allein in den Wahlkabinen standen, ihre Bleistifte in die Höhe hielten und auf die frischen Stimmzettel blickten, die vor ihnen lagen.

Sie hatten keine Wahlwerber, die ihnen ins Ohr flüsterten, oder Wahlkampfbroschüren in der Hand, die sie lesen konnten. Als sie ankamen, waren sie noch unentschlossen, aber jetzt stand der Moment der Entscheidung an. Erinnerungen an eine turbulente Referendumskampagne wirbelten in ihren Köpfen herum, all das Für und Wider, all das Gute und das Schlechte, all die aufregenden und die deprimierenden Aussagen, die sie gehört hatten. Wie sollte es weitergehen? „Remain" oder „Leave"? Sie mussten sich entscheiden. Jetzt gab es kein Zögern mehr. Die heiße Phase war gekommen.

Einer von zehn Wählern entspricht drei Millionen Stimmen. Am Ende trennten etwas mehr als eine Million Stimmen den Verbleib vom Austritt. Die Möglichkeit, dass ein entscheidender Teil der Wählerschaft seine Wahlentscheidung aus einem Impuls heraus, unter Zeitdruck, unter Stress und mit zweifelhafter Überzeugung getroffen hat, scheint gar nicht so weit hergeholt zu sein.

Die Komplexität der anschließenden Brexit-Verhandlungen, ihre Auswirkungen auf die Wahlen und der daraus resultierende Zusammenbruch des traditionellen politischen Systems der britischen Parteien lassen vermuten, dass Zeitdruck, Emotionen und Unklarheit weiterhin für Verwirrung sorgen. Ihre zerstörerische Wirkung auf die Entscheidungsfindung ist nach wie vor zu spüren.

Die psychologische Forschung hilft uns zu verstehen, warum der menschliche Verstand diese Herausforderungen als sehr schwierig empfindet. Unsere endgültigen Entscheidungen sind selten so eindeutig. Selbst die Brexit-Wähler, die sich *vor* dem Wahltag entschieden haben, wurden dabei durch die Grenzen des menschlichen Denkens behindert.

Der menschliche Verstand ist für Dinge wie den Brexit einfach nicht ausgelegt.

Brexit bedeutet ...

In Kap. 1 haben wir erörtert, wie das menschliche Gehirn in der Lage ist, dem Sinnlosen einen Sinn zu geben. Unsere Gehirne sind Mustererkennungsmaschinen. Sie fühlen sich bei Mehrdeutigkeit unwohl. Wenn wir auf etwas Mehrdeutiges stoßen, nehmen wir an, dass wir wissen, was es bedeutet. Wir überzeugen uns selbst, dass wir es verstehen.

Der Brexit ist, gelinde gesagt, äußerst zweideutig. Und so überrascht es nicht, dass Millionen von Menschen vorgeben zu wissen, was er ist. Sie wissen zum Beispiel, dass sie ihn wollen.

Wenn überhaupt, dann *steigert* die Zweideutigkeit des Brexit seine Popularität. Per Definition erweitert sie seine Anziehungskraft. Verschiedene Zielgruppen mit unterschiedlichen Interessen können alle behaupten, den Brexit zu wollen, und zwar jetzt.

Für die einen bedeutet der Brexit eine nationale Befreiung für das Vereinigte Königreich und einen selbstbewussten Ausdruck von Autonomie. Für andere ist er die Sicherheitsstrategie Großbritanniens, ein Weg, um sich nicht in riskante wirtschaftliche Missgeschicke ausländischer Regierungen zu verstricken. Für andere ist es eine Chance, Großbritannien aus der neokapitalistischen Weltordnung und ihrem militärisch-industriellen Komplex herauszulösen. Für wieder andere ist es ein logischer Versuch, die negativen wirtschaftlichen Veränderungen rückgängig zu machen, von denen sie während der Zeit der EU-Mitgliedschaft betroffen waren. Und für einige ist es ein Weg, die britische Identität zu bewahren, damit sie nicht durch Multikulturalismus verwässert wird.

Für wieder andere bedeutet er Freiheit von Bürokratie, aufdringlicher Regulierung und Bevormundung durch den Staat. Und für manche ist er ein Weg, sich von der Mainstreampolitik abzuwenden, jene Eliten zu bestrafen, die sich überlegen fühlen, und eine vorgegebene Schablone für politischen Fortschritt, die ihnen ihrer Meinung nach aufgezwungen wurde, als richtig abzulehnen.

Das gemeinsame Thema ist, dass der Brexit einen Wandel bedeutet. „Alle Interpretationen des Brexit beinhalten eine Ablehnung des Status quo. Verlassen" bedeutet, dass man die Gegenwart „verlässt" und die Umstände, wie man sie vorfindet, ablehnt. Im Gegensatz dazu bedeutet „Remain" (Bleiben), an Ort und Stelle zu bleiben und zu akzeptieren, dass die Dinge so bleiben sollen, wie sie sind.

Wenn man den Brexit als „Veränderung" definiert, ist die Wahrscheinlichkeit größer, dass die Menschen ihn unterstützen. Schließlich bedeutet die Ablehnung von Veränderungen, dass alles gut ist, so wie es ist. In Wirklichkeit würden nur sehr wenige Menschen diese Ansicht vertreten. Wenn der Brexit also als Veränderung dargestellt wird – wenn auch als vage, schlecht definierte und möglicherweise kontraproduktive Veränderung –, werden die Menschen davon angezogen, ihn zu unterstützen.

Die zugrundeliegende psychologische Anziehungskraft kommt von der Verfügbarkeitsheuristik, der mentalen Abkürzung, die wir in Kap. 1 besprochen haben. Dabei geht es um die vermeintliche Bedeutung, die leicht zu merkenden Informationen beigemessen wird. Jedem fallen Beispiele für Dinge ein, die geändert werden müssen. Es ist leichter zu erkennen, welche Aktualisierungen erforderlich sind, als zu formulieren, was in Ruhe gelassen werden sollte. Aufgrund der Verfügbarkeitsheuristik erscheint der Ruf nach Veränderung bedeutender und überzeugender als der Ruf nach Stabilität.

Das Angebot, ein „Change Agent" zu sein, ist heroisch und einprägsam. Das Angebot, „stark und stabil" zu sein, ist viel schwieriger zu verkaufen.

Innerhalb der Blase der politischen Umsetzung gibt es noch viele weitere Bedeutungen für den Brexit. Der Wortlaut des Referendums war nichtssagend und ging nicht über die Aussage hinaus, dass Großbritannien „die Europäische Union verlassen" sollte. Es gab keinen direkten Hinweis auf die Beziehung Großbritanniens zum Binnenmarkt, zur Zollunion, zum Europäischen Gerichtshof oder zu Einrichtungen wie Euratom, der Europäischen Arzneimittelagentur oder der Europäischen Bankaufsichtsbehörde.

Einige Länder, wie Norwegen und die Schweiz, waren nie Mitglieder der Europäischen Union, sind aber in viele ihrer Aktivitäten verstrickt. Daher könnte das Vereinigte Königreich „aus der Europäischen Union austreten", aber dennoch Mitglied z. B. des europäischen Binnenmarktes bleiben. Nichtsdestotrotz hat die britische Regierung die Politik verfolgt, sich aus allen Institutionen zurückzuziehen, von denen man sagen könnte, dass sie die EU umfassen, einschließlich derer, an denen andere Nicht-EU-Mitgliedstaaten gerne beteiligt sind.

Viele Brexit-Befürworter sind dieser absolutistischen Auslegung fest verpflichtet. Viele andere sind es nicht. Der Brexit ist, wie immer, durch seine Mehrdeutigkeit gekennzeichnet.

Aber Veränderung ist ein zweischneidiges Ziel. Die Sehnsucht nach Veränderung ist mehr als nur der Glaube an optimistische Möglichkeiten. Es bedeutet, sich einzugestehen, dass mit der derzeitigen Situation nicht alles in Ordnung ist. Wer sich intensiv nach Veränderung sehnt, signalisiert eine Art von Verzweiflung. Die Zweideutigkeit des Brexit bietet vielen Wählern ein Ventil für ihre Empörung.

Ihr Ruf nach Veränderung ist eigentlich ein Schrei nach Hilfe.

Diese Nachricht wird sich selbst zerstören …

In Kap. 1 haben wir festgestellt, dass Brexit-Einstellungen oft pathologisiert werden. Eine der häufigsten Arten, wie dies geschieht, ist, wenn der Brexit als eine Form der „Selbstbeschädigung" beschrieben wird.

Der Begriff wurde wiederholt verwendet. In einer leidenschaftlichen Rede verurteilte der ehemalige Premierminister John Major den Brexit als „Politik der Selbstbeschädigung", die systematisch „diejenigen, die am wenigsten haben“, schädigen würde (Merrick, 2019). Ein anderer ehemaliger Premierminister, Gordon Brown, stimmte dem zu und behauptete, dass die Austrittskandidaten einen „Akt wirtschaftlicher Selbstbeschädigung in einen Test des Patriotismus“ verwandeln würden (Quinn, 2019). Schatzkanzler Philip Hammond warnte, dass insbesondere ein No-Deal-Brexit zu „wirtschaftlicher Selbstbeschädigung“ führen würde (Hills, 2019a).

Der irische Premierminister und ausgebildete Mediziner Leo Varadkar bestätigte die Gesamtdiagnose. Ihm zufolge ist der Brexit „ein echter Akt der Selbstbeschädigung“, der „nicht vollständig durchdacht wurde“ (Randerson, 2019).

Der ehemalige Vorsitzende der Konservativen Partei, Chris Patten, erklärte den Brexit zu einem „Akt ungeheuerlicher Selbstbeschädigung“ (Manley, 2018). Für den Gründer von Live Aid, Bob Geldof, war der Brexit „der größte Akt nationaler Selbstbeschädigung, der jemals in der britischen Geschichte begangen wurde“ (Nair, 2017). Der ehemalige Vorsitzende der Liberaldemokraten, Paddy Ashdown, bezeichnete den Brexit als „monumentalen Akt der Selbstbeschädigung“, der „die Historiker verblüffen“ werde (Ashdown, 2017).

Aber vielleicht nicht alle Historiker. Der britische Wissenschaftler Ian Kershaw, der weithin als einer der weltweit führenden Experten für Hitler gilt, schien relativ unbeeindruckt zu sein. In einem Interview stimmte er zu, dass der Brexit „der größte Akt der Selbstbeschädigung eines großen Landes“ seit Deutschlands Abstieg in die Nazi-Diktatur sei (Eaton, 2018).

Jeder Fall von Selbstbeschädigung ist natürlich tiefgreifend und beunruhigend. Selbstverletzung ist ein beunruhigend häufiges Problem der psychischen Gesundheit. Allein im Vereinigten Königreich haben Untersuchungen ergeben, dass ca. jeder sechste Erwachsene unter 35 Jahren im Laufe seines Lebens Selbstverletzungen begangen hat, und jede zehnte Frau unter 23 Jahren hat im vergangenen Jahr. 80 % der jungen Erwachsenen, die sich selbst verletzen, tun dies mehr als einmal (O’Connor et al., 2018). Entgegen der weit verbreiteten Meinung ist Selbstverletzung selten ein Versuch, Aufmerksamkeit zu erregen. Die meisten Menschen, die sich selbst verletzen, geben sich große Mühe, diese Tatsache zu verbergen. Für viele ist die Selbstverletzung ein verzweifelter Versuch, mit überwältigendem seelischem Schmerz fertig zu werden.

Beim Brexit impliziert der Vergleich mit „Selbstverletzung", dass Menschen, die sich darauf einlassen, irrational sind. Es wird suggeriert, dass sie aufgehalten werden müssen – natürlich nicht zu ihrem eigenen Vorteil, sondern um zu verhindern, dass unschuldige Zuschauer (und vor allem Remainer) in den Kollateralschaden hineingezogen werden. Selbstbeschädigung wird als ein weiteres Symptom der Psychopathologie der Leave-Anhänger gesehen, ein weiteres Zeichen ihres Wahnsinns.

Die Verwendung von Selbstbeschädigung als praktische Metapher für die Verurteilung des Brexit wirft einige beunruhigende Fragen über die öffentliche Einstellung zu psychischer Gesundheit und die Genauigkeit kultureller Darstellungen von Leiden auf.

Es ist Sache der Ökonomen zu prüfen, ob der Brexit, in welcher Form auch immer, tatsächlich wirtschaftlichen Schaden anrichten wird. Psychologen hingegen können helfen, den kognitiven Kernpunkt zu beurteilen. Ist es für die Menschen wirklich irrational, den Brexit angesichts der wahrscheinlichen wirtschaftlichen Folgen zu unterstützen?

Oder gibt es für die Brexit-Befürworter eine umfassendere, erklärbare Logik für den Wunsch, die Europäische Union zu verlassen? Und wenn ja, warum sind die Brexit-Gegner so unfähig, diese zu erkennen und anzuerkennen?

Diese Fragen sind der Kern der Psychologie des Brexit.

Es ist (nicht) die Wirtschaft, Dummkopf

Zwar ist es in der Tat Sache der Ökonomen zu prüfen, ob der Brexit der Wirtschaft schaden wird, aber es besteht kein Zweifel daran, dass dies schon jetzt ihre weit verbreitete Ansicht ist. Allerdings ist nur eine winzige Minderheit der britischen Wähler Wirtschaftswissenschaftler.

Daher besteht die Aufgabe der Psychologen darin, zu untersuchen, wie die große Mehrheit der britischen Wähler zu ihrer Entscheidung gekommen ist – und wie etwa die Hälfte von ihnen angesichts des Narrativs der Selbstbeschädigung beschlossen hat, den Austritt ihres Landes aus der Europäischen Union zu unterstützen.

Eine Möglichkeit, sich dem Thema zu nähern, besteht darin, nach Umständen zu suchen, die die Menschen dazu veranlassen könnten, den

Brexit zu unterstützen. Auf den ersten Blick scheint es zum Beispiel einen starken Zusammenhang zwischen Armut und Brexit-Unterstützung zu geben.

Eine Reihe von Forschern hat sich mit Umfragestatistiken beschäftigt, die im Rahmen der British Election Study erhoben wurden. Die BES ist ein Projekt, das seit den 1960er-Jahren Daten zu den Wahlen im Vereinigten Königreich sammelt. Der Datensatz zum Brexit enthält Umfrageantworten von über 31.000 Wählern, was für diese Art von Umfrage eine sehr große Stichprobe ist. Nach der Auswertung der Zahlen zeigt sich, dass Menschen, die in armen Haushalten leben, den Brexit viel eher unterstützen als solche, die in wohlhabenden Haushalten leben. In Haushalten mit einem Einkommen von weniger als 20.000 £ liegt die Unterstützung für den Austritt aus der Europäischen Union bei 58 %, in Haushalten mit einem Einkommen von mehr als 60.000 £ dagegen nur bei 35 % (Goodwin & Heath, 2016).

Ähnliche Analysen deuten auch darauf hin, dass ältere britische Wähler eher für den Brexit sind als jüngere. Zum Zeitpunkt des Referendums stimmten rund 60 % der Wähler über 65 Jahren für den Austritt, verglichen mit nur 30 % der Wähler unter 25 Jahren. Zwei Jahre später hatte sich dieser Altersunterschied vergrößert. Die Brexit-Unterstützung bei den über 65-Jährigen war auf 66 % gestiegen, während sie bei den unter 25-Jährigen auf 18 % gefallen war (Curtice, 2018).

Ein weiterer wahrscheinlicher Faktor ist die Bildung. Mehrere Analysen haben gezeigt, dass Menschen mit geringeren Bildungsabschlüssen eher zu den Brexit-Befürwortern gehören. So spiegelt zum Beispiel der Prozentsatz der Einwohner, die mindestens über einen Abschluss der Stufe 4 (ein Higher National Certificate) verfügen, in den lokalen Gebietskörperschaften Englands das Brexit-Votum genau wider. In Gebieten mit mehr qualifizierten Einwohnern gibt es weniger Brexit-Befürworter, während Orte, in denen nur wenige Menschen qualifiziert sind, eher für den Austritt stimmen. In der statistischen Sprache entspricht der Zusammenhang zwischen Bildung und Leave-Stimmen einem „R-Quadrat" von 0,8 (Rae, 2016). Das bedeutet, dass etwa 80 % der Entscheidung der Menschen, den Brexit zu unterstützen, statistisch gesehen durch ihr Bildungsniveau „erklärt" werden kann.

Ein Problem bei dieser Art von Informationen ist jedoch, dass all diese Faktoren – Einkommen, Alter und Bildung – miteinander verwoben sind. Sie beeinflussen sich gegenseitig. Wenn es also so aussieht, als würde einer dieser Faktoren den Brexit vorantreiben, könnte es in Wirklichkeit einer der anderen sein.

Nehmen wir zum Beispiel Bildung und Alter. Im Vereinigten Königreich ist die Zahl der Hochschulabsolventen in den letzten 30 Jahren massiv gestiegen. Infolgedessen haben jüngere britische Erwachsene mit größerer Wahrscheinlichkeit einen Hochschulabschluss als ältere. Der Unterschied in der Brexit-Einstellung zwischen älteren und jüngeren Erwachsenen könnte tatsächlich auf die Auswirkungen der Bildung zurückzuführen sein. Jüngere Wähler lehnen den Brexit möglicherweise nicht ab, weil sie *jung* sind, sondern weil sie eine Universität besucht haben. Die Bildung hat sie gegen den Brexit aufgebracht – das Alter spielt dabei keine Rolle.

Vielleicht ist es aber auch andersherum. Vielleicht lässt der Altersunterschied in der Brexit-Einstellung es *so aussehen,* als *gäbe* es einen Bildungsunterschied. Vielleicht sind Menschen mit Hochschulabschluss weniger geneigt, den Brexit zu unterstützen, weil sie zufälligerweise jünger sind. In Wirklichkeit wäre ihre Meinung die gleiche, egal, ob sie jemals eine Universität besucht haben oder nicht. Vielleicht ist die *Jugend der* Grund, warum sie gegen den Brexit sind – und die *Bildung* hat damit nichts zu tun.

Und vergessen Sie nicht die Armut. Ein niedriges Haushaltseinkommen ist ein großes Hindernis für die Bildung. Das macht die Sache noch unklarer. Wenn wir sehen, dass Bildung die Ansichten der Menschen über den Brexit vorhersagt, könnte es sein, dass es einen versteckten Effekt für das Haushaltseinkommen gibt. Das Bildungsniveau ist ein Indikator für den wirtschaftlichen Status. Anhand des Bildungsniveaus können wir Menschen als „reich" oder „arm" klassifizieren. Armut könnte der Grund dafür sein, dass manche Menschen weniger qualifiziert sind und gleichzeitig – unabhängig davon – den Brexit unterstützen.

Aber auch hier könnte es andersherum sein. Schließlich ist in vielen Berufen das Bildungsniveau ein entscheidender Faktor für das Gehalt. Menschen mit höheren Qualifikationen verdienen wahrscheinlich mehr. Wenn wir annehmen, dass Armut mit dem Brexit zusammenhängt, könnte es sein, dass *Unterschiede in der Bildung* die Auswirkungen bestimmen. *Geringere Qualifikationen* könnten erklären, *warum manche Menschen von Armut betroffen sind*, während sie gleichzeitig den Brexit unterstützen.

Aufgrund der Art von Daten, die sie untersuchen, stoßen Psychologen häufig auf dieses Problem. Sie verfügen oft über eine Vielzahl von miteinander verwobenen Informationen. Die Herausforderung besteht darin, herauszufinden, welche Faktoren für die Erklärung der Ergebnisse ausschlaggebend sind, welche zwar irgendwo in der Mischung vorkommen, aber nur eine untergeordnete Rolle spielen, und welche zwar relevant erscheinen, aber eigentlich gar nicht relevant sind.

Die gute Nachricht ist, dass Psychologen eine statistische Technik namens „Regression" anwenden können, um die verschiedenen Faktoren zu vergleichen und gegenüberzustellen. Dies hilft dabei, ihre vergleichende Bedeutung herauszufinden. Wenn die statistische Regression verwendet wird, um Alter, Einkommen und Bildungsniveau gleichzeitig zu untersuchen, stellt sich heraus, dass das Bildungsniveau bei weitem der stärkste Prädiktor für die Brexit-Einstellung ist. Mit anderen Worten: Selbst wenn man Einkommen und Alter berücksichtigt, führen Unterschiede in der Bildung immer noch zu großen Unterschieden in den Ansichten zum Brexit.

Forscher, die an dem großen Datensatz der British Election Study arbeiteten, zeigten, dass die Unterstützung für den Brexit bei Wählern, die die Schule nach der Sekundarstufe verlassen hatten, rund 30 Prozentpunkte höher war als bei Wählern mit Hochschulabschluss (Goodwin & Heath, 2016). Dies galt *unabhängig vom Alter* und *vom Einkommen der Befragten*.

Es hat den Anschein, dass ein früher Bildungsabbruch die Menschen tatsächlich eher zum Brexit verleitet.

Angst vor der Silbermedaille

Die psychologische Forschung kann dazu beitragen, dies zu erklären. Forscher, die sich mit Verbraucherentscheidungen befassen, haben einen Effekt festgestellt, den sie unter dem Oberbegriff der „Prospect-Theorie" erklären (Tversky & Kahneman, 1992). Die Prospect-Theorie beschreibt, wie Menschen Kosten und Nutzen vergleichen und dabei berücksichtigen, was ihrer Meinung nach in der Zukunft passieren wird (ihre „Aussichten").

Der entscheidende Punkt ist, dass Menschen Kosten anders gewichten als Nutzen. Der Schmerz über die Kosten wird stärker empfunden als die Freude über einen gleichwertigen Nutzen.

Eine Person, die einen Zehn-Pfund-Schein auf der Straße findet, fühlt sich glücklicher als eine Person, die *zwei* Zehn-Pfund-Scheine findet, einen davon aber kurz darauf *verliert*. Beide Personen haben zehn Pfund zugelegt, sodass sie technisch gesehen einen ähnlichen Nutzen haben. Die zweite Person fühlt sich jedoch schlechter, weil Verluste immer stärker empfunden werden als entsprechende Gewinne.

Ebenso sind Sportler, die eine Bronzemedaille gewinnen, oft glücklicher als diejenigen, die Silber bekommen. Silbermedaillengewinner konzentrieren sich auf das, was sie verloren haben, während Bronzemedaillengewinner sich darauf konzentrieren, wie knapp sie davor waren, nichts zu gewinnen. Da die mit den Kosten verbundenen Emotionen stärker empfunden werden als die mit den Vorteilen, fällt die Kosten-Nutzen-Analyse der Silbermedaillengewinner negativ aus. Die Silbermedaillengewinner werden von dem Schmerz gequält, dass sie Gold verloren haben, während die Bronzemedaillengewinner nichts anderes als die Freude darüber empfinden, dass sie das Podium erreicht haben.

Sportfans beobachten diesen Unterschied schon seit vielen Jahren. Psychologen haben selbst olympische Anstrengungen unternommen, um die Angelegenheit zu erforschen. In einer Studie untersuchten sie Unmengen von Pressefotos von Judo-Wettkämpfern genau in dem Moment, als sie eine Medaille gewannen oder verpassten (Matsumoto & Willingham, 2006). Sie fanden heraus, dass das spontane Lächeln von Athleten, die eine Bronzemedaille gewannen, emotional „authentischer" war als die erzwungene Mimik von Athleten, die erfuhren, dass sie Silber bekamen. (Psychologen verfügen über eine formale Methode zur Klassifizierung des Lächelns im Hinblick auf seine Authentizität.)

Die Prospect-Theorie sagt uns auch etwas darüber, wie Menschen mit Risiken umgehen: Wenn sie ihre Zukunftsaussichten als schlecht einschätzen, sind sie viel eher bereit, zu spielen, um Kosten zu vermeiden.

Mit anderen Worten: Wenn sich eine Person sicher fühlt, ist sie risikoscheu, aber wenn sie sich unsicher fühlt, ist sie eher bereit, ein Risiko einzugehen. Wenn man wenig zu verlieren hat, kann man genauso gut ein paar Risiken eingehen.

Dies erklärt, warum Menschen, die sich in einer schwierigen Lage befinden, oft größere Risiken eingehen. Verbraucher, die Schulden haben, geben eher mehr als weniger Geld für Lotterielose aus. Schwer kranke Patienten sind eher bereit, sich freiwillig experimentellen medizinischen Behandlungen zu unterziehen. Und Menschen, die sich von der Mehrheitsgesellschaft abgekoppelt fühlen, stimmen eher für Extremisten.

Wichtig ist, dass sich die Prospect-Theorie auf die *wahrgenommenen* Aussichten und nicht auf die materiellen Ergebnisse oder den aktuellen materiellen Wohlstand konzentriert. Der Silbermedaillengewinner ist technisch gesehen besser dran als der Bronzemedaillengewinner, aber er fühlt sich trotzdem schlechter. Die Prospect-Theorie legt nahe, dass die Unterstützung für den Brexit aus der Tatsache resultieren könnte, dass viele Menschen in Großbritannien das Gefühl haben, dass ihre Zukunftsaussichten im Vergleich zu ihrer aktuellen Situation schlecht sind.

Man könnte sagen, dass Menschen, die ihre Ausbildung früh abbrechen, schlechtere wirtschaftliche Aussichten haben als diejenigen, die dies nicht tun. Daher ergibt der statistische Zusammenhang zwischen Bildungsniveau und Brexit im Sinne der Prospect Theory Sinn. Es ist sicherlich ein verführerisches Narrativ. Aber denken Sie daran, dass wir uns nicht von verführerischen Erzählungen hinreißen lassen sollten.

Bislang haben wir nur Indizienbeweise. Zum einen scheint es viele falsche Beispiele zu geben – all die führenden Politiker, Schriftsteller und andere hochqualifizierte Personen, die den Brexit öffentlich unterstützen.

Ein interessantes Ergebnis der British Election Study könnte unseren Verdacht erhärten. Die Forscher fanden eine „Wechselwirkung" zwischen Bildungsniveau und Geografie. In der statistischen Sprache bedeutet eine Interaktion, dass zwei Faktoren zusammenwirken und gemeinsam eine kausale Wirkung auf ein Ergebnis ausüben. In diesem Fall fanden die Forscher heraus, dass Menschen mit Bildungsabschlüssen unterschiedlich über den Brexit denken, je nachdem, in welchem Teil des Landes sie leben.

Menschen mit Hochschulabschluss unterstützen den Brexit eher, wenn sie in einem Gebiet leben, *in dem nur sehr wenige andere Menschen einen*

Hochschulabschluss haben. Mit anderen Worten: Während Hochschulabsolventen den Brexit statistisch gesehen eher ablehnen, stimmen Hochschulabsolventen, die in gering qualifizierten Gemeinden leben, eher wie Nichtabsolventen ab (Goodwin & Heath, 2016).

Dies steht im Einklang mit der Prospect Theory. Im Allgemeinen ist es unwahrscheinlich, dass Hochschulabsolventen, die in Gegenden mit geringer Qualifikation leben, so viele Möglichkeiten haben wie Hochschulabsolventen, die in Gegenden mit hoher Qualifikation leben. Trotz ihres Hochschulabschlusses haben sie weniger Chancen, diese Qualifikationen in ihrem eigenen Umfeld zu nutzen. Die Tatsache, dass sie eine Universität besucht haben, ändert nichts an der Tatsache, dass ihre unmittelbaren Aussichten weniger vielversprechend sind als die von Menschen, die in wohlhabenderen Gegenden leben. Diese geringeren Aussichten machen sie weniger risikofreudig.

Dabei sollte es keine Rolle spielen, wie arm oder wohlhabend ein Mensch ist. Jeder kann das Gefühl haben, dass seine Zukunftsaussichten negativ sind. Busfahrer könnten sich Sorgen über die Auswirkungen des Wettbewerbs auf dem Arbeitsmarkt auf das Gehaltsniveau machen. Lehrer könnten sich Sorgen über die Auswirkungen des demografischen Wandels auf die Arbeitsplatzsicherheit machen. Rentner der Mittelschicht könnten sich Sorgen über die Auswirkungen der Inflation auf den Wert ihrer Ersparnisse machen. Unternehmenseigentümer könnten sich Sorgen über die Nachhaltigkeit ihrer Gewinne angesichts des internationalen Wettbewerbs machen.

Für jeden, der das Gefühl hat, dass seine Aussichten nicht so sind, wie sie sein sollten, wird es rational, den Brexit als vernünftigen Vorschlag zu betrachten. Warum sollte man das Risiko nicht eingehen? Vielleicht klappt ja alles, und wenn nicht, dann wird sich an den persönlichen Aussichten wenig ändern. Man kann nicht verlieren, was man nicht hat.

Komplexe Zahlen

Natürlich hängt vieles von der Wahrnehmung ab – von den *wahrgenommenen* Kosten, den *wahrgenommenen* Vorteilen und den *wahrgenommenen* Risiken. Die Wahrnehmung liegt definitionsgemäß immer im Auge des Betrachters. Die Prospect-Theorie kann helfen, einige der wichtigsten Trends zu erklären. Sie gibt jedoch nicht das gesamte psychologische Bild wieder.

Wir sollten zum Beispiel nicht vergessen, dass die Meinungen zum Brexit sehr ausgewogen sind. Die Mehrheit beim Referendum 2016 war knapp. Meinungsumfragen zufolge hat sich daran in den folgenden Jahren wenig geändert. Die Gesamtmeinung mag sich von „Leave" zu „Remain" verschoben haben, aber die Marge ist immer noch sehr gering (Curtice, 2018). Das Beste, was wir sagen können, ist, dass etwa die Hälfte der Menschen den Brexit unterstützt und etwa die Hälfte ihn ablehnt. Alle psychologischen Faktoren, die die Meinung beeinflussen, tun dies auf subtile Weise.

Auch hier ist die Prospect Theory von Bedeutung. Bei Meinungsumfragen sind Kosten und Nutzen hypothetischer Natur. Bei Volksabstimmungen sind sie real. Die Prospect-Theorie legt nahe, dass die Menschen reale Volksabstimmungen anders angehen als Meinungsumfragen. Dies ist einer der Hauptgründe dafür, dass es durch Meinungsumfragen schwerfällt, reale Wahlabsichten zu erfassen. In ihnen wird nicht die verzerrenden Auswirkungen der Risikoaversion in der Realität berücksichtigt.

Sozioökonomische Benachteiligung ist ein schwerwiegendes soziales Problem, das viele zur Verzweiflung treibt. Aber die Behauptung, dass der Brexit nur durch Armut oder mangelnde Bildung ausgelöst wurde, ist irreführend. Das Brexit-Referendum zog sich quer durch alle sozioökonomischen Schichten. Eine große Zahl wohlhabender Menschen aus wirtschaftlich gesicherten Gemeinschaften stimmte für den Austritt. Tatsächlich hing der Ausgang des Referendums weitgehend von ihnen ab (Dorling, 2016). Die meisten der führenden Politiker, die den Brexit heute unterstützen, sind auffallend wohlhabend und in jeder Hinsicht sehr gut ausgebildet.

Der Brexit ähnelt nur dann einer Selbstbeschädigung oder einem Nihilismus, wenn man eine wirtschaftliche Norm annimmt. Für viele Menschen hat er andere Reize. Zum Beispiel hat die nationale und soziale Identität oft Vorrang vor wirtschaftlichen Überlegungen. Dies ist ein wichtiges Thema, das wir in Kap. 3 erörtern werden. Der wichtigste Punkt dabei ist, dass die Wahrnehmung der Realität viel einflussreicher ist als die Realität selbst. Dies ist der Schlüssel zur Psychologie des Brexit. In der Tat ist es der Schlüssel zur Psychologie der meisten Dinge im Leben.

Die Psychologie des Brexit legt nahe, dass die Unterstützung für den Austritt nicht so irrational ist, wie es oft dargestellt wird. Das heißt aber nicht, dass Irrationalität nicht auch eine Rolle spielt. Tatsächlich zeigt sich das Problem der Irrationalität überall in der Brexit-Landschaft – und nicht nur auf der Seite der Befürworter des Austritts. Die Vorstellung, dass Menschen im Allgemeinen politische Fragen mit klarem Verstand angehen, ist selbst ein irrationaler Glaube. Die Vorstellung, dass nur *einige* Menschen irrational sind – vor allem diejenigen, die in politischen Fragen anderer Meinung sind als man selbst – ist ein zweiter gefährlicher Irrtum.

Die Remainers stimmen genauso häufig mit dem Herzen und nicht mit dem Kopf ab wie die Leavers. Es ist genauso wahrscheinlich, dass sie sich in Bezug auf wichtige soziale Belange wie Einwanderungsströme und Armutsniveau irren. Und es ist genauso wahrscheinlich, dass sie das Vereinigte Königreich, seine Gesellschaft und seinen wahren Platz in der Welt durch eine postkoloniale Brille betrachten.

Der Verbleib hat kein Monopol auf die Vernunft.

Das liegt daran, dass die Remainers Menschen sind.

Ein Fehler, den wir oft machen, ist die Annahme, dass das menschliche Denken standardmäßig rational ist. In der Kultur stufen wir die Menschheit selbst als eine rationale Spezies ein. In der Tat hat das Wort „rational" oft Konnotationen, die von seiner eigentlichen Bedeutung abweichen. Einem Wörterbuch zufolge bedeutet „rational" „in Übereinstimmung mit der Logik". Einem Thesaurus zufolge bedeutet es sinngemäß „vernünftig", „geistig gesund" oder „zurechnungsfähig".

In Wirklichkeit ist es völlig normal, dass Menschen Entscheidungen treffen, sogar wichtige Entscheidungen, die unklar, unüberlegt oder falsch sind. Das passiert immer wieder. So funktionieren unsere Gehirne. Und es ist der Grund, warum die Politik so funktioniert, wie sie funktioniert.

Die Demokratie beruht auf der Prämisse, dass die Menschen in der Regel rational sind. Die Politik beruht auf der Prämisse, dass sie es in den meisten Fällen nicht sind.

II. Ein Gehirn, das für Abkürzungen gemacht ist

Wie in Kap. 1 beschrieben, greifen Menschen bei der Verarbeitung komplexer Informationen häufig auf mentale Abkürzungen zurück. Die Verfügbarkeitsheuristik – bei der wir Details, an die wir uns leicht erinnern können, Bedeutung beimessen – ist ein gutes Beispiel dafür. An geistigen Abkürzungen oder „Heuristiken" ist an sich nichts auszusetzen. In den meisten Fällen *sind* die Informationen, an die wir uns leicht erinnern können, auch die wichtigsten. Es ist sinnvoll, davon auszugehen, dass sie es sind. Das ist eine effiziente Nutzung der Gehirnleistung.

Würden wir an jede Situation im Leben herangehen, als ob wir sie zum ersten Mal erleben, und dann versuchen, jedes Detail zu analysieren, als ob wir es noch nie zuvor gesehen hätten, würde uns das normale Leben sehr schwerfallen. Wir wären überwältigt von den Millionen von Details, die wir jeden Tag sehen, hören und über die wir nachdenken müssen.

Das meiste im Leben ist zyklisch. Den meisten Situationen begegnen wir in verschiedenen Formen mehrmals. Wenn wir jedes Mal alle Elemente einer Situation von Grund auf analysieren müssten, wären wir nicht in der Lage zu funktionieren. Die effektivsten biologischen Organismen lernen, Verhaltensweisen zu wiederholen, die sie immer wieder in den gleichen Situationen anwenden können. Die menschliche Psychologie wird durch natürliche Selektion geformt. Unsere Denkgewohnheiten – und unsere Fähigkeit, mentale Abkürzungen zu nehmen – sind eine Fähigkeit, die wir nutzen, um zu überleben, um uns fortzupflanzen und um uns schließlich weiterzuentwickeln.

Das Problem ist natürlich die Fehlerquote. Mentale Abkürzungen mögen uns in den meisten Fällen die richtige Antwort geben, aber in einigen Fällen werden sie uns das Gegenteil sagen. Deshalb ist in der Politik, im Marketing und bei anderen Formen professioneller Überzeugungsarbeit die Fähigkeit, an die mentalen Abkürzungen der Menschen zu appellieren, oft effektiver als rationale Argumente.

Für Psychologen ist der Brexit eine gigantische Echtzeitfallstudie, in der mentale Abkürzungen und ihre verzerrenden Folgen besonders deutlich zu Tage treten.

Wir können diese gedanklichen Abkürzungen grob in drei Gruppen einteilen: *Faustregeln*, *Gruppenzwangseffekte* und *Probleme mit der rosaroten Brille*. Auf den nächsten Seiten werden wir Beispiele aus jeder dieser drei Gruppen betrachten und die Rolle, die sie alle bei der Entstehung der Brexit-Saga gespielt haben.

Faustformel: Frei fließende Erinnerungen

In zahllosen Experimenten und Umfragen haben Psychologen Dutzende von Faustregeln herausgefunden, die Menschen bei alltäglichen Entscheidungen anwenden. Die **Verfügbarkeitsheuristik, die** wir bereits beschrieben haben, ist eine der stärksten. Sie bringt uns dazu, falsche Schlüsse zu ziehen, nur weil wir uns etwas leicht merken können. Sie hilft zu erklären, warum die Menschen glauben, dass die EU einen großen Einfluss auf ihr Leben hat, dass die Einwanderung eine Bedrohung darstellt und dass man den etablierten Politikern nicht trauen kann.

Ein klassisches Beispiel aus dem Unterricht ist die Frage an die Schüler, was ihrer Meinung nach häufiger vorkommt: englische Wörter, die mit dem Buchstaben „k“ beginnen, oder englische Wörter, bei denen „k“ der dritte Buchstabe ist (Tversky & Kahneman, 1973). Da es viel einfacher ist, sich Wörter auszudenken, die mit einem bestimmten Buchstaben *beginnen*, kommen die meisten Schüler zu dem Schluss, dass Wörter, die mit „k“ beginnen, am häufigsten vorkommen. In Wirklichkeit gibt es im Englischen dreimal so viele Wörter, die ein „k“ als dritten Buchstaben enthalten. Nur weil etwas leicht zu merken ist, heißt das nicht, dass es mehr davon gibt.

Die Menschen können zu dem Schluss kommen, dass alle möglichen Dinge häufiger vorkommen und größere Auswirkungen haben, als sie es tatsächlich sind. Beispielsweise überschätzen Menschen in der Regel ihre Wahrscheinlichkeit, bei einem Terroranschlag getötet oder ermordet zu werden, weil die Medienberichterstattung relativ seltenen Ereignissen – wie Terroranschlägen oder Morden – oft große Aufmerksamkeit schenkt (Mitchell & Roberts, 2012). Die Verfügbarkeitsheuristik führt die Menschen zu dem falschen Schluss, dass solche Ereignisse häufig sind.

Die Ironie ist, dass seltene Ereignisse oft gerade *deshalb* berichtenswert sind, *weil* sie selten sind. Es wäre unfair, die Medien dafür zu kritisieren, dass sie über sie berichten. Der unglückliche Nebeneffekt menschlicher Denkgewohnheiten besteht jedoch darin, dass die Menschen die Aufmerksamkeit der Medien als eine Art physikalisches Maß betrachten. Wenn etwas häufig in den Nachrichten vorkommt, muss es sehr häufig sein. Wenn es überall in den Nachrichten auftaucht, *dann muss es auch überall um uns herum sein.*

Was die Menschen über die Europäische Union, die Auswirkungen der Migration, die Folgen eines Austritts oder die Vertrauenswürdigkeit von Politikern glauben, wird selten aus erster Hand ermittelt. Die Atmosphäre der nationalen Einstellungen wird langsam aus Elementen der Medienberichte konstruiert.

Die Verfügbarkeitsheuristik kann zu einer dramatischen Kluft zwischen Wahrnehmung und Realität führen. Im Jahr 2013 führte die Royal Statistical Society eine groß angelegte Umfrage durch, die zeigte, wie ungenau die Ansichten der britischen Öffentlichkeit in den Jahren vor dem Brexit-Referendum waren (Ipsos MORI, 2013):

- Die Befragten gaben an, dass 31 % der im Vereinigten Königreich lebenden Menschen Einwanderer seien. In Wirklichkeit waren es nur 13 %. Das ist ein Irrtum um den Faktor drei (da ihre Antwort etwa dreimal so hoch war wie der richtige Wert).
- Sie dachten, dass 24 % der britischen Erwachsenen Muslime sind. Die richtige Zahl ist nur 5 %. Das ist ein Irrtum um den Faktor *fünf.*
- Sie glaubten, dass etwa 30 % der britischen Erwachsenen alleinerziehend sind. In Wirklichkeit sind es nur 3 %. Das ist ein Irrtum um den Faktor *zehn.*
- Sie dachten, dass 15 % der Teenager jedes Jahr schwanger werden, aber nur 0,6 % werden tatsächlich schwanger. Das ist ein Irrtum um das *25-fache.*
- Sie gingen davon aus, dass von jeder 100-Pfund-Sozialhilfe, die in Großbritannien bezogen wird, 24 Pfund in betrügerischer Absicht in Anspruch genommen werden. In Wirklichkeit lag der richtige Betrag bei 70 Pence. Das ist ein Irrtum um das *35-fache.*

Die Bandbreite der Themen, über die der britische Durchschnittsbürger keine Ahnung zu haben schien, war atemberaubend. Sie dachten, die Kriminalität würde zunehmen, obwohl sie in Wirklichkeit zurückging, und dass die Regierung mehr für internationale Hilfe als für Bildung oder Renten ausgab, obwohl der Entwicklungshilfeetat in Wirklichkeit weniger als 1/15 des Bildungs- und Rentenetats betrug.

All diese Themen werden regelmäßig in den Medien diskutiert. Viele von ihnen sind häufig Gegenstand von Titelseiten. Sie sind immer wieder ein heißes Thema, nie so sehr wie während des Brexit-Referendums. Alles in allem würde man erwarten, dass die Öffentlichkeit sehr gut über diese Themen informiert ist. Stattdessen wurde sie in ungeheuerlicher Weise falsch informiert. Das Verständnis der britischen Öffentlichkeit für genau die Themen, von denen sie behauptet, dass sie sich dafür interessieren, wenn nicht sogar davon besessen sind, hätte kaum hoffnungsloser sein können.

Dies steht im Einklang mit der Verfügbarkeitsheuristik. Die Menschen können sich nicht an statistische Details erinnern, aber sie *können* sich daran erinnern, dass diese Themen in den Nachrichten waren. Die Leichtigkeit, mit der diese Erinnerungen ins Gedächtnis gerufen werden können – ihre *Verfügbarkeit* –, erzeugt eine falsche Wirkung. Die Menschen überschätzen die Häufigkeit von Ereignissen und die Intensität der von ihnen verursachten Probleme in hohem Maße.

In der Tat war die britische Öffentlichkeit wahrscheinlich *besser* über Themen informiert, die sie nie in den Nachrichten gesehen hat.

Es ist erwähnenswert, dass im Vereinigten Königreich die meisten Mainstreammedien, insbesondere die Printmedien, parteiisch über Nachrichten berichten. Einige Zeitungen sind pro europäisch, aber viele der auflagenstärksten Zeitungen sind seit langem skeptisch gegenüber der EU und manchmal gegenüber der Globalisierung im Allgemeinen. Einige sind strikt pro Brexit. Darüber hinaus haben britische Zeitungen eine lange Tradition, Nachrichten visuell dramatisch zu präsentieren. Die Titelseiten werden sorgfältig gestaltet, damit sie ins Auge fallen, Aufmerksamkeit erregen und im Gedächtnis bleiben. Sie sind gespickt mit sensationslüsternen Berichten.

Als ein Forschungsinstitut der Universität Oxford die britischen Zeitungen während des Brexit-Referendums analysierte, stellte es fest, dass fünf große überregionale Zeitungen überwiegend für den Austritt waren (nämlich die *Daily Mail*, der *Daily Express*, der *Daily Star*, *die Sun* und der *Daily Telegraph*). Drei große überregionale Zeitungen waren überwiegend für den Verbleib (*Daily Mirror*, *The Guardian* und *Financial Times*). Nur eine große Tageszeitung (*The Times*) hatte eine ausgewogene Pro- und Anti-Brexit-Berichterstattung (obwohl ihr Leitartikel die Leser letztlich dazu aufrief, für den Verbleib zu stimmen). Das Ergebnis war, dass 45 % der in den überregionalen Zeitungen des Vereinigten Königreichs erschienenen Artikel die Position des Austritts befürworteten, während nur 27 % der Artikel den Verbleib unterstützten (Levy et al., 2016).

Regionale Zeitungen in Großbritannien werden von Forschern oft ignoriert, aber sie werden von den Bürgern sehr häufig gelesen. Diese Zeitungen berichten in der Regel ganz anders als die nationalen Zeitungen. Ein besonderer Unterschied ist, dass sie jahrelang weniger über europäische Themen berichteten. Doch als der Brexit kam, wurden Europathemen unvermeidlich. Statistische Untersuchungen zeigen, dass die EU-Berichterstattung in regionalen Zeitungen ein Jahr lang vor dem Referendum stetig zunahm. Dabei war die Wahrscheinlichkeit, dass regionale Zeitungen negativ über Einwanderer berichteten, wesentlich größer als bei überregionalen Zeitungen (Walter, 2019).

Erinnern Sie sich daran, dass die Verfügbarkeitsheuristik den Menschen den falschen Eindruck vermittelt, dass Ereignisse mit Nachrichtenwert häufig vorkommen? Wenn die Leser eine umfangreiche Berichterstattung über die EU und ihre Migranten beobachten, werden sie wahrscheinlich glauben, dass die damit verbundenen Probleme viel relevanter und häufiger sind, als in Wirklichkeit.

Es gibt viele Studien, die sich damit beschäftigen, wie die Medien über den Brexit berichten. Die Verfügbarkeitsheuristik sollte solche Untersuchungen sehr deutlich machen. Zu verfolgen, was durch die Medien fließt, ist eine Aufgabe. Zu bewerten, wie die Leser mentale Abkürzungen nehmen, wenn sie das alles aufnehmen, ist eine ganz andere.

Faustformel: Anker lichten!

Eine ähnliche Faustregel ist der **Vorrang.** Dies ist die Art und Weise, wie Menschen der ersten Information, auf die sie stoßen, die größte Bedeutung beimessen. Sie sehen sie automatisch als gehaltvoller an als Informationen, die sie später erhalten. Ein anderer Begriff dafür ist **Verankerung.** Studien zur Verankerung zeigen, wie schwierig es ist, Gerüchte zu zerstreuen oder Fehlinformationen zu korrigieren. Wir neigen dazu, Informationen nicht nach ihren Vorzügen zu gewichten, sondern danach, *wann* wir sie erhalten. Neue Informationen werden im Zusammenhang mit dem interpretiert, was wir zuvor gehört haben, und infolgedessen manchmal *falsch interpretieren.*

In einer klassischen Demonstration der Verankerung baten Forscher eine Gruppe von Studenten zu schätzen, wie alt Mahatma Gandhi war, als er starb. Die richtige Antwort lautet 78. Als Hilfestellung sagten sie einigen Schülern, die Antwort sei „älter als 64", während sie anderen Schülern sagten, das richtige Alter sei „älter als 9". Die Durchschnittswerte der beiden Gruppen von Schülern lagen bei 99,6 bzw. 50,1. Mit anderen Worten, die Schüler, denen der niedrigere „Anker" gegeben wurde, gaben am Ende viel weniger Antworten. Dies war der Fall, obwohl die ihnen vorgegebene „Ankerzahl" – 9 – so wenig hilfreich war, dass sie völlig irrelevant war (Strack & Mussweiler, 1997).

Das ist das, was an der Verankerung am stärksten ist. Selbst Informationen, die wir für *irrelevant* halten, können am Ende unsere Schlussfolgerungen beeinflussen, indem sie unseren Bezugsrahmen in Richtung eines Ankers verschieben.

Ein häufig anzutreffendes Beispiel aus dem Alltag ist, wenn ein Verkäufer einen hohen Preis für etwas verlangt, das er verkaufen möchte. Dieser Preis wird dann zum Mittelpunkt – zum Anker – der nachfolgenden Diskussion. Der Eröffnungsgambit einer jeden Verhandlung zielt in der Regel darauf ab, das Verfahren auf diese Weise zu verankern. Aus diesem Grund legen erfahrene Verhandlungsführer ihr Angebot immer zuerst auf den Tisch.

Keine Betrachtung der Psychologie des Brexit wäre vollständig ohne den Verweis auf ein berüchtigtes Beispiel der Verankerung, das auf der

Seite eines inzwischen legendären roten Wahlkampfbusses prangte, der vor dem Referendum durch Großbritannien fuhr und die Menschen dazu aufforderte, für den Austritt zu stimmen. Der berühmte Schriftzug auf dem Bus lautete wie folgt:

Wir schicken der EU wöchentlich 350 Millionen Pfund.
Lassen Sie uns stattdessen unseren NHS finanzieren.
Wählen Sie verlassen.
Lasst uns die Kontrolle zurückerobern.

Die Zahl von 350 Millionen Pfund erregte allerlei Aufmerksamkeit. Es stellte sich jedoch bald heraus, dass sie übertrieben war. Sie wurde so berechnet, dass die tatsächlichen wöchentlichen Nettokosten der britischen EU-Mitgliedschaft stark aufgebläht wurden (Lichfield, 2017). Der Rabatt für das Vereinigte Königreich, die Investitionen der Europäischen Union in die Infrastruktur des Vereinigten Königreichs, die erhaltenen Zuschüsse und Agrarsubventionen usw. wurden dabei nicht berücksichtigt.

Ihre Unzuverlässigkeit war so groß, dass sich der Leiter der britischen Statistikbehörde in einem offiziellen Schreiben an den damaligen Außenminister Boris Johnson darüber beschwerte, dass das Aufkleben der Daten auf die Seite eines Wahlkampfbusses einen „eindeutigen Missbrauch der offiziellen Statistik" darstelle (Kentish, 2017).

Aber es war zu spät. Durch die Leave-Kampagne war es gelungen, die öffentliche Wahrnehmung zum eigenen Vorteil zu nutzen. Sie gaben in dieser Frage den Ton an. Sie stigmatisierten die Ausgaben des Vereinigten Königreichs in einer Weise, die die Menschen dazu brachte, die Handelsvorteile, die ihr Land im Gegenzug für die EU-Mitgliedschaft erhält, völlig außer Acht zu lassen. Sie lenkten die Aufmerksamkeit der Menschen auf die Rechnungen und nicht auf die Vorteile, die der Frieden und die Stabilität in Europa mit sich bringen. Jedes Argument, dass es für die reichsten Länder der Welt vernünftig sein könnte, ihre ärmeren Nachbarn zu subventionieren, wurde völlig hinfällig.

Alles, was zählte, war, dass 350 Millionen Pfund – pro Woche – eine ganze Menge Geld waren. Auch wenn die Zahl angeblich bedeutungslos war.

Obwohl die 350-Millionen-Pfund-Forderung weithin kritisiert wurde, hatte ihr Auftreten nachhaltige Auswirkungen. Zwei Jahre nach dem Referendum fanden Forscher des King's College London heraus, dass 42 % der Wähler immer noch glauben, dass Großbritannien 350 Millionen Pfund pro Woche an die Europäische Union überweist (Carroll, 2018). Der Anker zieht weiterhin an der öffentlichen Wahrnehmung. Wenn die Menschen versuchen, sich die Kosten der EU-Mitgliedschaft vorzustellen, orientiert sich ihr Bezugsrahmen nicht an den neuesten Bilanzen der Staatskasse oder an den Analysen akademischer Ökonomen. Sie orientieren sich an einer Zahl, die auf die Seite eines Busses gedruckt wurde.

Für die meisten Menschen ist eine Rechnung über 350 Millionen Pfund ein nachvollziehbares Konzept. Es ist viel einfacher zu visualisieren als viele der Dinge, über die Wirtschaftswissenschaftler normalerweise sprechen. Sie ergibt mehr Sinn als das Bruttoinlandsprodukt, die Haushaltskonsolidierung oder der konjunkturbereinigte Saldo. Selbst die Tatsache, dass der Bus rot war, hat wahrscheinlich dazu beigetragen, dass die Fernsehnachrichten anschauliche Bilder lieferten. Für die meisten normalen Menschen war die ganze Angelegenheit sehr leicht zu merken.

Angesichts der Verfügbarkeitsheuristik trug diese Einprägsamkeit zweifellos dazu bei, die Botschaft des Busses zu verewigen. Technische Fußnoten zu statistischen Details gingen im Hintergrund unter.

Viele Studien haben gezeigt, dass die Korrektur von Fehlinformationen häufig nicht ausreicht, um die Meinung der Menschen zu ändern, vor allem, wenn sie sich auf eine bestimmte politische Meinung festgelegt haben (Nyhan & Reifler, 2010). Wenn man den Menschen sagt, was sie hören wollen, werden sie es hören. Und wenn man es an die Seite eines Busses klebt, wird das genauso gut funktionieren.

Faustformel: Gib es mir genau …

Anstatt zu übertreiben, finden Wahlkämpfer manchmal einen Weg, Informationen einfach bedeutender *klingen* zu lassen, als sie tatsächlich sind. In der Regel geschieht dies, indem sie ins Detail gehen, selbst wenn die Details unnötig sind. Dieser Ansatz wird als **implizite Präzision** oder, was noch schlimmer ist, als **illusorische Genauigkeit** bezeichnet.

In Wirklichkeit sind spezifisch formulierte Aussagen immer weniger logisch vertretbar als vage Aussagen. Das liegt daran, dass sie mehr einzelne Behauptungen enthalten, die alle gleichzeitig wahr sein müssen, damit die Aussage insgesamt wahr ist. Wie wir in Kap. 1 bei der Erörterung der Sparsamkeit gesehen haben, bedeuten mehr Detailpunkte auch mehr Schwachpunkte.

Beachten Sie die folgenden beiden Aussagen:

- Vage: „Das Pfund hat seit dem Brexit an Wert verloren."
- Spezifisch: „Das Pfund hat *wegen des* Brexit an Wert verloren."

Technisch gesehen enthält die spezielle Version zwei Behauptungen statt einer. Diese sind: (a) dass das Pfund seit dem Brexit an Wert verloren hat; und (b) dass der Brexit diesen Rückgang verursacht hat. Wenn alle anderen Dinge gleich sind, ist die Wahrscheinlichkeit, dass zwei Dinge gleichzeitig eintreten, geringer als die Wahrscheinlichkeit, dass eines der beiden Dinge für sich allein eintritt. Ein *Zufall* ist immer unwahrscheinlicher als ein einzelnes *Ereignis* (Hughes, 2016). Solange es keine stichhaltigen Beweise gibt, sollte daher eine spezifische Behauptung immer als unwahrscheinlicher angesehen werden als eine vage Behauptung.

Das Problem ist, dass die meisten Menschen das Gegenteil für wahr halten. Sie finden spezifische Behauptungen überzeugender als vage Behauptungen. Die Menschen sind anfällig für den sog. **Konjunktionstrugschluss** (Tversky & Kahneman, 1982). Sie glauben fälschlicherweise, dass die Verbindung von zwei Punkten wahrscheinlicher ist als ein Punkt allein. Sie lassen sich von der impliziten Präzision der spezifischeren Aussage überzeugen.

Die implizite Präzision birgt besondere Risiken, wenn Informationen in Zahlen ausgedrückt werden. Oft ist es sinnvoll, eine Zahl mit Formulierungen wie „etwa 17 Millionen" zusammenzufassen. Damit wird eine gewisse Fehlermarge einkalkuliert und die allgemeine Genauigkeit der Information geschützt. Es klingt jedoch überzeugender, wenn Sie „17,4 Millionen" sagen, weil diese Version mehr Informationen enthält. Die meisten Menschen reagieren auf numerische Präzision, indem sie der Information eine größere Bedeutung beimessen, auch wenn die zusätzliche Präzision nur von geringer Bedeutung ist (Johnson & Gluck, 2016).

Wenn man also die Zahl der Wähler beschreibt, die für den Brexit gestimmt haben, ist die Angabe „17,4 Millionen" beeindruckender als die Angabe „etwa 17 Millionen". Zahlengenauigkeit ist ein weiteres wirkungsvolles rhetorisches Mittel, das sich die Daumenregeln zunutze macht, die Menschen bei alltäglichen Entscheidungen verwenden, um gedankliche Abkürzungen zu nehmen.

Daumenregeln: Was mein ist, ist, nun ja, mein

In vielen politischen Diskussionen wird versucht, aus einer Faustregel Kapital zu schlagen, die als **„endowment effect"** bekannt ist. Dabei wird etwas überbewertet, nur weil man es besitzt, und man fühlt sich übermäßig bedroht, wenn jemand es einem wegnehmen will. Die Menschen messen den Dingen, die sie jetzt besitzen, im Allgemeinen einen größeren Wert bei als dem Geldbetrag, den sie ausgeben würden, um dieselben Dinge neu zu erwerben (Pryor et al., 2018).

Wirtschaftswissenschaftler diskutieren dieses Konzept, indem sie die „Zahlungsbereitschaft" (den Geldbetrag, den die Kunden zahlen würde, um etwas zu kaufen) mit der „Akzeptanzbereitschaft" (dem Geldbetrag, den die Kunden von jemandem akzeptieren würden, um dieselbe Sache von ihnen zu kaufen) vergleichen. Der Ausstattungseffekt ist die Tendenz, dass die „Zahlungsbereitschaft" einer Person für eine Sache geringer ist als der Betrag, den sie bereit wäre zu akzeptieren, wenn sie die Sache abgeben würde, wenn sie sie besitzt.

Um es einfacher auszudrücken: Haben Sie sich schon einmal so sehr an einen Besitz gebunden gefühlt, dass Sie ihn nur ungern gegen etwas anderes von gleichem (oder sogar höherem) Wert eintauschen wollten? Erinnern Sie sich an dieses Gefühl der Verbundenheit mit dem Besitz, den Sie plötzlich behalten wollten? Dieses sentimentale Gefühl? Dieses Gefühl ist der sog. „Erstausstattungseffekt".

Begabte Politiker verstehen es, diese Anfälligkeit der Menschen auszunutzen. Sie versuchen auf subtile Weise, das Eigentum der Menschen an Dingen zu betonen. Eigentum und Besitz werden häufig als rhetorische Mittel eingesetzt, wenn Wahlkämpfer für oder gegen den Brexit argumentieren: „Ihr" Land wird von der Europäischen Union bedroht; „Ihre" Rechte als EU-Bürger werden Ihnen genommen.

Der berüchtigte rote Bus enthielt zwei markante Beispiele. Sein Aufruf zum Handeln lautete: *„Lasst uns stattdessen unseren NHS finanzieren".*

Der Verweis auf „unseren" NHS sollte die Menschen dazu bringen, den NHS mehr zu schätzen, und damit die Sorge um seine Finanzen verstärken. Der Slogan *„Lasst uns die Kontrolle zurückgewinnen"* war ein weiterer Appell an den Stiftungseffekt. Er betonte nicht nur das Eigentum (an der Kontrolle), sondern hatte auch den zusätzlichen Effekt, dass er die Gefahr eines Diebstahls heraufbeschwor.

Der Erstausstattungseffekt sorgt dafür, dass wir unverhältnismäßig wenig bereit sind, etwas aufzugeben, von dem wir glauben, dass es uns gehört. Daher wird die Botschaft, dass uns etwas gestohlen werden könnte, immer eine große Wirkung haben (Pettifor, 2016).

Die Fähigkeit, aus psychologischen Faustregeln Kapital zu schlagen, macht eine politische Kampagne nicht skrupellos. Es ist nicht unangemessen, dass die Bürger daran erinnert werden, dass ihnen der NHS gehört. In vielen Fällen sind diese Taktiken ein Zeichen für vorbildliche politische Kommunikation. Sie zeigen, dass die Wahlkämpfer ein tiefes Verständnis für ihr Publikum haben.

Wenn politische Wahlkämpfer sich Dinge wie die Verfügbarkeitsheuristik, die Verankerung, die implizite Präzision oder den Ausstattungseffekt zunutze machen, sind sie nicht unehrlich oder zwanghaft. Sie sind gut im politischen Wahlkampf.

Betrachten Sie die Slogans, die von Gruppen während des Brexit-Referendums selbst verwendet wurden. Es gab drei große Kampagnengruppen auf der Remain-Seite. Dies waren ihre Slogans:

- *Stärker, sicherer, „besser dran"* (Stärkeres Großbritannien in Europa)
- *Labour in/für „Großbritannien"* (Labour Party)
- *„Ja zu Europa"* (Grüne Partei).

Auf der Seite der Linken gab es zwei große Fraktionen, die mit den folgenden Punkten antraten:

- *„Lasst uns die Kontrolle zurückerobern"* (Vote Leave)
- *„Wir wollen unser Land zurück"* (United Kingdom Independence Party).

Schon ein erster Blick zeigt den Unterschied im Stil der beiden Seiten. Die Remain-Slogans variierten in Stil und Inhalt. Einer der Slogans enthielt drei Gründe für den Verbleib in der EU (Stärke, Sicherheit und Wohlstand), während die beiden anderen keine Gründe enthielten.

Die Aufzählung von drei Vorteilen mag den Anschein erwecken, dass die Vorteile mehr Gewicht haben, aber sie schafft auch Komplexität. Die Leser müssen drei verschiedene Konzepte aufnehmen und interpretieren. In Bezug auf das, was Psychologen als Verarbeitungszeit bezeichnen, strapaziert ein solcher Slogan die Aufmerksamkeitsspanne des Publikums.

Die Slogans der Labour Party und der Grünen hatten die Form eines **Appells an die Autorität**. Die Botschaft der Labour-Partei lautete, dass die Wähler das tun sollten, was die Labour-Partei tut. Der Slogan der Grünen Partei betonte eher Europa als die Grünen selbst, bot aber keinen anderen Grund, für den Verbleib zu stimmen, als die Tatsache, dass sie dies wollten. Der Appell an die Autorität ist eine anerkannte Methode der Überzeugung, aber er ist rein rhetorisch und daher schwach. In philosophischer Hinsicht hat sie keine empirische oder rationale Kraft.

Im Gegensatz dazu betonten beide Slogans für den Austritt eine ähnliche Botschaft. Beide beriefen sich auf den „endowment effect". Die beiden Slogans appellierten direkt an das Gefühl der Wähler, Eigentümer Großbritanniens zu sein, und argumentierten, dass dieses Eigentum bedroht sei. Ohne begründete Argumente oder empirische Beweise vorlegen zu müssen (schließlich handelte es sich nur um Slogans), gelang es den Wahlkämpfern, die Agenda an der Frage auszurichten, *wem „unser" Land gehört.* Auf diese Weise wurde die Debatte über die Frage, ob die Länder ihre Souveränität in bestimmten Fragen zusammenlegen sollten, umgangen und die Annahme durchgesetzt, dass sie dies nicht tun sollten.

Zusammenfassend lässt sich sagen, dass die beiden Slogans für den Austritt aus der EU klar fokussiert, genau auf die Sorgen der Wähler ausgerichtet und emotional eindringlich waren.

Politische Kommunikation ist eine ungenaue Wissenschaft. Ausgehend von der Tatsache, dass einige Kommunikationsbemühungen effektiver sind als andere, können wir jedoch damit beginnen, die Dinge auf eine rudimentäre Weise zu quantifizieren. Wir können sagen, dass die Leave-Botschaften kohärenter waren als die Remain-Botschaften und dass sie die Erkenntnisse über die Psychologie der Entscheidungsfindung besser (oder zumindest deutlicher) genutzt haben. Sie zeigten ein tieferes

Verständnis für das nationale Publikum und ein authentischeres Verständnis für die Sorgen der Wähler.

Die Leave-Kampagne übertraf ihre Remain-Kollegen in mehreren entscheidenden Punkten. Sie waren erfolgreicher darin, die Wähler auf einer emotionalen Ebene anzusprechen. Sie waren genau auf die intuitive Wellenlänge ihrer Zielgruppe abgestimmt. Ihre Botschaften kamen viel besser an, immer und immer wieder.

Im Vergleich zu den Remainer-Kollegen hatte die Leave-Kampagne einen deutlichen Debattenvorteil: Sie wies im Großen und Ganzen ein wesentlich höheres Maß an emotionaler Intelligenz auf.

Gruppenzwang: Nichts zu verlieren außer der eigenen Perspektive

Viele unserer geistigen Abkürzungen sind mit unserem sozialen Leben verwoben. Zwischenmenschliche Einflüsse bestimmen die Form des Wissens. In einer Demokratie ist der Fluss der Überzeugungen in der Gesellschaft von besonderer Bedeutung. Wir werden die Frage der sozialen Identität und der Gruppendynamik in Kap. 3 ausführlich erörtern. Im Moment werden wir uns jedoch darauf konzentrieren, wie andere Menschen unsere Entscheidungsfindung beeinflussen.

Die Art und Weise, wie wir uns selbst und, noch wichtiger, unseren *Stamm* wahrnehmen, ist besonders einflussreich. Wir neigen dazu, unsere eigene Gruppe als vielfältig zu betrachten, während wir glauben, dass unsere Gegner alle gleich sind. Beim Brexit ist die offensichtlichste Stammesunterscheidung die zwischen Remainers und Leavers. Und es scheint, dass beide Gruppen tatsächlich der Meinung sind, dass ihre eigene Seite die differenzierteren Einsichten hat, dass sie tiefer über die Themen nachgedacht hat und dass sie ein breiteres Spektrum an Ansichten und Überzeugungen vertritt. Gleichzeitig werfen beide der anderen Seite vor, zu vereinfachen, sich an Klischees und Tropen zu klammern und zu engstirnig zu sein.

Psychologisch gesehen sind wir geneigt zu glauben, dass wir sehr interessante Menschen sind. Wir sind farbenfroh in unserer Individualität, mit weitreichenden Ansichten, vielen tiefgründigen Ideen und einer insgesamt detaillierten Existenz. Kurz gesagt, wir halten uns für eine großartige Gesellschaft. Wir sind äußerst vielseitig – genau die Art von Menschen, die man gerne an der Spitze des Landes hätte.

Im Gegensatz dazu halten wir unsere Gegner für weit weniger vielfältig. Aus unserer Perspektive scheinen sie im Grunde alle gleich zu sein. Mehrere Studien bestätigen, dass Menschen die Gemeinschaften ihrer eigenen Gruppe in weitaus mehr Kategorien einteilen, als sie bei der Beschreibung einer Außengruppe verwenden. Diese Verzerrung ist als **Homogenitätseffekt** der **Out-Group** bekannt (Judd & Park, 1988). Es ist, als ob die psychologische Distanz zwischen den Gruppen mit der physischen Distanz gleichzusetzen wäre. Aus der Ferne beginnen die Details ein wenig verschwommen zu wirken.

Es versteht sich von selbst, dass wir unsere wahrgenommene Stammesvielfalt eher als Stärke denn als Schwäche betrachten. Wir sehen uns selbst als aufgeschlossen, begrüßen die Meinungsvielfalt, ermutigen zu Debatten und Meinungsverschiedenheiten und haben eine Mischung aus guten und schlechten Ideen. Wenn ein Mitglied unseres Stammes etwas falsch macht, können wir darauf hinweisen, dass unsere schwarzen Schafe den weißen zahlenmäßig überlegen sind. Unsere Vielfalt und Bandbreite sind nicht nur ein Zeichen für unsere Verdienste, sie bieten uns auch einen Schutzschild, eine Möglichkeit, Verantwortung von Schuldzuweisungen zu trennen.

Dementsprechend betrachten wir die Homogenität unseres gegnerischen Stammes als ein Zeichen seiner Grenzen. Der andere Stamm ist einäugig, zielstrebig und starr gegen die Vernunft. Sie haben meist schlechte Ideen. Und wenn einer von ihnen aus der Reihe tanzt, fällt das auf sie alle zurück. Es offenbart die Art von Menschen, die sie wirklich sind.

Für viele Remainer sind die Leaver die Art von Menschen, die engstirnig, rücksichtslos und ungeduldig sind, die Regeln zu beugen (z. B. Cohen, 2018). Für viele Leaver hingegen sind die Remainer ein Block von großstädtischen Eliten, intellektuellen Snobs und weichherzigen Luvvies (z. B. Letts, 2017).

Denken Sie an die automatisch vervollständigten Suchbeschreibungen, die von der Google-Suchmaschine generiert werden, wenn Sie einen passenden Eröffnungssatz eintippen. Diese automatischen Vorschläge basieren auf dem, was die Nutzer im Allgemeinen am häufigsten im Internet gesucht haben. Ab Juni 2019 wird bei der Suche nach „Brexiteers sind" die folgende Dropdown-Liste angezeigt:

Brexiteers sind
Brexiteers sind **ignorant**
Brexiteers sind **Faschisten**
Brexiteers sind **Lügner**
Brexiteers sind **böse**
Brexiteers sind **Verräter**
Brexiteers sind **dumm**
Brexiteers sind **verblendet**
Brexiteers sind **wütend**

Wir können davon ausgehen, dass diese Ausdrücke nicht von Brexiteers verwendet werden, um Recherchen über sich selbst durchzuführen.

Die Eingabe von „Remainers sind" im Suchfeld führt zu diesen Ergebnissen:

Remainers sind
Remainers sind **Verräter**
Remainers sind **Feiglinge**
Remainers sind **arrogant**
Remainers sind **unwissend**
Remainers sind **Mittelschicht**
Remainers sind **dick**
Remainers sind **Faschisten**
Remainers sind **verblendet**
Remainers sind **Abschaum**
Remainers sind **intelligenter**

Okay, vielleicht *war* der letzte Satz von den Remainers selbst

Homogenität außerhalb der Gruppe ist eindeutig ein Hindernis für die Konfliktlösung. Wenn überhaupt, ist sie eine Zutat für die schlimmsten Konflikte zwischen Gruppen. Die Geschichte der Menschheit ist durchsetzt von grausamen Episoden, in denen Out-Groups mit einem einzigen Pinsel geteert wurden. Kriege wurden in dem Glauben geführt, dass die feindlichen Stämme eindimensional, starr und fremd sind und die Schuld für schlechte Handlungen bei allen liegt. Zumindest behindert die Homogenität der Außengruppen die Ernsthaftigkeit des Engagements zwischen den Gruppen. Warum sollte man sich überhaupt die Mühe machen, auf eine engere und weniger vernünftige Sekte zuzugehen?

Homogenität außerhalb der Gruppe ist eine starke mentale Abkürzung, die die Loyalität innerhalb der Gruppe fördert. Das ist alles schön und gut, solange die eigene Gruppe die einzige ist, die zählt. Aber natürlich ist es nie der Fall (und sollte es auch nie sein), dass nur eine Gruppe wichtig ist.

Dieses Problem steht im Zusammenhang mit der mentalen Abkürzung, die als **Spaltung** bezeichnet wird, manchmal auch als **Bifurkation** oder **binäres Denken** bezeichnet. Im Wesentlichen handelt es sich dabei um die Angewohnheit, alle Dinge in zwei Kategorien einzuteilen, in das absolut „Gute" und das absolut „Schlechte". Diese Angewohnheit ist häufig bei Kleinkindern zu beobachten, für die das Leben brutal vereinfacht ist und entweder aus positiven Gefühlen (warm, gefüttert, umsorgt und stimuliert zu sein) oder aus negativen (kalt, hungrig, einsam oder vernachlässigt zu sein) besteht. Viele Psychologen sind der Meinung, dass diese kindliche Gewohnheit der Aufspaltung in unserem Hinterkopf bleibt, auch wenn wir zu Erwachsenen werden. Wir lassen sie wieder aufleben, wenn wir unter Stress stehen oder aus anderen Gründen Schwierigkeiten haben, mit der Welt der Erwachsenen zurechtzukommen. Auf gesellschaftlicher Ebene akzentuiert sie alle politischen Gräben (Richards, 2019).

Nicht jeder Psychologe bringt die Spaltung mit Kindheitserfahrungen in Verbindung. Viele glauben, dass wir zu binärem Denken aus dem einfachen Grund neigen, weil es uns hilft, schneller Entscheidungen zu treffen. Was auch immer der Grund dafür ist, es besteht kein Zweifel an der darinliegenden Macht. Die meisten Menschen neigen übermäßig zum Entweder-Oder-Denken oder zum Wir-und-Sie-Denken.

Diese Gewohnheiten helfen zu erklären, warum es zu einer Gruppenpolarisierung kommt, wie es beim Brexit der Fall war. Vor dem Referendum 2016 deuteten die Daten der Eurobarometerumfrage darauf hin, dass die Briten ein breites Spektrum an Meinungen über die Europäische

Union vertraten, was zu mehreren unterschiedlichen Untergruppen in der Bevölkerung führte. Damals war die Europäische Union jedoch noch ein zweitrangiges politisches Thema. Nach dem Referendum haben sich die Dinge dramatisch verändert. Jetzt gibt es im Wesentlichen zwei Gruppen. Es ist zu Spannungen gekommen, und so hat sich eine Spaltung vollzogen. Wir werden auf das Problem der Gruppenpolarisierung in Kap. 3 zurückkommen.

Ein sicheres Zeichen für eine Spaltung ist, wenn zwei Gruppen am Ende zwei unterschiedliche Realitäten sehen. In der Parteipolitik sind Beobachter oft verärgert über die Art und Weise, wie ihre Gegner das ablehnen, was ihnen als Fakten erscheint.

„Tatsachen sind Tatsachen" ist ein häufiges Klagelied (das im Zusammenhang mit dem Brexit oft von Leuten geäußert wird, die sich darüber beschweren, dass „Leave means Leave" eine Tautologie ist). In Wirklichkeit sind wir aufgrund unserer mentalen Abkürzungen durchaus in der Lage, sehr schnell und sehr locker mit Fakten umzugehen. Jeder tut das, bis zu einem gewissen Grad.

Gruppendruck: Wahrhaftigkeit

Wir alle fühlen uns erstaunlich wohl mit dem, was Psychologen als **Scheinwahrheit** bezeichnen (Begg et al., 1992). Hier wird eine Behauptung einfach deshalb geglaubt, weil sie wiederholt geäußert wird. Ein Grundsatz der Psycholinguistik – der Psychologie der Sprache – besagt, dass Menschen sowohl aus der Grammatik als auch aus dem Inhalt eine Bedeutung ableiten können. In der Tat ist der Inhalt optional.

In den 1950er-Jahren gab Noam Chomsky das folgende Beispiel für einen semantisch bedeutungslosen Satz (Chomsky, 1957):

- *„Farblose grüne Ideen schlafen tief und fest."*

Chomsky sprach ausnahmsweise nicht über Politik. Vielmehr ging es ihm darum, den Unterschied zwischen Syntax und Semantik zu erklären. Ein Satz kann syntaktisch korrekt und semantisch unsinnig sein. Die Art und Weise, wie unser Gehirn mit Sprache umgeht, führt jedoch dazu, dass wir, wenn wir einen solchen Satz hören, allein die Tatsache, dass er grammatikalisch intakt ist, als gültig empfinden. Unser Bauchgefühl sagt uns, dass er irgendwo eine Bedeutung haben muss. Wir glauben, dass der Satz sinnvoll *klingt*. Also macht sich unser Gehirn – diese Mustererkennungsmaschine – daran, herauszufinden, was die Bedeutung sein muss.

Die Gefahr besteht darin, dass wir, wenn wir die Bedeutung nicht herausfinden können, an unserer Überzeugung festhalten, dass die Aussage sinnvoll sein muss. Das liegt daran, dass wir davon ausgehen, dass Informationen, die uns präsentiert werden, gültig sind. Dies ist eine unserer Standard-„**Gesprächskonventionen**", unsere Faustregeln für die Navigation im menschlichen Dialog (Holbrook et al., 2000).

Wir neigen besonders dazu, dies zu tun, wenn die Aussage immer und immer wieder wiederholt wird. Wenn wir sehen, dass andere Menschen die Aussage akzeptieren, nehmen wir an, dass *sie* wissen müssen, was sie bedeutet, was uns noch mehr dazu veranlasst, ihr zuzustimmen. In Wirklichkeit beobachten *sie* jedoch wahrscheinlich, wie *wir* zustimmend nicken, und schließen daraus, dass *wir* die wahre Bedeutung kennen müssen. Diese Dynamik der sich gegenseitig verstärkenden Fehlinformationen führt zu dem, was als **pluralistische Ignoranz** bezeichnet wird (Marsh & Yang, 2018).

Anstelle von farblosen, grünen Ideen, die im Dornröschenschlaf liegen, könnte man uns stattdessen einige der folgenden Aussagen präsentieren:

- *„Kein Deal ist besser als ein schlechter Deal."*
- *„Wir wollen unseren Kuchen essen und ihn essen."*
- *„Wir werden keine Kontrollen an der Grenze haben und gleichzeitig auf die Freizügigkeit verzichten."*
- *„Eine Volksabstimmung ist etwas anderes als ein zweites Referendum."*

Jede dieser Aussagen ist im besten Fall vage und im schlimmsten Fall widersprüchlich. Ihre Wiederholung ist jedoch wirkungsvoll. Sie vermittelt ein Gefühl der Sinnhaftigkeit. Ihre grammatikalische Korrektheit vermittelt eine Form von Gültigkeit. Mehrere Studien haben gezeigt, dass Informationen umso eher als wahr eingestuft werden, je öfter sie wiederholt werden (Polage, 2012). Wenn es um politische Slogans geht, übertrumpft Vertrautheit die Rationalität.

Es gibt Grund zur Annahme, dass falsche politische Überzeugungen besonders schwer zu ändern sind. Forscher der Universität Cambridge sind zu dem Schluss gekommen, dass Vorbeugen viel besser ist als Heilen. Sie haben mit der Entwicklung eines Fake-News-„Impfstoffs" begonnen, mit dem die Öffentlichkeit gegen die Verbreitung von Fehlinformationen geimpft werden soll (van der Linden et al., 2017). Der Schwerpunkt liegt dabei auf der Gestaltung von Nachrichten, die die Menschen vor schlechten Informationen warnen und sie mit präventiven Widerlegungen ausstatten. Der Impfstoff selbst hat die Form einer kleinen Dosis von Fake News, mit denen die Menschen ihre Widerlegungen üben können. Dies soll ihnen helfen, eine „Resistenz" gegen Fehlinformationen aufzubauen, indem sie ein „Repertoire" an Fähigkeiten zum kritischen Denken erwerben (BBC News, 2017). Man könnte meinen, so etwas sei schon einmal versucht worden.

In der Zwischenzeit werden die Folgen von Scheinwahrheiten weiterhin zu spüren sein. Psychologen, die sich mit dem **Backfire-Effekt** befassen, haben gezeigt, dass die Vorlage von widerlegenden Beweisen bei den Menschen oft wenig bewirkt, um sie umzustimmen. In vielen Fällen hat es den gegenteiligen, paradoxen Effekt, dass sie mehr denn je an ihrer ursprünglichen Ansicht festhalten (Flynn et al., 2017).

Beim Brexit hat man manchmal den Eindruck, dass die Menschen, je mehr sie mit Gegenargumenten bombardiert werden, umso starrer an ihren eigenen Ausgangspositionen festhalten. Die Menschen **denken** aus Gründen **des Identitätsschutzes** so, dass Gegenargumente nur dazu dienen, bestehende Spaltungen zu verschärfen (Kahan et al., 2011). Die Rolle der sozialen Identität bei der Gestaltung des Verhaltens der Menschen ist wichtig, und wir werden dies in Kap. 3 ausführlicher diskutieren.

Es ist bemerkenswert, dass trotz der ständigen öffentlichen Aufmerksamkeit, die dem Brexit seit 2016 zuteil wurde, die große Mehrheit der Wähler einfach an ihren ursprünglichen Ansichten festgehalten hat. Fast drei Jahre nach dem Referendum deuten Meinungsumfragen darauf hin, dass 90 % der Befürworter und Verfechter des Brexit ihre Meinung nicht geändert haben (Curtice, 2019). Die endlosen politischen Diskussionen, die Telefonanrufe im Radio, die Aufmärsche auf den Straßen sowie die Parlaments-, Kommunal- und Europawahlen scheinen allesamt kaum Auswirkungen auf die Einstellungen der Menschen gehabt zu haben – außer vielleicht, dass sie sich verfestigten.

Mit dem Brexit scheinen wir oft in eine Abwärtsspirale geraten zu sein. Je mehr „Experten“ Gründe dafür anführen, warum der Brexit eine schlechte Idee ist, desto mehr engagieren sich einige Menschen dafür, den Brexit bis zum Ende durchzuziehen. Eine wichtige Kraft ist dabei die Macht, sowohl die tatsächliche als auch die gefühlte. In vielerlei Hinsicht wird der Brexit durch die Behauptung persönlicher Macht angetrieben, durch den Wunsch, Entscheidungen zu treffen, unabhängig davon, was andere zu sagen haben. Wir werden auf diese Dynamik von Macht, Entscheidungen und Gegenreaktionen in Kap. 3 zurückkommen.

Probleme mit der rosaroten Brille: Alles ist großartig

Die letzte Auswahl an mentalen Abkürzungen ist in gewisser Weise die stereotypischste unter den Menschen. Es ist die seltsame, aber unverbesserliche Tendenz der Menschen, sich selbst und ihre eigene Art für großartig zu halten.

Ein berühmtes Beispiel ist der **Dunning-Kruger-Effekt**, bei dem Menschen ihre eigenen Fähigkeiten irrtümlich überschätzen, oft angesichts auffälliger Beweise für persönliche Schwächen. Sie melden sich freiwillig zu einem Dienst auf einer Ebene, die weit über dem liegt, was sie angemessen leisten können. Sie glauben, dass sie fähig sind, obwohl sie es in Wirklichkeit nicht sind.

Diese selbst wahrgenommene Fähigkeit wurde einprägsam als „die Fehleinschätzung des Inkompetenten“ bezeichnet (Kruger & Dunning, 1999). Diese Beschreibung beinhaltet jedoch eine ungerechte Opferbeschuldigung. Es geht hier darum, dass wir Menschen *alle* in manchen Dingen inkompetent sind. Einige von uns sind in vielen Dingen inkompetent.

Das Problem ist, dass wir natürlich erkennen, was wir tun *können,* aber relativ wenig erkennen, was wir *nicht können.* Früher oder später fallen wir alle dem Dunning-Kruger-Effekt zum Opfer. Es liegt in der Natur dieses Effekts, dass wir ihn nicht bemerken, wenn er auftritt.

Der Mensch kann seine eigene Kompetenz schlecht einschätzen. Man könnte sagen, dass er darin inkompetent ist. Immer wieder bewerben sich Menschen mit großem Aplomb für Aufgaben, auf die sie ungeheuerlich schlecht vorbereitet sind.

Dies kann dazu führen, dass ein Staatssekretär für den Austritt aus der EU erklärt, er habe die Bedeutung des Handels über den Ärmelkanal für die britische Wirtschaft „nicht ganz verstanden“ (Merrick, 2018), oder dass eine Schatten-Innenministerin nicht weiß, ob ihr vorgeschlagener Plan zur Einstellung von Polizeikräften 300.000 Pfund oder vielleicht 8 Millionen Pfund kosten würde (Gillett, 2017), und dass eine Nordirlandministerin sich der grundlegenden Struktur des politischen Konflikts in Nordirland nicht bewusst war, als sie sich bereit erklärte, das Amt zu übernehmen (Embury-Dennis, 2018).

Selbst die fähigsten Menschen können sich irgendwann so weit aus dem Fenster lehnen, dass sie ihre eigenen Grenzen nicht mehr erkennen.

Dieses Problem wird durch **Confirmation Bias** aufrechterhalten, die Angewohnheit, sich auf alles zu konzentrieren, was die eigene Wahrnehmung unterstützt, und alles zu übersehen, was sie gefährden könnte. In Kap. 1 haben wir gesehen, wie Menschen, die argumentieren, dass der Brexit mit dem Untergang des Imperiums zusammenhängt, sich häufig der Voreingenommenheit durch Bestätigung schuldig machen. Sie diskutieren bestätigende Beispiele, aber keine widersprüchlichen Fälle. Sie argumentieren, dass postimperialer nationalistischer Eifer die Briten von der EU abschreckt, ohne zu erklären, warum er nicht die gleiche Wirkung auf Menschen in anderen postimperialen Ländern hat.

Confirmation Bias ist in der Brexit-Saga allgegenwärtig (ironischerweise kann man sich leicht vorstellen, inwiefern diese Behauptung wahr ist). Die Befürworter des Austritts konzentrieren sich auf die positiven Möglichkeiten für den Handel, übersehen aber die technischen Herausforderungen der Zölle. Die Befürworter des Verbleibs konzentrieren sich auf die Aussicht auf pan-nationale Harmonie, übersehen aber die Unzulänglichkeiten eines Europäischen Parlaments, das institutionell eine formale Regierung-Opposition-Dynamik vermeidet und dadurch abweichende Meinungen marginalisiert.

Eine solche Argumentation macht die Logik unvollständig. Der wissenschaftlichere Ansatz wäre, sich nicht auf bestätigende Beweise zu konzentrieren, sondern auf Faktoren, die die Vermutungen widerlegen könnten. Wissenschaftlern wird oft vorgeworfen, besserwisserisch zu sein. In Wirklichkeit gehen Wissenschaftler davon aus, dass alles, was sie *zu wissen glauben*, falsch sein könnte. Wissenschaft beruht auf dem systematischen Versuch, Dinge zu widerlegen. Echte Wissenschaftler suchen nicht nach Beweisen, sie suchen nach Widerlegungen.

Schon das Vorhandensein eines einzigen Gegenbeispiels lässt Zweifel an einer Theorie aufkommen. Confirmation bias ist die Angewohnheit, diesen wichtigen Test nicht anzuwenden. Sie ist Ausdruck eines ungerechtfertigten Vertrauens in unsere eigenen Urteile. Wir betrachten unsere Meinungen durch eine rosarote Brille.

Die meisten von uns haben die Angewohnheit, die Schuld von sich zu weisen, während sie Lob einfordern. Wir neigen zu einer mentalen Abkürzung, die als **Kausalattributionsbias** bekannt ist (Stiensmeier-Pelster & Heckhausen, 2018). Wenn sich Ereignisse gegen uns wenden, geben wir äußeren Kräften, die außerhalb unserer Kontrolle liegen, die Schuld. Wenn sich die Ereignisse jedoch zum Guten wenden, betonen wir unseren eigenen Beitrag und Einfluss.

Ein Schüler, der bei einer Prüfung schlecht abschneidet, wird die Schwierigkeit der Prüfungsfragen beklagen, während ein Schüler, der gut abschneidet, stolz auf seine Lernfähigkeit (und vielleicht auf seine angeborene Intelligenz) ist. Ein Spieler, der ein Spiel verliert, wird die Leistung des Schiedsrichters in Frage stellen, während ein Sieger die Hand des Schiedsrichters schütteln und dessen Lob annehmen wird. Jeder von uns neigt zu dieser Art von verzerrter, eigennütziger Argumentation.

Die Attributionsverzerrung ermutigt Menschen dazu, den Erfolg für sich zu beanspruchen und die Schuld für Misserfolge von sich zu weisen. Dies ist einer der Gründe, warum Wähler Politiker kritisieren, obwohl sie sie gewählt haben. Die Politiker selbst beanspruchen die Anerkennung für oft zufällige Ereignisse, wie z. B. kurzfristige Aufschwünge in der Wirtschaft. Geht es mit der Wirtschaft jedoch bergab, werden die weltwirtschaftlichen Kräfte dafür verantwortlich gemacht.

Eine Folge dieser ungleichen Verteilung von Anerkennung und Schuld ist, dass Menschen oft auf fehlerhaften Strategien beharren, selbst wenn sie schnell scheitern.

Neun Tage vor dem ursprünglich geplanten Termin für den Austritt Großbritanniens aus der Europäischen Union betrat Premierministerin Theresa May einen eichengetäfelten Raum in Downing Street 10 und trat vor die wartenden Fernsehkameras. Die Medien waren kurzfristig einberufen worden und erfuhren nur, dass die Premierministerin eine Rede halten würde. Die Fernsehsender wurden darauf hingewiesen, dass sie ihr normales Programm unterbrechen sollten. Was der Premierminister zu sagen hatte, würde eine landesweite Liveübertragung rechtfertigen.

Am frühen Nachmittag hatte EU-Ratspräsident Donald Tusk der Premierministerin mitgeteilt, dass Großbritannien das Verfahren nach Artikel 50 nur dann verlängern könne, wenn das Parlament dem Austrittsabkommen zustimmt. Der Sprecher des Unterhauses hatte jedoch entschieden, dass die Premierministerin ihren Deal nicht ein drittes Mal vorlegen dürfe, da er bereits zweimal abgelehnt worden sei. Die Bedingung von Tusk konnte also nicht erfüllt werden. Die Premierministerin hatte keine andere Wahl mehr.

Als die Pressevertreter über die Vorbereitungen für eine nächtliche Fernsehansprache informiert wurden, schlossen viele von ihnen daraus, dass die Premierministerin im Begriff war, Neuwahlen auszurufen. Einige dachten, sie würde zurücktreten. Sie tat weder das eine noch das andere.

Stattdessen schaltete der Premierminister mit strenger Stimme und Blick in die Kamera in den vollen Schuldzuweisungsmodus:

> Im März 2017 habe ich das Verfahren nach Artikel 50 für den Austritt des Vereinigten Königreichs aus der EU eingeleitet – und das Parlament hat dies mit überwältigender Mehrheit unterstützt. Zwei Jahre später waren die Abgeordneten nicht in der Lage, sich auf einen Weg zur Umsetzung des Austritts des Vereinigten Königreichs zu einigen. Infolgedessen werden wir nun nicht rechtzeitig mit einem Abkommen am 29. März austreten.

Mit ihren Worten beanspruchte sie persönliche Anerkennung für die Einleitung des Austrittsprozesses. Doch als es darum ging, das Scheitern des Prozesses zu erklären, warf die Premierministerin den Abgeordneten vor, ihren Deal nicht gebilligt zu haben. Die Verzögerung des Brexit sei „ein Ergebnis" *ihres* Verhaltens, sagte sie, nicht ihres. Sie fuhr fort:

> Und dessen bin ich mir absolut sicher: Sie, die Öffentlichkeit, haben genug. Sie haben genug von den Machtkämpfen. Sie haben genug von den politischen Spielchen und den undurchsichtigen Verfahrensstreitigkeiten. Sie haben es satt, dass die Abgeordneten über nichts anderes als den Brexit sprechen, wenn Sie echte Sorgen haben … Bislang hat das Parlament alles

> getan, um eine Entscheidung zu vermeiden. Ein Antrag nach dem anderen und ein Änderungsantrag nach dem anderen wurden eingebracht, ohne dass das Parlament jemals entschieden hat, was es will. Alles, was die Abgeordneten bereit waren zu sagen, ist, was sie nicht wollen.

Auch hier war ihre Botschaft einfach. Sie hatte Erfolg, indem sie Artikel 50 auslöste. Andere – namentlich die Abgeordneten – hatten versagt, indem sie das von ihr ausgehandelte Abkommen ablehnten.

Sie ließ nicht gelten, dass vielleicht auch andere für die Einleitung des Rückzugsprozesses verantwortlich waren oder dass auch sie für dessen Verzögerung mitverantwortlich war. Immerhin war es das Produkt *ihrer* Verhandlungen, dem die Abgeordneten ihre Zustimmung verweigerten. Darüber hinaus hatte sie sich selbst in Gefahr gebracht, indem sie der EU versicherte, dass das Parlament ihr Abkommen tatsächlich annehmen würde. Tatsächlich lehnten die Abgeordneten das Abkommen mit überwältigender Mehrheit ab. Das Abkommen erlitt die schwerste parlamentarische Niederlage, die es je in der demokratischen Ära gegeben hat (Stewart, 2019).

Die sich selbst rechtfertigenden Worte des Premierministers wurden buchstäblich mit einem Aufschrei quittiert. Die versammelten Fernsehmikrofone nahmen eine verärgerte Stimme aus dem Off auf, die antwortete: „Oh bitte!", als die Premierministerin das Rednerpult verließ (Davidson, 2019). Eine große Zeitung bezeichnete die Ansprache als „die schlechteste Rede, die sie je gehalten hat" (Peck, 2019). Allein die Tatsache, dass der Vortrag der Premierministerin einhellig verurteilt wurde, zeigt, wie stark der Zuschreibungseffekt ihre Perspektive verzerrt hatte.

Probleme mit der rosaroten Brille: Alles ist unter Kontrolle

Viele Studien haben gezeigt, dass die Menschen zu einer Art allgemeinem, aber unvernünftigem Optimismus neigen. Sie halten sich selbst für sehr fähig, zum Erfolg bestimmt und in der Lage, Situationen zu meistern.

Diese Voreingenommenheit ist nützlich, um die Ausdauer zu fördern, und sie ist geistig gesund. Sie kann sogar als ein *Zeichen* für eine gute psychische Gesundheit angesehen werden. Forschungsergebnisse deuten darauf hin, dass Menschen mit *schlechter* psychischer Gesundheit diese Art von Voreingenommenheit viel seltener zeigen und stattdessen einen sog. **depressiven Realismus aufweisen** (Feltham, 2016). Unsere **Illusionen von Kontrolle** halten uns im Leben aufrecht. Sie helfen uns, Depressionen abzuwehren, indem sie uns angesichts von Risiken ermutigen (Taylor & Brown, 1988).

Als hochentwickelte Lebewesen sind unsere Gehirne darauf programmiert, unsere Erfolgschancen bei einer bestimmten Herausforderung zu überschätzen. Es ist seit langem bekannt, dass Glücksspieler beim Würfeln mehr Geld setzen, wenn sie die Würfel selbst anfassen dürfen, anstatt sie von einem Croupier werfen zu lassen (Langer, 1975). Der Brexit ist das Lotterielos, von dem wir uns versprochen haben, dass es das letzte sein würde, von dessen Gewinn wir uns eine rechtfertigende Rendite versprechen.

Wir messen Ereignissen, die wir selbst herbeigeführt haben, einen unrealistisch hohen Wert bei, unabhängig von der Qualität der Ergebnisse. Dieser unverhältnismäßige Stolz auf unser eigenes Werk wurde als **IKEA-Effekt bezeichnet** (Norton et al., 2012). Der Brexit ist das leicht schiefe Angebot, das unseren Flur ziert und für das wir von höflichen, aber unzufriedenen Besuchern gelobt werden.

Wenn wir uns einmal zu einer Entscheidung entschlossen haben, neigen wir dazu, sie beizubehalten. Wenn wir etwas Teures kaufen, verzerren wir unsere Argumentation, um zu dem Schluss zu kommen, dass es doch günstig war – ein Prozess, der als **Rationalisierung nach dem Kauf** bezeichnet wird (Park & Hill, 2018). Der Brexit ist die Anti-Falten-Creme, von der wir uns einreden, dass sie uns jünger aussehen lässt.

All dies könnte erklären, warum die Brexit-Befürworter oft sehr zuversichtlich sind, was die Zukunft nach dem Brexit angeht, obwohl viele Experten anderer Meinung sind. Gleichzeitig sind die Befürworter des Verbleibs zuversichtlich, dass ihre Seite aus einem zweiten Referendum als Sieger hervorgehen würde, obwohl Meinungsumfragen darauf hindeuten, dass ein solches Ergebnis alles andere als sicher ist.

Letztlich neigt jeder zu der Ansicht, dass das von ihm bevorzugte Ergebnis eintreten wird. Jeder hat das Gefühl, dass sein Einfluss den Ausschlag geben wird.

Probleme mit der rosaroten Brille: Es liegt nicht an mir, es liegt an dir

Alle oben genannten mentalen Abkürzungen – die Faustregeln, die Auswirkungen des Gruppendrucks und die Probleme mit der rosaroten Brille – klingen plausibel, wurden in empirischen Untersuchungen nachgewiesen und sind *genau* die Dinge, die *andere Menschen* so ärgerlich machen. Aber natürlich würden wir selbst nie in diese Fallen tappen, oder?

Unser letztes Beispiel für das Problem der rosaroten Brille ist der **Dritte-Person-Effekt – die** Überzeugung, dass Denkfehler, subjektive Voreingenommenheit und sozialer Einfluss *andere* Menschen stärker beeinflussen als uns selbst (Kim, 2016). Dies ist das wahre Meta-Voreingenommenheit, die Voreingenommenheit, die durch alle anderen Voreingenommenheiten aufrechterhalten wird.

Die Verfügbarkeitsheuristik hilft uns, uns an Beispiele unserer eigenen Klugheit zu erinnern. Die Bestätigungsheuristik sorgt dafür, dass wir uns auf diese Beispiele konzentrieren. Aufgrund der Homogenitätsverzerrung der Außengruppe halten wir andere Menschen fälschlicherweise für weniger geschickt als uns selbst. Die Illusion der Kontrolle lässt uns glauben, wir seien resistent gegen sozialen Einfluss. Und der Dunning-Kruger-Effekt sorgt dafür, dass wir Beweise für das Gegenteil nicht wahrnehmen.

Der Dritte-Person-Effekt hilft zu erklären, warum die Brexit-Haltung so häufig pathologisiert wird. Sowohl Remainers als auch Leavers beschuldigen die andere Seite, leichtgläubig, unvernünftig und irregeführt zu sein. Gleichzeitig gehen sie davon aus, dass sie selbst gegen eben diese Leiden immun sind.

In Wirklichkeit unterliegen wir alle den normalen Standards des menschlichen Denkens. Wir alle verwenden Faustregeln, wir alle lassen uns von sozialen Einflüssen beeinflussen, und wir alle sehen uns durch eine rosarote Brille. Der übergreifende Fehler besteht darin, dass wir fälschlicherweise für uns selbst – oder für andere – eine Art roboterhafter Rationalität annehmen, die es in Wirklichkeit nicht gibt.

Wenn wir die Rolle gewohnheitsmäßiger mentaler Abkürzungen erkennen, können wir vielleicht besser verstehen, wie die Menschen den Brexit durchdenken. Es könnte sogar ein Mittel sein, um dem Sumpf zu entkommen.

Menschen und ihre Gefühle

In einer Demokratie könnte man erwarten, dass die Wähler sich große Mühe geben, ihre Pflichten sorgfältig zu erfüllen. Psychologen haben schon lange darauf hingewiesen, dass die Menschen viel zweckmäßiger sind als das.

Weit davon entfernt, sich mit den Fragen zu befassen, die ein Referendum oder eine Wahl betreffen, ist es oft sinnvoller, unwissend zu bleiben. Da es sich bei Ihrer Stimme um eine einzige Stimme unter – buchstäblich – zig Millionen anderer handelt, ist es höchst unwahrscheinlich, dass der Zettel, den *Sie* in die Wahlurne werfen, jemals entscheidend sein wird. Zweifellos wird dies in manchen Kreisen als Sakrileg empfunden – aber in diesem Sinne ist *Ihre demokratische Stimme nicht wirklich wichtig*.

Ihr persönliches Wahlrecht ist im Großen und Ganzen irrelevant. Wenn Sie sich also extrem viel Mühe geben – oder überhaupt keine Mühe –, um die Themen zu recherchieren, über die Sie abstimmen, dann könnte man sagen, dass dies nichts weiter als eine mutwillige Verschwendung Ihrer Zeit war. Betrachten Sie sich selbst isoliert: Die Kosten für die Durchführung von Nachforschungen, um sich zu informieren, werden immer höher sein als der unmittelbare Nutzen, den Sie aus der Abgabe Ihrer einzigen Stimme ziehen. Denn der direkte Nutzen ist gleich Null. Wenn Sie am Wahltag einfach zu Hause bleiben, wird sich absolut nichts ändern.

Eine solche kalte Kosten-Nutzen-Rechnung, bei der es keinen Sinn macht, Informationen zu sammeln, wird als Prinzip der **rationalen Ignoranz** bezeichnet (Downs, 1957). Aber das ist noch nicht alles. Es ist nicht nur sinnvoll, dass Sie unwissend bleiben, sondern auch, dass Sie nicht allzu viel darüber nachdenken. Es steht Ihnen frei, aus einer Laune heraus zu entscheiden, wie Sie abstimmen wollen. Sie können sich das einfach so ausdenken, wie Sie wollen. Diese Erweiterung des Themas wurde als Prinzip der **rationalen Irrationalität** bezeichnet (Caplan, 2001). Vielleicht hat jeder zehnte Wähler beim Brexit-Referendum dieses Prinzip angewandt, als er in den Wahllokalen auftauchte und sich noch nicht entschieden hatte, ob er für „Leave" oder „Remain" stimmen sollte.

Noch einmal: Es spielt kaum eine Rolle. Ihre Stimme ist von verschwindend geringer Bedeutung. Mit anderen Worten, sie ist bedeutungslos. Sie ändert nichts. *Es interessiert niemanden, was Sie denken.*

Es sagt vielleicht etwas über die Psychologie der Entscheidungsfindung aus, dass politische Entscheidungen mit dem Begriff „rationale Irrationalität" schlüssig erklärt werden können.

Aber das war's.

Eine der wichtigsten psychologischen Lehren aus dem Brexit ist es, die Aufmerksamkeit darauf zu lenken, dass die menschliche Denkweise sehr unbeständig ist. Insbesondere sollten wir bedenken, dass die Menschen stark davon beeinflusst werden, wie sie ihre unmittelbaren Zukunftsaussichten im Vergleich zu ihrer aktuellen Situation einschätzen. Je weniger sie zu verlieren haben, desto weniger fürchten sie das Risiko. Wir sollten auch bedenken, dass alle Menschen dazu neigen, die Welt in „wir", die Guten, und „die", die Bösen, einzuteilen, und dass sie die verworrene Rationalität unserer Gegner nicht zu schätzen wissen.

Die Tatsache, dass wir unsere Gegner als kompromisslos, unempfänglich und unerreichbar ansehen, lenkt von der Realität ab, dass auch wir auf unsere eigene Weise kompromisslos, unempfänglich und unerreichbar sind. Mit einem wissenschaftlichen Ansatz für unsere persönliche Psychologie sollten wir versuchen, unsere eigenen Annahmen zu falsifizieren. Wir sollten unsere Wahrnehmung der Menschen, denen wir gegenüberstehen, hinterfragen.

Letztlich ist die Psychologie die wissenschaftliche Untersuchung der menschlichen Erfahrung, der Notlage des Einzelnen, seiner Gefühle und seiner Interaktionen mit anderen. Der Mensch ist eine Spezies mit gemeinsamen Merkmalen und Neigungen. Aber sie unterscheiden sich auch als Individuen in Temperament, Neigung und Geschmack. Sie denken nicht nur. Sie empfinden auch. Und sie behandeln und beeinflussen sich gegenseitig auf unterschiedliche Weise. Wir werden uns nun diesem Aspekt der Psychologie des Brexit zuwenden: der Psychologie des Einzelnen und der Gruppen, denen er angehört.

3

Die Brexit-Leute

I. Eine Größe passt nicht allen

Im August 2016, als Großbritannien noch unter dem Eindruck des Brexit-Referendums stand, trat der virtuose Leave-Kampagnenmacher und scheidende UKIP-Vorsitzende Nigel Farage im russischen Fernsehsender RT auf. Er wurde für *News Thing*, die satirische Kommentarsendung von RT, interviewt. Die Fragen betrafen Themen wie Recycling, Homophobie, Tierquälerei und natürlich das B-Wort. Überall, wo Nigel auftauchte, war das B-Wort zu hören.

An einer Stelle fragte der Interviewer Farage, ob er sich für die Förderung einer „Atmosphäre der Feindseligkeit" gegenüber Einwanderern in Großbritannien während der Referendumskampagne verantwortlich fühle. Farage antwortete, dass er das Gegenteil getan habe.

„Ganz im Gegenteil", sagte er. Ich bin gegen niemanden. Farage behauptete sogar, er habe „im Alleingang die extreme Rechte in der britischen Politik zerstört". Er argumentierte, dass ihm dies gelungen sei, indem er die UKIP dazu gebracht habe, die British National Party bei den Wahlen zu verdrängen (Horton, 2016).

B. M. Hughes, *Die Psychologie des Brexit*,
https://doi.org/10.1007/978-3-031-16112-4_3

Farage gilt weithin als spaltende Figur und das RT-Netzwerk selbst ist eine kontroverse Plattform. Diese Kombination von Umständen hat sicherlich Aufmerksamkeit auf sich gezogen. Die Aufmerksamkeit der Medien für Farages Auftritt konzentrierte sich jedoch nicht auf seine Behauptungen oder politischen Argumente. Stattdessen drehte sich der ganze Rummel um etwas anderes: Nigels Gesichtsbehaarung.

Ja, Farage, bis dahin ein glatt rasierter Börsenmakler, der immer in Nadelstreifenanzüge oder Landadel-Tweed gekleidet war, trug nun auffällig ein neues modisches Statement. Hier war er. Ein Schnurrbart. Er war das Einzige, was die Leute wahrnehmen konnten.

Der *Guardian* nannte es eine „70er-Jahre Porntache", „Gesichtsflaum … eine zweiköpfige, schlaffe Raupe" (Elan, 2016).

Es überrascht nicht, dass sich auch die sozialen Medien zu Wort meldeten: „Major im Ruhestand im Golfclub"; „der absurdeste Schnurrbart in der britischen Politik"; „wie ein Bösewicht aus einem alten Krimi"; „ein viktorianisches Melodrama"; „Will Ferrell aus Anchorman"; „Manuel aus Fawlty Towers"; „auf einer Stufe mit den schlimmsten Dingen, die es je auf diesem Planeten gab"; und – vielleicht am schlimmsten – „schlimmer als der Brexit" (Cooper, 2016; Duell, 2016; Horton, 2016; Payne, 2016).

Als Farage sagte, er trete zurück, um er selbst sein zu können, fragte jemand auf Twitter: „Meinte er wörtlich, er wolle sich einen Schnurrbart wachsen lassen?"

Gesichtsbehaarung wird immer Aufmerksamkeit erregen. Manchmal wird sie negativ sein. Kurze Zeit später verschwand der Farage-Bart auf Nimmerwiedersehen.

Und das ist vielleicht auch ganz gut so. Denn laut Meinungsforschern ist die Gesichtsbehaarung eher eine Sache des „Verbleibs". Im November 2016 führte YouGov eine detaillierte, groß angelegte nationale Umfrage zu genau diesem Thema durch. Sie ergab, dass 53 % der britischen Frauen, die für den Austritt aus der EU gestimmt haben, glatt rasierte Männer bevorzugen, verglichen mit nur 40 % der Frauen, die für den Verbleib gestimmt haben (Smith, 2017a).

Es wurde festgestellt, dass Leaver-Frauen eine leichte Vorliebe für sichtbares Brusthaar bei ihren Männern haben, was darauf hindeutet, dass nicht das Haar an sich ein Problem für sie ist. Nur die Haare im Gesicht der Männer.

Und es gibt noch mehr.

YouGov hat auch festgestellt, dass die Leaver doppelt so häufig wie die Remainer ihr Steak gut durchgebraten bevorzugen. Allerdings ist die Wahrscheinlichkeit, dass sie ihr Steak mit Soße essen, nur halb so hoch (Belam, 2017). In London lebende Leave-Wähler haben ein besseres Verständnis des Cockney-Reim-Slangs als ihre Nachbarn, die für Remain stimmen (Smith, 2017b). Und während die Leavers glauben, dass Doctor Who bei einer Parlamentswahl eher die Konservativen als die Labour Party wählen würde, glauben die Remainers, dass der Time Lord aus Gallifrey eher die Labour Party als die Konservativen wählen würde (Smith, 2017c).

Schnurrbärte, gereimter Slang, Steak mit Soße und die Wahlabsichten fiktiver Zeitreisender sind nicht die einzigen Dinge, die die Leaver von den Remainers trennen. Auch politische Fragen kommen zur Sprache. Während mehr als ein Viertel der Leave-Wähler angeben, dass sie es begrüßen würden, wenn das Vereinigte Königreich den Vereinigten Staaten beim Ausstieg aus dem Pariser Klimaschutzabkommen nacheifern würde, würden nur 5 % der Remain-Wähler eine solche Maßnahme unterstützen (Rogers & Ostfeld, 2017).

Und dann ist da noch – nicht zu vergessen – die ganze Sache mit der Europäischen Union.

Allein die Tatsache, dass es ein Referendum zum Brexit gab, führt dazu, dass viele Menschen die EU-Mitgliedschaft als einen Punkt der politischen Spaltung betrachten. Aber es gibt noch viele andere faszinierende Unterschiede zwischen Remainers und Leavers. Sie unterscheiden sich in ihrem Geschmack, in ihrer Wahrnehmung der britischen Kultur und in ihrer Einstellung zu Dingen wie dem Klimawandel.

Der Brexit ist weit mehr als nur eine politische Frage. Er spiegelt wider, wie die britischen Bürger ihr Leben psychologisch erleben, wie sie sich kulturell identifizieren und welche Werte sie vertreten. Der Versuch, den Brexit zu lösen, indem man sich auf den globalen Handel, die Angleichung der Rechtsvorschriften oder bestätigende Referenden konzentriert, läuft Gefahr, den wichtigsten Punkt von allen zu übersehen.

Die Lösung des Brexit muss die Persönlichkeiten der Menschen, ihre Gefühle und ihren Platz in der Welt berücksichtigen.

Der Brexit ist psychologisch, nicht politisch.

Kennen Sie Ihr Publikum

Psychologen reden viel darüber, wie Menschen „im Allgemeinen" sind, was Menschen „im Allgemeinen" tun und wie sich Menschen „im Allgemeinen" fühlen. Im Kern ist die Psychologie jedoch nicht das Studium der Menschen im Allgemeinen. Sie ist das Studium der Menschen als Individuen.

Sie sehen, nicht alle Menschen sind gleich. Die Menschen sind unterschiedlich. Wenn wir sagen, dass die Menschen „im Allgemeinen" so sind, etwas tun oder das andere fühlen, meinen wir das als Zusammenfassung. Wir sprechen von Tendenzen, die wir bei vielen Menschen beobachten, vielleicht sogar bei den meisten, aber niemals bei allen. Eine der großen Erkenntnisse der Psychologie besteht darin, die unglaubliche Variabilität aufzuzeigen, die den menschlichen Zustand kennzeichnet.

Wir sind als Individuen nicht wirklich einzigartig. Es gibt Muster und viele unserer Verhaltensweisen sind vorhersehbar. Doch die Bandbreite menschlicher Gedanken, Gefühle und Verhaltensweisen ist zwar endlich und eindeutig menschlich, aber auch riesig. Die Menschheit zeichnet sich durch ihre Vielfalt aus. Eine Größe passt nicht für alle.

Aus diesem Grund ist es immer gefährlich, zu verallgemeinern und anzunehmen, dass das Verhalten einer Person das Verhalten anderer Menschen widerspiegelt. Es ist gefährlich zu versuchen, eine ganze Gruppe von Menschen anhand einer einzigen Beschreibung zusammenzufassen.

Das Klischee, dass „Männer vom Mars und Frauen von der Venus" sind, übersieht beispielsweise die Tatsache, dass viele Männer vielen Frauen sehr ähnlich sind und viele Frauen vielen Männern ähneln. Die meisten Überzeugungen über geschlechtsspezifische Unterschiede in der Psychologie – wie etwa die Vorstellung, dass Männer bessere mathematische Fähigkeiten haben als Frauen – sind einfach sexistische Stereotypen (Hyde, 2014). Sie verdanken ihre Existenz mentalen Abkürzungen, wie etwa der Verfügbarkeitsheuristik, die uns dazu bringt, uns an auffällige, aber nicht repräsentative Beispiele zu erinnern. In Wirklichkeit kommen Männer und Frauen vom selben Ort: Der Erde (Carothers & Reis, 2013).

Die Gefahren einer zu starken Vereinfachung sind manchmal mit dem verbunden, was Sozialwissenschaftler den „ökologischen Fehlschluss" nennen (Russo, 2017). Dieser Begriff bezieht sich auf einen Fehler, den viele Menschen bei der Interpretation statistischer Daten begehen: Sie ziehen Schlussfolgerungen über Einzelpersonen in einer Gruppe, obwohl sie nur Informationen auf Gruppenebene zur Verfügung haben.

Wenn Sie wissen, dass eine Person aus einem Viertel mit hoher Kriminalitätsrate stammt, begehen Sie den ökologischen Trugschluss, wenn Sie dieser Person kriminelle Tendenzen unterstellen. Wenn man weiß, dass englische Männer im Durchschnitt 1,34 cm größer sind als englische Frauen (Moody, 2013), dann begeht man einen ökologischen Trugschluss, wenn man annimmt, dass Raheem Sterling größer ist als Theresa May (das ist er nicht).

Auch wenn Sie wissen, dass die Mehrheit der Menschen im Vereinigten Königreich beim Brexit-Referendum für den Austritt gestimmt hat, können Sie nicht einfach behaupten, dass es der Wille des britischen Volkes ist, aus der Europäischen Union auszutreten.

Diese Formulierung – „der Wille des britischen Volkes" – hat sich gerade wegen dieses Punktes als umstritten erwiesen. Es gibt keinen einheitlichen Willen. Die Menschen sind unterschiedlich. Sich einfach auf den Willen des Volkes zu berufen und auf dieser Grundlage wichtige Entscheidungen zu treffen, ist ein Beispiel für den ökologischen Trugschluss. Eine Größe passt nicht für alle. Das Beste, was man beschreiben kann, ist der Wille der *Mehrheit* des britischen Volkes, was natürlich etwas ganz anderes ist.

Es ist auch eine sehr zaghafte Sache. Wie wir in Kap. 2 gesehen haben, haben die Menschen, die für den Brexit gestimmt haben, die Idee auf viele verschiedene Arten definiert. Daher gibt es selbst bei der Mehrheit, die für den Austritt gestimmt hat, keinen einheitlichen „Willen".

Dies ist nicht nur eine pedantische Frage des Vokabulars. Diese Art von Fehler hat auch praktische Auswirkungen. Viele Abgeordnete argumentieren beispielsweise, dass sie bei der Abstimmung im Parlament die

Wünsche der Wähler widerspiegeln müssen, die sie in das Parlament gewählt haben.

Von den 650 Abgeordneten im Unterhaus sind mehr als 400 Remainer, deren Wahlkreise beim Brexit-Referendum eine Leave-Mehrheit erhielten (Hughes, 2017). Nach dem Referendum kündigte eine Mehrheit dieser Abgeordneten an, dass sie ihre Position ändern und den Brexit-Prozess unterstützen würden. Viele bezeichnen sich nun als Leaver. Ihr Argument ist oft, dass „die Menschen, die sie gewählt haben", für den Austritt gestimmt haben und es daher ihre Pflicht als Abgeordnete sei, dies zu respektieren.

Es ist jedoch falsch, eine Pro-Brexit-Mehrheit auf Wahlkreisebene mit einer Pro-Brexit-Mehrheit *unter den Wählern* zu interpretieren, *die den lokalen Abgeordneten wählen.*

Ein Beispiel ist der Wahlbezirk Don Valley in South Yorkshire. Beim Brexit-Referendum hatte Don Valley eine der höchsten Austrittsstimmen im Land. Rund 68 % der Wähler unterstützten den Austritt (Hanretty, 2017). Die amtierende Labour-Abgeordnete setzte sich für den Verbleib ein, änderte dann aber ihre Position, nachdem das Ergebnis bekannt war. Seitdem unterstützt sie den Brexit mit aller Entschiedenheit. Sie erklärt: „Ich habe meinen Wählern versprochen, dass ich das Referendum akzeptieren würde" (Flint, 2019).

Die Wahlbeteiligung lag bei 60 %, was bedeutet, dass die 68 %, die in Don Valley für den Austritt gestimmt haben, 41 % der Wähler des Wahlkreises entsprachen. Mit anderen Worten: Nur eine Minderheit der Wählerschaft hat den Brexit unterstützt.

Vor dem Referendum wurde die Abgeordnete für Don Valley mit 46 % der Stimmen bei einer Wahlbeteiligung von 60 % ins Parlament gewählt. Das bedeutet, dass die Menschen, die diese Abgeordnete als „ihre Wähler" bezeichnet, nur 28 % ihrer Wählerschaft ausmachten.

Es ist daher ziemlich abwegig, anzunehmen, dass die Brexit-Wähler in Don Valley zwangsläufig dieselben waren, die den Abgeordneten des Wahlkreises gewählt haben, oder dass die Wähler, die den Abgeordneten gewählt haben, den Brexit unterstützen (Ford, 2018). Wenn überhaupt, gibt es Gründe für die Vermutung, dass Labour-Wähler in Orten wie Don Valley in der Tat überwiegend Remainers sind (Crerar, 2018).

Abgeordnete in ihren Wahlkreisen werden viele Faktoren berücksichtigen, wenn sie entscheiden, ob sie ihre öffentlichen Positionen zu den wichtigsten politischen Themen des Tages ändern. Im Allgemeinen wäre es jedoch falsch, wenn ein Abgeordneter zu dem Schluss käme, dass „seine Wähler" den Brexit unterstützen, nur weil dies die Gesamtheit der Referendumsabstimmung in seinem Wahlkreis war.

Eine solche Schlussfolgerung verallgemeinert einen einzelnen Punkt (das Ergebnis des lokalen Referendums) und ist daher ein Beispiel für den ökologischen Fehlschluss.

Zufälligerweise befanden sich nur 34 Abgeordnete in der entgegengesetzten Position wie der Abgeordnete in Don Valley. Ihre Wahlkreise stimmten für den Verbleib, aber sie unterstützen den Austritt (Sandhu, 2018). Tatsächlich sind viele von ihnen führende Pro-Brexit-Stimmen in der britischen Politik. Diese Abgeordneten hielten nach dem Referendum an ihren Leave-Positionen fest und fast alle wurden bei den Parlamentswahlen 2017 erfolgreich wiedergewählt. Ihre Wähler, die für den Verbleib stimmten, bildeten eindeutig nicht die Mehrheit der Wähler, die sie wählten, was darauf hindeutet, dass diese Abgeordneten den ökologischen Irrtum besser verstanden haben könnten.

Persönlichkeit macht den Weg frei

In dem Quentin Tarantino-Film *Pulp Fiction* gibt es einen langen Dialogabschnitt, in dem zwei Figuren darüber diskutieren, warum es für Menschen akzeptabel ist, Schweine zu essen, aber nicht Hunde. Es geht um den Glauben, dass Hunde „bessere Persönlichkeiten" haben. Die Implikation ist, dass, wenn ein Schwein eine bessere Persönlichkeit hätte, es aufhören würde, ein schmutziges Tier zu sein. Beide Figuren stimmen dem zu. „Persönlichkeit", bemerkt einer von ihnen, „kann viel ausmachen" (Yamamoto, 1999).

Aber wenn wir in der Psychologie über Persönlichkeit sprechen, reden wir selten von „besser" oder „schlechter". Die meisten wissenschaftlichen Untersuchungen in der Psychologie betrachten die menschliche Persönlichkeit als eine Kombination aus *Eigenschaften*, die von einem Extrem zum anderen reichen. Abgesehen von den Extremen sind die Eigenschaften nie gut oder schlecht.

Ein bekanntes Beispiel ist die Introversion – Extraversion. Ein Mensch kann sehr introvertiert, sehr extravertiert oder irgendwo dazwischen sein, aber das Spektrum selbst ist weder „gut" noch „schlecht".

Im Laufe des letzten Jahrhunderts haben Psychologen auf der Grundlage von Millionen von Umfragedaten gezielte Fragebögen zur Messung von Persönlichkeitsmerkmalen entwickelt. Diese Skalen scheinen recht gut zu funktionieren. Wenn ein Psychologe die Introvertiertheit und Extravertiertheit eines Klienten bewertet, werden die Freunde, die Familie und alle, die den Klienten kennen, zustimmen, dass die Bewertung sehr sinnvoll ist. In der Fachsprache sagt man, dass diese Art von Feedback den Fragebogen „gültig" macht. Es ist die Grundlage, auf der wissenschaftliche Persönlichkeitsbeurteilungen entwickelt und qualitätskontrolliert werden.

Es besteht ein breiter wissenschaftlicher Konsens darüber, dass die Menschen zwar viele verschiedene Persönlichkeitsmerkmale haben, dass es aber fünf Hauptmerkmale gibt, nach denen alle Menschen bewertet werden können. Introvertiertheit – Extravertiertheit ist eine davon: Jeder Mensch hat irgendwo einen Wert für diese Eigenschaft. Die anderen vier sind: Verträglichkeit – Feindseligkeit; emotionale Stabilität – Instabilität (auch bekannt als „Neurotizismus"); Gewissenhaftigkeit – Ungewissenhaftigkeit; und Offenheit – Vorsicht. Von diesen scheinen Offenheit, Gewissenhaftigkeit und Neurotizismus besonders mit den politischen Ansichten der Menschen zusammenzuhängen (Sibley et al., 2012).

Das Verfahren zur Messung psychologischer Merkmale wird als „Psychometrie" bezeichnet. Forscher haben die Psychometrie zu einer hohen Kunst entwickelt und in riesigen statistischen Datensätzen, die über Jahrzehnte hinweg zusammengetragen wurden, stabile Muster erkannt. Dennoch scheinen viele Psychologen, die Menschen bitten, Fragebögen auszufüllen, deren statistische Grundlage oder die Tatsache, dass einige Persönlichkeitsmessungen wissenschaftlicher sind als andere, nicht zu kennen (Hughes, 2018).

Umfragen darüber, wie die Leute ihr Steak mögen, sind nicht sehr wissenschaftlich. Wenn wir herausfinden, dass die Leave-Wähler ihre

Steaks lieber gut durchgebraten mögen, können wir mit dieser Information nicht viel anfangen.

Wie eine Person ihr Steak mag – oder, was noch wichtiger ist, was sie den Meinungsforschern darüber sagt –, wird von vielen Faktoren bestimmt. Es sagt viel über den kulturellen Hintergrund aus, z. B. aus welchem Teil des Landes sie kommen und welcher sozioökonomischen Gruppe sie angehören. Das kann eine interessante Information sein, aber sie verrät relativ wenig über die tief sitzenden psychologischen Impulse der Menschen.

Daher ist es wichtig, sich bei der Untersuchung der Persönlichkeitsmerkmale von Leavers und Remainers auf Studien zu konzentrieren, die validierte psychometrische Fragebögen verwenden. Es ist auch wichtig, auf andere wissenschaftliche Stärken zu achten, z. B. darauf, ob die Forscher Zugang zu großen repräsentativen Stichproben von normalen Menschen haben.

Eine große Studie, die von der Online Privacy Foundation in Auftrag gegeben wurde, erfüllt diese Anforderungen mit Sicherheit. Die von einer Gruppe britischer und amerikanischer Sozialwissenschaftler durchgeführte OPF-Studie verwendete die besten verfügbaren psychometrischen Fragebögen und umfasste eine Stichprobe von weit über 11.000 Wählern (Sumner et al., 2018).

Das OPF stellte fest, dass Leave-Wähler etwas extravertierter sind als Remain-Wähler und dass sie etwas weniger offen sind. Statistisch gesehen waren diese beiden Unterschiede sehr bescheiden. Im allgemeinen Sprachgebrauch würde man sagen, dass sie kleine Unterschiede in der Persönlichkeit widerspiegeln, die wahrscheinlich von vielen Beobachtern in der realen Welt nicht bemerkt würden.

Die wichtigsten Ergebnisse der Studie waren jedoch auffällig. Im Vergleich zu den Remainern hatten die Leave-Wähler viel höhere Werte für Gewissenhaftigkeit und viel niedrigere Werte für Neurotizismus. Mit anderen Worten: Die Leave-Wähler, die den Austritt aus der EU gewählt haben, sind *gewissenhafter und achten mehr auf Recht und Unrecht* als die Remainers und *sind* auch *emotional stabiler*. Diese Ergebnisse waren statistisch signifikant. Es handelte sich um die Art von Persönlichkeitsunterschieden, die den meisten Beobachtern in der realen Welt wahrscheinlich auffallen würden.

Die Feststellung, dass die Leave-Wähler fleißiger und emotional stabiler sind als die Remain-Wähler, widerspricht in gewisser Weise dem gängigen Stereotyp von Euroskeptikern, die oft als egoistisch und fiebrig dargestellt werden. Wir sollten jedoch bedenken, dass es so etwas wie gute oder schlechte Persönlichkeitseigenschaften nicht gibt. Sehr fleißige Menschen können von anderen als unwirsch oder hochmütig angesehen werden. Menschen, die emotional sehr stabil sind, können auf andere als kalt oder unsympathisch wirken. Letztendlich spiegeln Persönlichkeitsmerkmale nicht die Moral einer Person oder die Solidität ihres Urteilsvermögens wider.

Dennoch ist die besondere Kombination aus hoher Gewissenhaftigkeit und geringer Offenheit bemerkenswert. Dies liegt daran, dass frühere Forschungen darauf hindeuten, dass Menschen mit diesem Profil eher ein starkes Verlangen nach Gehorsam, Konformität und Recht und Ordnung aufweisen. Einige Psychologen bezeichnen dieses Profil als „autoritäres Verhalten". Dies könnte bedeuten, dass Leavers relativ autoritär sind.

Es gibt inzwischen eine Vielzahl von Forschungsarbeiten, die den Autoritarismus als eigenständiges Persönlichkeitsmerkmal untersuchen. Daher hat die OPF-Forschungsgruppe einen separaten Fragebogen in ihre Studie aufgenommen, um den Autoritarismus im Detail zu messen. Dabei bestätigte sich, dass Wähler, die für den Austritt aus der EU gestimmt haben, in Fragebögen zum Autoritarismus tatsächlich besser abschneiden als Wähler, die bei der Wahl geblieben sind.

So veröffentlichten die Forscher ihr Ergebnis, dass die Austrittswilligen „autoritärer" sind als die Remainers.

Dieses Ergebnis wurde auch in einer Reihe anderer, kleinerer Studien bestätigt. Wähler, die sich für den Austritt aus der EU entschieden haben, scheinen eher ein Gefühl der Ehrerbietung gegenüber traditionellen Formen der Autorität, den Wunsch, dass andere sich an soziale Normen halten, und eine Abneigung gegenüber umständlichem Denken oder unkonventionellem Verhalten zu haben.

Einige Forscher vermuten, dass diese Merkmale mit einem strukturierteren Denkstil verbunden sind, bei dem Menschen konkrete und direkte Lösungen für logische Probleme bevorzugen (Zmigrod et al., 2018). Die Absolventen möchten einen klaren Weg in die Zukunft sehen können.

Für sie ist die Aussicht, „die Kontrolle zurückzugewinnen", sicherlich verlockend.

Daten aus der Europäischen Werteerhebung, bei der Bürger in allen EU-Mitgliedstaaten befragt werden, deuten darauf hin, dass Autoritarismus ein starker Prädiktor für Euroskepsis ist. Menschen, die einen hohen Autoritarismuswert aufweisen, sind eher gegen die europäische Integration und lehnen die Idee einer europäischen Identität ab. Sie sind auch eher negativ gegenüber der Einwanderung im Allgemeinen und gegenüber nicht einheimischen Religionen im Besonderen eingestellt (Tillman, 2013). Diese Themen spiegeln viele der Themen wider, die im Zusammenhang mit dem Brexit diskutiert werden.

Wir sollten jedoch nicht vergessen, dass es sich hier um Politik handelt. Ein großes Problem bei all diesen Erkenntnissen ist die Terminologie. „Autoritarismus" ist ein sehr belasteter Begriff, der stark negativ konnotiert ist. Was der eine als „autoritär" bezeichnet, kann ein anderer einfach als „autonom" oder schlimmstenfalls als „anspruchsvoll" ansehen.

Mehrere Fragen im OPF-Fragebogen zum Autoritarismus bezogen sich auf soziale Themen wie Religion, Traditionalismus und Moral. Allerdings beantworteten die Leave-Wähler diese Fragen eher im mittleren Bereich. Auf einer Autoritarismusskala, die von 0 bis 160 reicht, erreichten jüngere Austrittswähler einen Durchschnittswert von 73 (d. h. unter dem Mittelwert), während ältere Austrittswähler einen Durchschnittswert von 80 (d. h. genau im Mittelwert) erreichten.

Es war zwar technisch korrekt, zu berichten, dass die Austrittskandidaten einen höheren Autoritarismus aufwiesen als die Remainers, aber es scheint irreführend, zu behaupten, dass sie besonders „autoritär" waren. In Wirklichkeit waren ihre Werte unauffällig. Sie waren weder niedrig noch hoch. Sie lagen im Mittelfeld. Es stimmt, die Remainers hatten niedrige Werte für Autoritarismus. Aber ihre durchschnittliche Punktzahl, etwa 50, lag immer noch eher im Mittelfeld als im Minimum.

Die Art und Weise, wie Psychologen den Begriff „Autoritarismus" interpretieren und diskutieren, ist eines von mehreren terminologischen Problemen, die ernsthafte Fragen zur politischen Voreingenommenheit in der Brexit-Forschung aufwerfen. Wir werden dieses Thema in Kap. 5 noch einmal im Detail aufgreifen.

Eine weitere Komplikation besteht darin, dass der Begriff „Autoritarismus“ häufig mit dem rechtsgerichteten Sozialkonservatismus vermengt wird. Einer der gebräuchlichsten Fragebögen zur Messung von Autoritarismus wird als „Right-Wing Authoritarianism Scale“ bezeichnet (Altemeyer, 1998). In Wirklichkeit geht der Autoritarismus über die traditionelle politische Kluft zwischen rechts und links hinaus. Wähler auf der linken Seite können ebenso autoritär sein wie jene auf der rechten Seite. Während die Rechts-Links-Spaltung das Ergebnis der meisten Parlamentswahlen im Vereinigten Königreich bis 2017 bestimmte, hatte sie auf das Ergebnis des Brexit-Referendums wenig oder keinen Einfluss. Daten aus der britischen Wahlstudie zeigen, dass Wähler, die den Austritt aus der Labour-Partei unterstützten, beim Thema Autoritarismus genauso gut abschnitten wie ihre konservativen Pendants (Sturridge, 2018a).

Die traditionelle Links-Rechts-Spaltung spiegelt stark die Unterschiede bei Einkommen, Vermögen und sozialer Schicht wider. Im Gegensatz dazu ist der Autoritarismus enger mit dem Bildungsniveau und dem Alter verbunden (Sturridge, 2018b). Wie in Kap. 2 beschrieben, waren genau diese Faktoren – Bildung und Alter – starke Prädiktoren dafür, wie die Menschen beim Brexit abstimmten.

„Autoritär“ ist sicherlich eine umstrittene Bezeichnung und in Wirklichkeit liegen die Werte der Leave-Wähler für dieses Attribut im mittleren Bereich. Nichtsdestotrotz ist die Tatsache, dass die Werte der Remain-Wähler *niedriger* und damit anders sind, von Bedeutung. Das heißt, dass dieses Profil – wie auch immer man es nennen möchte – dazu beiträgt, ein wenig Licht auf die einstellungsbedingten Faktoren zu werfen, die Alter und Bildung mit dem Brexit verbinden.

Was unser Verständnis der Psychologie des Brexit angeht, so scheint es in der Tat wahr zu sein: Persönlichkeit hat einen langen Weg.

Genug der Experten

Ganz grundsätzlich kann man ohne Umschweife sagen: „Brexit bedeutet Brexit“. Im Juli 2016 machte Premierministerin Theresa May diesen Satz zu ihrem Schlagwort. Brexit bedeutet „Brexit“, verkündete sie, „und wir werden ihn zum Erfolg führen!" In den darauffolgenden Monaten wiederholte sie diese Aussage wortwörtlich in vielen Reden.

Einige Beobachter warfen der neu ernannten Premierministerin vor, dass sie eine Tautologie zu ihrem Kernstück der Politik gemacht habe. Ihre Aussage war jedoch nicht ohne rhetorische Kraft. Indem sie erklärte, dass „Brexit Brexit bedeutet", entschied sie sich dafür, ihren Standpunkt stilistisch darzustellen. Sie sagte, dass der Brexit nicht in etwas umdefiniert werden dürfe, das nicht der Brexit sei, womit sie andeutete, dass eine reale und gegenwärtige Gefahr bestehe, dass eine solche Umwandlung versucht werde.

Es war ein Seitenhieb auf die Politik des Jargons, der akademischen Vernebelung und des Strebertums – wo Politiker versuchen, etwas Schwieriges zu vermeiden, indem sie etwas Einfaches tun und behaupten, dass dies die ganze Zeit über beabsichtigt war. Zu sagen, dass „Brexit gleich Brexit" ist, sollte präventiv jeder Behauptung widersprechen, die da lautet: „Nun, technisch gesehen können wir auch etwas *anderes* tun … und es einfach ‚Brexit' *nennen*".

Eine solche Schwammigkeit ist in der akademischen Welt üblich, wo es eine Kultur gibt, die Menschen dafür belohnt, dass sie alte Probleme auf neue Art und Weise angehen. Diese Kultur ist im Allgemeinen erfolgreich bei der Förderung innovativer Kreativität. Manchmal jedoch führt sie zu einer teuflischen Tendenz zum Widerspruch, zur Verdrehung der Sprache und zur Vernebelung. Sie kann das Schlimmste in einem bestimmten Typus von Intellektuellen zum Vorschein bringen, der vor Stolz strahlt, wenn andere ihn nicht verstehen. Verblüffende Logik, Nischenvokabular und Anspielungen auf esoterisches Hintergrundwissen werden üblicherweise eingesetzt, um einen akademischen Dialekt zu erzeugen, der Nichtfachleute auf Abstand hält.

May schlug in dieselbe Kerbe wie der Verfechter des Austritts und damalige Justizminister Michael Gove, der während der Brexit-Referendumskampagne erklärte, dass die Menschen in Großbritannien „genug von Experten" hätten (Mance, 2016). Während Gove für diese Aussage weithin verunglimpft wurde, war sie subtiler, als es zunächst schien.

Der von einem Interviewer unterbrochene Tonfall von Gove war eigentlich Teil einer längeren, nuancierteren Aussage (Mackey, 2016):

> Ich denke, die Menschen in diesem Land haben genug davon, dass Experten von Organisationen mit Akronymen sagen, sie wüssten, was das Beste ist, und sich dabei ständig irren. Denn diese Leute sind dieselben, die sich konsequent geirrt haben, was [vor der Rezession 2008] geschah …

Misstrauen gegenüber unhinterfragten Experten ist an sich nicht irrational. Im Gegenteil, es spiegelt eine eher wissenschaftliche Herangehensweise wider: Behauptungen in Frage stellen, indem man nach Bestätigungen sucht, und falsifizierenden Beweisen das gebührende Gewicht beimessen. Das Problem ist, dass begründete, auf Beweisen basierende Beiträge *ohne* Bewertung abgetan werden. Oder wenn Misstrauen zum Automatismus wird, z. B. wenn Beiträge abgelehnt werden, *obwohl* sie eindeutig begründet und evidenzbasiert sind.

Man könnte vermuten, dass Menschen, die als „autoritär" beschrieben werden, dazu neigen, Experten zu vertrauen, da sie traditionelle Autoritätssymbole so sehr schätzen. Es liegt jedoch sehr stark im Auge des Betrachters, wer genau als Autoritätssymbol angesehen wird.

Fachleute, die Organisationen wie die Bank of England oder den Internationalen Währungsfonds beraten, werden vielleicht gar nicht als Autoritätspersonen wahrgenommen. Um ihre Arbeit zu verstehen, ist Fachwissen erforderlich, und ohne dieses können ihre Beiträge zur öffentlichen Debatte buchstäblich unverständlich sein. Erinnern Sie sich daran, dass Menschen, die einen höheren Autoritarismuswert haben, Klarheit, Gewissheit und Konkretheit bevorzugen. Sie sind von Natur aus skeptisch gegenüber Nischenwissen.

Eine Reihe von Studien hat ergeben, dass Menschen, die einen hohen Autoritarismuswert aufweisen, eher an Verschwörungstheorien glauben. Mit anderen Worten: Sie sind eher misstrauisch, dass mächtige Akteure versuchen, sie in böser Absicht zu täuschen. Sie neigen besonders dazu, nichtstaatliche Organisationen und missliebige Gruppen zu verdächtigen (Wood & Gray, 2019).

Ihnen zu sagen, dass sie Technokraten, Elfenbeinturmpolitikern oder Menschen „aus Organisationen mit Akronymen" misstrauen sollten, ist fast unnötig. Sie tun dies bereits.

Wähler, die in der Kategorie Autoritarismus besser abschneiden, sind nicht weniger intelligent, sie sind nur vorsichtiger. Sie bevorzugen Ordnung und nicht Originalität. Wie wir bereits erörtert haben, ist ihnen das Querdenken besonders verleidet. Die beruhigende Botschaft „Brexit bedeutet Brexit“ ist genau die Art von Format, die die Leave-Wähler bevorzugen. Sie ist klar in ihrem Reduktionismus und geradlinig in ihrer Logik.

Legen Sie sich nicht mit dem Brexit an. Basta.

Bring mich zu deinem Führer

Tief im Herzen eines jeden autoritären Menschen ist die Loyalität gegenüber dem Führer, unabhängig davon, wer dieser Führer ist. Es wird oft gesagt, dass Führung weniger eine Fähigkeit ist, den Weg zu zeigen, als vielmehr die Fähigkeit, andere Menschen dazu zu bringen, etwas zu tun. Mit anderen Worten: Führungspersönlichkeiten sind nicht dadurch erfolgreich, dass sie Führung zeigen, sondern indem sie Gefolgschaft kultivieren.

In jedem Fall kann Führung in verschiedenen Situationen und zu verschiedenen Zeiten unterschiedliche Dinge bedeuten. Eine der frühesten Beschreibungen der Psychologie der Führung stammt von dem Historiker Thomas Carlyle aus dem 19. Jahrhundert, der seine „Theorie des großen Mannes“ vertrat (Carlyle, 1841). Nach dieser Theorie setzt Führung einen überlegenen Intellekt, Heldenmut, göttliche Inspiration und eine gute Erziehung voraus. Dieser letzte Punkt spiegelt die Ansicht wider, dass Führungspersönlichkeiten geboren und nicht gemacht werden. Ein weiteres auffälliges Element der Theorie betraf die Frage, welches Geschlecht die besten Führungskräfte haben sollten. Der Hinweis darauf findet sich im Titel.

Empirische Untersuchungen haben bestätigt, dass sowohl Intelligenz als auch Selbstvertrauen Menschen in Führungspositionen helfen (Judge et al., 2002). Es gibt sogar einige Daten, die darauf hindeuten, dass Führungsqualitäten genetisch vererbbar sind, da Zwillinge, die beide Führungskräfte werden, oft ähnliche Stile aufweisen (Arvey et al., 2006). Dafür gibt es jedoch viele Erklärungen und die bisherige Forschung hat kaum Anhaltspunkte dafür geliefert, dass Führungspersönlichkeiten tatsächlich geboren und nicht gemacht werden.

Heutzutage neigen wir dazu zu erkennen, dass unterschiedliche Fähigkeiten für verschiedene Führungspositionen nützlich sind. In der psychologischen Forschung wird häufig zwischen einer Aufgaben- und einer Beziehungsorientierung unterschieden (Tabernero et al., 2009). Führungskräfte, die sich auf Aufgaben konzentrieren – „Dinge erledigen" –, eignen sich in der Regel eher für Situationen, in denen alles unter Kontrolle ist (was es ihnen ermöglicht, sich zurückzulehnen und die Dinge geschehen zu lassen), oder für Situationen, in denen alles völlig außer Kontrolle geraten ist (wo sie eingreifen und Ordnung schaffen können).

Im Gegensatz dazu sind Führungskräfte, die sich auf Beziehungen konzentrieren, in der Regel effektiver, wenn die Dinge *einigermaßen* unter Kontrolle sind. Der Gedanke dahinter ist, dass persönliche Beziehungen und der Gruppenzusammenhalt dort wichtiger sind, wo die Bedingungen wachsen und schwinden.

Die internationale Forschung zeigt, dass einige Führungsqualitäten universell sind. Ein Beispiel dafür ist die Kommunikationsfähigkeit. Andere hingegen sind kulturell bedingt. Menschen in nichtwestlichen Ländern schätzen oft Führungskräfte, die sich auf kooperative Ansätze konzentrieren, während die Menschen in westlichen Ländern Führungskräfte bevorzugen, die gut darin sind, Unsicherheit zu vermeiden (House et al., 2004). Mit anderen Worten: Von westlichen Führungspersönlichkeiten wird erwartet, dass sie gut darin sind, ihre eher autoritären Wähler zufrieden zu stellen.

Zum Brexit könnte man sagen, dass die Bedingungen alles andere als unter Kontrolle waren. Während alle den Kopf verlieren, ist es wichtig, dass sich die Führungspersönlichkeit auf die Aufgabe konzentriert. Während des größten Teils der Brexit-Saga war dies die Aufgabe von Premierministerin Theresa May, einer Führungspersönlichkeit, bei der viele Beobachter den Eindruck hatten, dass sie den Begriff der Aufgabenorientierung auf ein neues Niveau hob. Beziehungsorientiert war sie sicherlich nicht.

Der Journalist John Crace taufte sie auf den Namen „Maybot", um ihre ultra-mechanische Herangehensweise an jede Aufgabe zu beschreiben, die vor ihr lag, und ihre Art, in jeder Situation dieselben Reaktionen hervorzurufen – buchstäblich antwortete sie manchmal auf verschiedene Fragen mit genau derselben Antwort (Crace, 2016).

Die Oxforder Psychologieprofessorin Dorothy Bishop vermutete, dass Mays Verhalten dem einer Person glich, die einer Gehirnwäsche unterzogen wurde. Ihr unablässiger Zeitplan hatte ihr die Zeit genommen, über Dinge nachzudenken, sie körperlich erschöpft und sie als Mittel zur Bewältigung in ein mentales Set gesperrt, eine Monomanie, aus der sie nicht entkommen konnte (Bishop, 2019).

May war zwar dafür bekannt, dass sie pflichtbewusst, fleißig und in sich gekehrt war, aber sie war auch dafür bekannt, dass sie introvertiert, anticharismatisch und eine gestelzte Kommunikatorin war (Rawnsley, 2019a). Ihre Konkurrentinnen hingegen waren das genaue Gegenteil von all dem.

Wo May einfarbig war, waren andere bunt. In der weiten Welt des Brexit ist praktisch jeder andere Charakter mit einer Führungsrolle oder Ambitionen dadurch aufgefallen, dass er, nun ja, *auffällig* war.

Der Oppositionsführer Jeremy Corbyn wurde durch seine berühmte rebellische Ader bekannt, er ist ein echter Nonkonformist aus Westminster und besucht gerne Rockfestivals und biologisch bewirtschaftete Schrebergärten (Edwardes, 2017). Wir haben bereits auf den UKIP-Vorsitzenden Nigel Farage angespielt, der ebenfalls als Außenseiter gilt, wenn auch auf andere Weise als Corbyn (im Gegensatz zum vegetarischen Labour-Vorsitzenden genießt Farage sein Steak vermutlich gut durchgebraten).

Der konservative Abgeordnete Jacob Rees-Mogg ist zwar nur der Stellvertreter eines Fraktionsvorsitzenden (der Europäischen Forschungsgruppe, einer Fraktion der Konservativen Partei), aber er zeichnet sich durch eine Exzentrik im Auftreten, in der Diktion und in der Garderobe aus, die wirklich berühmt geworden ist. Als Anhänger der traditionellen englischen Geschichte wird er von Freunden und Feinden gleichermaßen als „der ehrenwerte Abgeordnete des 18".

Und der führende Kopf der Konservativen, Boris Johnson MP, ehemaliger Außenminister und ständiger Anwärter auf das Präsidentenamt, ist überlebensgroß. Man hört ihn häufig Latein zitieren, Witze erzählen und ein sorgfältig aufgebautes schelmisches Medienimage pflegen (Purnell, 2014). Als er für seine Eignung als Premierminister warb, war das

Beste, was einem seiner Kollegen einfiel, dass er „Schwung“ habe, eine Eigenschaft, die offenbar sehr begehrt ist (Owen, 2019).

Selbstkarikaturen können sich als sehr nützliche Kostüme erweisen. Manchmal dienen sie als Tarnung, ein anderes Mal als Warnweste. Ein gelegentlicher administrativer Fauxpas oder eine beleidigende Bemerkung kann als Nebeneffekt des Individualismus abgetan werden – etwas, das dazugehört, wenn man seinen eigenen Kopf hat. Andererseits garantiert die Unverwechselbarkeit, dass man in der Öffentlichkeit in Erinnerung bleibt, auch wenn man nicht mehr genau weiß, wofür man steht.

Unterschiede fallen auf und bleiben im Gedächtnis haften. Eine attraktive Persönlichkeit kann besonders gut Stimmen anziehen – auch von Wählern, die vielleicht nicht mit Ihren Ansichten übereinstimmen oder sich diese nicht merken.

Heutzutage zahlt es sich auch aus, emotional intelligent zu sein. Früher wünschten sich die Menschen, dass Führungskräfte stoisch und standhaft sind. Eine steife Oberlippe war etwas, das man sich von einem Politiker wünschte. Mitte der 1990er-Jahre jedoch begann die westliche Kultur, das öffentliche Zeigen von Emotionen und emotionale Interaktionsstile zu begrüßen. Politische Führungspersönlichkeiten, vor allem in den englischsprachigen Ländern (Blair, Clinton, Cameron, Obama und der Ire Bertie Ahern), wurden ebenso für ihre sympathische Empathie geschätzt wie für ihre wirtschaftliche Kompetenz, ihren strategischen Scharfsinn oder ihre Gelassenheit unter Druck.

Diese Freisetzung von Emotionen in die politische und berufliche Arena spiegelte sich auch in den Interessen von Politikwissenschaftlern und Philosophen wider, eine Verschiebung in den Kulturwissenschaften, die als „affektive Wende“ bezeichnet wurde (Degerman, 2018).

Dabei fällt auf, dass Emotionen in der Kultur als Feind der Vernunft gelten. Es wird gesagt, dass Emotionen die Solidität der Entscheidungsfindung beeinträchtigen. Sie fördern eine Art von Irrationalität. Wenn wir also Führungspersönlichkeiten wählen, *weil wir sehen, dass sie emotional sind*, könnte man sagen, dass wir Kandidaten auf der Grundlage wählen, dass wir sie für irrational halten.

In der Vergangenheit suchten wir nach Führungspersönlichkeiten, die die Wirtschaft wiederherstellen oder uns vor einem ausländischen Feind schützen konnten. Heutzutage sind wir mit jemandem zufrieden, der mit uns weint, der gut darin ist, die Rolle des wütenden Außenseiters zu spielen, oder dem es nur um die LOLs geht.

Es sei denn, Sie sind eine Frau. In der politischen Führung werden Frauen, wie überall sonst auch, nach anderen Maßstäben beurteilt (Dolan et al., 2017). Sie werden häufig für Führungsstile kritisiert, die bei Männern auf Lob stoßen (Eagly, et al., 1992). Politikerinnen, die sich einen Ruf als serielle Polygamisten erwerben oder im Fernsehen mit offenem Hemd und ungebürstetem Haar auftreten, werden selten mit der Ausrede verwöhnt, sie seien charmant und interessant.

Aber der vielleicht größte Sexismus, dem Theresa May ausgesetzt war, war die Tatsache, dass sie überhaupt Premierministerin wurde. Schließlich schien der Posten, den sie als Anführerin eines Landes besetzte, das gerade ins Chaos gestürzt worden war, nicht besonders attraktiv zu sein. Aber so ist es oft. Untersuchungen zeigen, dass Frauen in Zeiten besonderer Schwierigkeiten häufig in Führungspositionen gelangen. Sie werden mit der Leitung betraut, wenn ein Scheitern sehr wahrscheinlich erscheint. Dieser Effekt ist so häufig, dass er einen Namen hat: die „gläserne Klippe“ (Ryan & Haslam, 2007).

Vielleicht weil die männlichen Abgeordneten eher zögern, sich für riskante Aufgaben zur Verfügung zu stellen, finden Frauen, dass eine Zeit des Chaos normalerweise ihre beste Chance ist, eine Führungsrolle zu übernehmen. Als Theresa May Regierungschefin wurde, war die zweite Kandidatin, die in diesem Zwei-Personen-Verfahren in Betracht gezogen wurde, ebenfalls eine Frau, die für den Austritt aus der EU eintretende Andrea Leadsom.

Es könnte natürlich alles ein Zufall sein. Aber es wäre nicht das erste Mal, dass eine männliche Hierarchie beschließt, dass der Moment, in dem das Schiff zu sinken beginnt, ein guter Zeitpunkt ist, um eine der Frauen das Ruder übernehmen zu lassen.

II. Gruppen sind wichtig

Wenn man von Leavers und Remainers spricht, kommt man über den ökologischen Trugschluss nicht weit hinaus. Die Behauptung, dass die Austrittskandidaten „höhere Werte für Autoritarismus haben“, birgt die gleiche Gefahr der Übergeneralisierung. Es ist wichtig, sich daran zu erinnern, dass der Gruppendurchschnitt der Austrittswilligen nicht für alle Personen in dieser Gruppe gilt. Es gibt viele verschiedene Typen von Austretenden, so wie es viele Typen von Remainers gibt. Eine Größe passt nicht für alle.

Manchmal ist es jedoch sinnvoll, die Psychologie von Gruppen als Einzelwesen zu betrachten. So ist es zum Beispiel sinnvoll zu fragen, ob Gruppen ein solches Maß an Zusammenhalt entwickeln, dass die Menschen in ihnen ihren Sinn für Individualität zu verlieren beginnen. Es ist auch sinnvoll, nach der Dynamik von Konflikten zwischen Gruppen zu fragen: Warum trennen sich Gruppen auf eine Art und Weise, die zu Spannungen führt?

Der kollektive Verstand

Es gibt viele Situationen, in denen eine Gruppe ein Problem lösen, eine bessere Entscheidung treffen oder eine Frage besser beantworten kann als ein Einzelner. Dies ist die Grundlage des Crowdsourcing. Beiträge können von einer großen Auswahl der Öffentlichkeit eingeholt werden, in der Hoffnung, dass ihre vereinten Anstrengungen eine intellektuelle Feuerkraft der Superlative hervorbringen werden.

Die Weisheit liegt jedoch nicht immer in der Menge. Ein Problem ist die Vervielfachung des Rauschens. Wenn eine Gruppe groß ist, sollte dies theoretisch die Bandbreite ihrer Vorschläge, Vermutungen, Schätzungen oder Ideen erweitern. Es sollten die allerbesten Ergebnisse produziert werden. Diese Theorie gilt jedoch nur, wenn die einzelnen Gruppenmitglieder unabhängig voneinander arbeiten.

In der realen Gruppendynamik hören die Menschen oft auf das, was andere sagen. Sie lassen sich von dem, was sie hören, beeinflussen und erliegen einer Kaskade psychologischer Konsequenzen, die den Zweck der Zusammenarbeit zunichte machen (Lorenz et al., 2011). Kleine Fehler werden leicht vergrößert. Der Konsens driftet weit von der Korrektheit ab. Vereinbarte Schlussfolgerungen sind nicht unbedingt korrekt.

Wenn Menschen beginnen, ihre Ansichten zu vergleichen, wird das Spektrum ihrer Vorschläge eher kleiner als größer. Die Menschen fühlen sich geneigt, auf einen Konsens hinzuarbeiten, aber nicht auf der Grundlage von Vernunft und Beweisen. Vielmehr werden sie durch gegenseitige Verstärkung beeinflusst.

Wie wir in Kap. 2 gesehen haben, macht sich pluralistische Ignoranz breit. Menschen verstärken das, was ihrer Meinung nach verstärkt werden sollte, einfach deshalb, weil sie sehen, wie andere Menschen es verstärken. Ein Raum voller nickender Köpfe sieht vielleicht beruhigend aus, aber nur, wenn man die Tatsache ignoriert, dass Nicken tatsächlich ansteckend ist.

Wenn sich Gruppen auf natürliche Weise bilden, tun sie das oft in einer Weise, die all diese Probleme noch verschlimmert. Menschen neigen dazu, die Gesellschaft gleichgesinnter Seelenverwandter zu suchen. Sie verbringen Zeit mit anderen, von denen sie wissen, dass sie in den Dingen, die ihnen am meisten am Herzen liegen, mit ihnen übereinstimmen (Hart et al., 2009). Sie erhalten dann ein falsches Feedback über die Richtigkeit oder Akzeptanz ihrer eigenen Ansichten. Allmählich kultivieren sie ein falsches Bild von der Welt um sie herum.

Raucher überschätzen die Zahl der Raucher in der Bevölkerung, während Nichtraucher die Zahl derer, die nicht rauchen, überschätzen. Menschen, die Alkohol trinken, überschätzen, wie viel Alkohol andere Menschen trinken; Abstinenzler tun das Gegenteil (Cunningham et al., 2012). Europhile verbringen ihre ganze Zeit mit anderen Europhilen und sind dann schockiert, wenn sie feststellen, dass die Mehrheit ihrer Landsleute anders denkt als sie.

Wenn die primäre Vergleichsquelle eine Gemeinschaft von Menschen ist, die genauso sind wie man selbst, wird man sich nur sehr selektiv mit sozialen Meinungen auseinandersetzen. Wenn sich Gruppen bilden, verhärten sie sich schnell. Das ist der Weg der „Echokammer".

Echo, Echo

In einer besonders detaillierten Auswertung untersuchten Forscher in den Vereinigten Staaten das Verhalten von über 3,8 Millionen Twitter-Nutzern während und nach einer Auswahl politischer und nichtpolitischer Ereignisse (Barberá et al., 2015). Die Forscher verfolgten die

Muster der Retweets, die von diesen Nutzern gepostet wurden, und erstellten ein statistisches Modell, das zeigt, wie Informationen durch ein riesiges Netzwerk von Nutzer-zu-Nutzer-Verbindungen flossen.

Twitter-Nutzer versuchen oft zu betonen, dass „ein Retweet keine Befürwortung ist". Allein die Existenz eines solchen Haftungsausschlusses ist jedoch ein Zeichen dafür, dass dies in den meisten Fällen der Fall ist. Insgesamt verfolgten die Forscher 150 Millionen Retweets. Sie bewerteten nicht den Inhalt der einzelnen Beiträge, was eine umfangreiche Textanalyse und subjektive Beurteilung erfordern würde. Stattdessen wollten sie herausfinden, wie umfangreich die Menschen Informationen produzieren und zwischen ausgewählten Gruppen austauschen, um deren Sichtbarkeit einzuschränken. Auf der Grundlage ihres Twitter-Profils klassifizierten sie jeden Nutzer nach seiner politischen Präferenz. Sie überprüften zum Beispiel, ob ein Nutzer anderen Konten folgte, die politische Anliegen oder Positionen unterstützten.

Die Forscher fanden heraus, dass die Nutzer bei unpolitischen Ereignissen, wie der Oscar-Verleihung, Tweets im Allgemeinen offen teilten. Bei politischen Ereignissen, wie z. B. Wahlkämpfen, bevorzugten sie jedoch eindeutig Material aus politisch gleichgesinnten Quellen. Der Gesamteffekt war, dass Schwärme von sich gegenseitig verstärkenden Tweets entstanden, die innerhalb ideologisch getrennter Nutzergemeinschaften durch Twitter flossen. Mit der Zeit und der Tatsache, dass die Nutzer Tweets retweeteten, die bereits von anderen retweetet worden waren, führte die zunehmende Intensität der Interaktionen innerhalb der Gruppe dazu, dass die Untergruppen immer homogener wurden.

Im Großen und Ganzen teilten sich die Nutzer bei solchen Ereignissen in zwei große Gruppen auf. Es scheint wahr zu sein, dass die sozialen Medien tatsächlich wie eine Art Echokammer funktionieren.

Wichtig ist, dass die Forscher auch feststellten, dass Nutzer, die als konservativ eingestuft wurden (weil sie eher konservativen Accounts folgten), anfälliger für diesen „Echokammereffekt" waren. Sie engagierten sich in größerem Umfang mit Gleichgesinnten. Dies könnte darauf zurückzuführen sein, dass Menschen, die einen hohen Grad an Autoritarismus aufweisen, Konformität bevorzugen und sich im Allgemeinen mit Unterschieden weniger wohl fühlen. Sie neigen eher dazu, ihre eigenen Ansichten zu bestätigen und zu fördern (Stern et al., 2014).

Echokammern in den sozialen Medien sind ein wichtiges Merkmal des Brexit. Eine Analyse von 7,5 Millionen Tweets, die während des Referendums gepostet wurden, ergab, dass Tweets zum Thema „Leave" die Tweets zum Thema „Remain" in einem Verhältnis von etwa zwei zu eins übertrafen. Darüber hinaus war die Wahrscheinlichkeit, dass Leave-Wähler mit anderen Leavers interagierten – indem sie antworteten, retweeteten oder zitierten – weitaus höher als mit Remainers (Hänska-Ahy & Bauchowitz, 2017).

Brexit-bezogene Echokammern auf Twitter weisen eine erkennbare geografische Dimension auf. Austrittsbefürworter interagieren eher mit anderen Austrittsbefürwortern, die in ihrer Nähe wohnen, während Remainers eher mit Nutzern interagieren, die weiter weg wohnen (Bastos et al., 2018).

Leavers führen mehr Brexit-bezogene Google-Suchen durch und posten intensiver auf Facebook und Instagram als Remainers (Herrman, 2016). Eine Studie mit mehr als 1 Million Facebook-Konten zeigte, dass sich die Nutzer schnell in stark polarisierte Leave- und Remain-Echokammern aufteilen, wenn sie mit syndizierten Nachrichten interagieren (Del Vicario et al., 2017).

Die Gefahr bei Echokammern besteht darin, dass sie den Nährboden für „Gruppendenken" bilden. Gruppendenken tritt auf, wenn Einigkeit wertvoller wird als Genauigkeit und der Wunsch nach gegenseitiger Verstärkung die Fähigkeit der Menschen überlagert, die Welt um sie herum realistisch einzuschätzen. Dies kann selbst bei den wohlmeinendsten Menschen zu irrationalen und suboptimalen Entscheidungen führen.

Die Forschung zeigt, dass Gruppendenken am ehesten dort auftritt, wo Gruppen homogen, geschlossen, von äußeren Optionen isoliert und intuitiv sind. Gruppendenken hält Menschen davon ab, nach alternativen Ansichten zu suchen oder Risiken abzuschätzen. Es führt dazu, dass Krisen entstehen, und macht sie noch schlimmer.

Die mit dem Gruppendenken verbundenen Probleme lassen sich am besten angehen, indem man Menschen mit unterschiedlichen Positionen zusammenbringt, damit sie andere Sichtweisen als ihre eigenen erfahren können. Dazu bedarf es bewusster Anstrengungen. Wie wir gesehen haben, sind Menschen nicht dazu geneigt, solche Dinge von sich aus zu tun.

Führungskräfte, die vermeiden wollen, dass sich schlechte Situationen verschlimmern, sind gut beraten, alles zu tun, um die Mauern der Echokammer einzureißen: Stimmen vereinen; den Austausch von Perspektiven fördern; und um jeden Preis das Risiko einer Polarisierung der Gruppe vermeiden.

Das wäre ideal.

Getrennte Pole

Als die angehende Premierministerin Theresa May im Juli 2016 ihre Kandidatur für den Vorsitz der Konservativen Partei vorstellte, hielt sie eine Rede, in der sie beteuerte, dass „Brexit gleich Brexit“ sei (und dass sie ihn zum Erfolg führen wolle). Da May für den Verbleib in der EU gekämpft hatte, ist man versucht zu glauben, dass es ihr ein besonderes Bedürfnis war, ihr uneingeschränktes Engagement für den Brexit zu betonen.

Psychologen sprechen von „kognitiver Dissonanz“, dem Unbehagen, das eine Person empfindet, wenn sie zwei widersprüchliche Ziele oder Werte hat. Menschen reagieren auf Dissonanz auf unterschiedliche Weise, aber viele versuchen, ihren Stress zu überwinden, indem sie ihre Überzeugung maximieren. Daher gibt es das Phänomen des eifrigen Konvertiten – einer Person, die zu einem glühenden Verfechter ihres neuen Standpunkts wird, wenn nicht sogar zu einem Extremisten.

Wie in Kap. 2 erörtert, wurde beim Brexit-Referendum nicht versucht, die Dimensionen des „Austritts“ aus der Europäischen Union zu spezifizieren. Es wurde nicht erwähnt, wann genau das Vereinigte Königreich austreten würde. Es gab keinen Hinweis auf den Binnenmarkt oder die Zollunion, die Großbritannien auch nach dem Ausscheiden aus der EU weiter nutzen könnte.

Doch schon bald hatte May beschlossen, dass der Brexit alles bedeutet, mit allem Drum und Dran und zwei rauchenden Fässern. In ihrer Rede auf dem Parteitag der Konservativen im Oktober betonte sie, dass Schnelligkeit das A und O sei: Das Verfahren nach Artikel 50, das formale Verfahren für den Austritt des Vereinigten Königreichs aus der Europäischen Union, würde so bald wie möglich eingeleitet.

Politische Rivalen, die den Brexit verzögern wollten, würden „die Intelligenz des britischen Volkes beleidigen", sagte sie – ein frühes Beispiel für den ökologischen Trugschluss bei Brexit-Manövern (Dominiczak & Wilkinson, 2016). Sie erklärte eine rote Linie in Bezug auf die Zuständigkeit des Europäischen Gerichtshofs. In einer entscheidenden Rede im Januar im Lancaster House erklärte sie, dass Großbritannien sowohl aus dem Binnenmarkt als auch aus der Zollunion austreten werde. Im Großen und Ganzen soll May die meisten dieser Ankündigungen gemacht haben, ohne ihre Kabinettskollegen im Voraus zu informieren (Shipman, 2017). Diese eifrige Konvertitin war in Eile.

Mays Strategie zielte darauf ab, den Brexit mit maximaler Wirkung umzusetzen, wobei sie offenbar nicht berücksichtigte, dass nur eine knappe Mehrheit der Wähler dem Referendum zugestimmt hatte. Aber Volksabstimmungen sind von Natur aus binär. Sie haben nur ein Ergebnis. Es ist nicht vorgesehen, das Ergebnis eines Referendums aufgrund der Knappheit des Ergebnisses zu verwässern. Nichtsdestotrotz hat das Vorgehen des Premierministers zweifellos dazu beigetragen, diejenigen zu verprellen, die für den Verbleib gestimmt und dafür geworben hatten.

Es war zwar legitim, dass die Premierministerin nur an die Seite des Siegers dachte, aber ihre Strategie hatte den Effekt, dass sie eine Echokammer des sich selbst verstärkenden Denkens innerhalb der Gruppe schuf. Sie förderte vorschnelles und unkritisches Denken innerhalb ihres Stammes. Außerdem erhöhte sie die Spannungen, indem sie die Legitimität ihrer Gegner herabsetzte.

Im April 2017 rief May eine vorgezogene Parlamentswahl aus, obwohl sie sich zuvor verpflichtet hatte, dies nicht zu tun. Die Meinungsumfragen hatten sich als zu verlockend erwiesen. Sie deuteten darauf hin, dass die Konservativen ihre Mehrheit ausbauen und damit ihre Macht über den Brexit stärken könnten. Die Tatsache, dass dies die gängige Darstellung der Ereignisse in den Medien war, trug nur dazu bei, das Gefühl der Polarisierung in der Öffentlichkeit zu verstärken. Die damalige Premierministerin versuchte opportunistisch, aus der Stimmung in der Bevölkerung Kapital zu schlagen, um ihre politischen Rivalen auszuschalten.

Wie sich herausstellte, ging ihre Wahlkampfstrategie nach hinten los. Die Konservativen *verloren* nämlich ihre parlamentarische Mehrheit. Nun konnten sie nur noch in Zusammenarbeit mit der nordirischen Democratic Unionist Party eine Regierung bilden. Die Democratic Unionists hatten viele esoterische Politiken. Unter ihnen befanden sich Anti-Darwinisten, Kreationisten der Jungen Erde und Bibelfreunde. In Nordirland hatten sie einmal einen Klimawandelskeptiker zum Umweltminister ernannt.

Das Wahlergebnis war nicht nur eine Demütigung für die neue Regierung May, sondern verwässerte auch ihr Mandat erheblich. Was eine klare Mehrheit war – und ein verfassungsmäßiger Freibrief, Entscheidungen für das Land ohne Unterstützung zu treffen –, war nun zu einem Sumpf geworden. Technisch gesehen konnte die Regierung nur Maßnahmen ergreifen, wenn die zehn Abgeordneten der Demokratischen Union sie dazu ermächtigten.

Während die neue parlamentarische Arithmetik zu einem kooperativeren Ansatz ermutigt, wenn nicht gar gezwungen haben könnte, hat May ihre Brexit-Strategie um jeden Preis eher noch verstärkt. Eine Minderheitsregierung in einem ungültigen Parlament zu führen, schien keinen Unterschied zu machen.

Dies ist ebenso sehr ein Produkt des politischen Systems des Vereinigten Königreichs – der Gewohnheiten und Praktiken, die von der Mutter der Parlamente kodiert wurden – wie es ein dem Charakter von Premierministerin May innewohnender Makel ist. Wie der politische Journalist Andrew Rawnsley (2019b) beschrieben hat:

> Das liegt nicht nur daran, dass Frau May eine starre und fantasielose Person ist. Sie ist das Produkt einer politischen Kultur, die dazu neigt, das Gegensätzliche gegenüber dem Einvernehmen zu betonen. Dies drückt sich in der Architektur eines Parlaments aus, in dem sich zwei Seiten gegenüberstehen. Europäische Länder, die mehr Erfahrung mit Koalitionsregierungen haben, sind in der Kunst des Kompromisses geschult. Die Idee ist der britischen Politik, in der der Gewinner alles gewinnt, fremd.

Psychologische Forschungen haben ergeben, dass Gruppen, die polarisiert sind, dazu neigen, Haltungen einzunehmen, die eine Übertreibung der durchschnittlichen Meinung ihrer Mitglieder darstellen. Mit der Zeit führt dieser Prozess zu einer Eskalation der Stimmung.

Erst machen sich die Menschen Sorgen über die Krümmung von Bananen, dann wollen sie die Europäische Union verlassen, dann wollen sie einen „weichen" Brexit und danach einen „harten" Brexit. Zu dem Zeitpunkt, an dem die Wahl eines neuen Parteivorsitzenden ansteht und nur noch wenige Monate bis zum Ablauf der Frist für den Austritt verbleiben, sprechen die wichtigsten Kandidaten für den Parteivorsitz offen über den Austritt aus der EU ohne jegliche Vereinbarung. Sie sind der Meinung, dass ihre Fraktion als Ganzes jetzt an diesem Punkt angelangt ist.

Eine solche Eskalation resultiert aus einer Kombination psychologischer Effekte. Ein Problem ist die Art und Weise, wie einzelne Gruppenmitglieder das Bedürfnis haben, andere davon zu überzeugen, dass sie geeignet sind, der Gruppe anzugehören. Wenn sie eine bestimmte Einstellung hören, neigen sie dazu, diese mit einem Plus von zehn Prozent zu bestätigen. Diese Reaktion, eine Art Mitläufereffekt, wurde als „normativer Einfluss" bezeichnet (Van Swol, 2009).

Ein zweiter Aspekt ist, dass Sie, wenn Sie Ihre Diskussionen auf Gleichgesinnte in einer Echokammer beschränken, wahrscheinlich immer nur auf Argumente stoßen werden, die Ihre eigene Ausgangsposition unterstützen. Einige dieser Argumente werden Sie vorher noch nicht gehört haben. Das Ergebnis einer Diskussion ist daher, dass Sie am Ende mehr Argumente für Ihre Position haben, als zu Beginn. Und so sind Sie am Ende noch überzeugter als zuvor. Dies führt zu einer Aufwärtsspirale von Eifer und Überzeugung in einem Prozess, der als „informationeller Einfluss" bekannt ist (Turner et al., 1989).

Eine dritte Komponente ist ein sehr menschlicher Instinkt: der Wunsch, sich nicht von Gleichaltrigen abzuheben. Nur eine Minderheit der Menschen fühlt sich wohl, wenn sie zu den Außenseitern gehört. Die meisten Menschen machen sich ein Bild davon, wie das typische Mitglied einer Gruppe aussieht, und versuchen dann, diesem Prototyp zu entsprechen. Infolge der Verfügbarkeitsheuristik werden die auffälligsten Beispiele für Gruppenverhalten in der Erinnerung stärker präsent. Folglich dient die Macht der sozialen Konformität dazu, die Einstellungen der Gruppe im Laufe der Zeit zu akzentuieren (McGarty et al., 1992).

Die Gruppenpolarisierung ist naturgemäß ein Problem, das sich nur noch verschärft. Wenn sich Menschen stark mit einer bestimmten Gruppe identifizieren, haben sie oft das Gefühl, dass sie ihre Zugehörigkeit zu dieser Gruppe nicht nur propagieren müssen. Sie müssen nicht nur stolz auf ihre eigene Gruppe sein, sondern auch schlecht über andere Gruppen denken. Dies wird durch das Problem der Homogenität gegenüber anderen Gruppen, das wir in Kap. 2 erörtert haben, noch verschärft. Wenn sich die Dinge weiter zuspitzen, fühlt es sich bald richtig an, die eigene Gruppe gegen Rivalen zu verteidigen.

Und natürlich ist die beste Form der Verteidigung oft der Angriff.

Wenn die Polarisierung einsetzt, weiß man, dass es Zeit ist, paranoid zu werden.

Deal or No Deal: Parlamentarier als Gefangene

In Kap. 2 haben wir beschrieben, wie Premierministerin Theresa May darum kämpfte, ihr Austrittsabkommen durch das Parlament zu bringen. Ihre Verzweiflung führte zu „der schlechtesten Rede, die sie je gehalten hat". May hatte die Verabschiedung des Gesetzes über das Austrittsabkommen als ihr karrierebestimmendes Ziel bezeichnet. Leider erwiesen sich ihre Bemühungen, ihre Karriere auf diese Weise zu definieren, als monumental erfolglos.

Die erste sogenannte „bedeutsame" Abstimmung über den Gesetzentwurf war ursprünglich für Dezember 2018 vorgesehen. Nachdem sich jedoch herausstellte, dass hundert konservative Abgeordnete gegen das Abkommen stimmen wollten, wurde die Abstimmung verschoben (Sabbagh & Elgot, 2018). Als der Deal schließlich im Januar vor das Parlament kam, lehnten ihn insgesamt 118 konservative Abgeordnete ab (Stewart, 2019). Es war die größte Rebellion gegen einen konservativen Premierminister, seit John Major 1997 beim Versuch, Maßnahmen zur Waffenkontrolle zu verabschieden, von 95 seiner Kollegen vereitelt wurde (Scott, 2019).

Noch wichtiger ist, dass das Ausmaß der Niederlage für die Regierung – ein Verlust von 230 Stimmen – einen neuen Maßstab für parlamentarisches Versagen setzte. Sie übertraf den bisherigen Rekord von 166 Stimmen für den Labour-Premierminister Ramsay MacDonald, der seit 95 Jahren bestand (Edgington, 2019). MacDonald hatte die schmachvolle Ehre, nicht nur die schlimmste Parlamentsniederlage der Geschichte zu erleiden, sondern auch die zweitschlimmste – und die drittschlimmste. Nun hatte Premierministerin May ihn an der Spitze der Rangliste abgelöst.

Eine zweite bedeutsame Abstimmung fand Anfang März statt. Diesmal lehnten sich nur fünfundsiebzig konservative Abgeordnete dagegen auf, sodass die Gesamtniederlage auf 149 Stimmen reduziert wurde. Dies war lediglich die viertschlechteste Ablehnung eines Regierungsantrags überhaupt. Die Rangliste der fünf schlimmsten Niederlagen eines Premierministers lautet nun: May; MacDonald; MacDonald; May; MacDonald. Der Premierminister hat sich auf jeden Fall in der Geschichte verewigt.

Die dritte bedeutsame Abstimmung fand am 29. März statt, dem Tag, der ursprünglich für den Brexit selbst vorgesehen war. May versprach ihren Rücktritt für den Fall, dass das Abkommen angenommen würde (Stewart et al., 2019), ein Hinweis darauf, wie abwegig die Machenschaften der britischen Politik geworden waren. Obwohl sie ihren Kollegen den Anreiz bot, ihre politische Karriere einseitig beenden zu können, hatte sie erneut keinen Erfolg. Das Austrittsabkommen wurde ein drittes Mal abgelehnt, dieses Mal mit 58 Stimmen. Es wurden keine neuen Rekorde aufgestellt.

Keine Verhandlung stellt jemals einen der Verhandlungspartner vollständig zufrieden. Das liegt in der Natur des Verhandelns. Kompromisse sind unerlässlich. Einige gewünschte Ergebnisse müssen geopfert werden, damit andere erreicht werden können. Das Austrittsabkommen, das May mit der Europäischen Union ausgehandelt hat, war sicherlich ein typisches Beispiel dafür.

Zu den heikelsten Kompromissen gehörten die vorgeschlagenen Regelungen für Nordirland, der sogenannte Backstop. Dieser Plan würde das Vereinigte Königreich effektiv in eine unbefristete Zollunion mit der EU versetzen, sollte es sich als unmöglich erweisen, ein zukünftiges Handelsabkommen zwischen Großbritannien und den Europäern zu formulieren. Nordirland, aber nicht der Rest des Vereinigten Königreichs, wäre weiterhin an die Warenvorschriften der Europäischen Union gebunden. Viele euroskeptische Abgeordnete argumentierten, dass diese Regelungen Großbritannien daran hindern würden, eine eigene unabhängige Handelspolitik zu entwickeln, und einen Keil zwischen Nordirland und den Rest des Vereinigten Königreichs treiben würden (Blitz, 2019).

Doch während viele Abgeordnete, buchstäblich 100, gegen Mays Abkommen gestimmt haben, stimmte eine große Zahl – tatsächlich wieder 100 – dafür. Dies deutet darauf hin, dass es trotz seiner Unpopularität technisch möglich war, ihn zu unterstützen. Es war machbar, ihn mit Argumenten zu verteidigen. Es war vernünftig, zu dem Schluss zu kommen, dass trotz seiner Mängel die Vorteile seine Kosten überwiegen.

Die Tatsache, dass der Gesetzentwurf zum Austrittsabkommen in drei bedeutenden Abstimmungen deutlich abgelehnt wurde, spiegelt die allgemeine *Präferenz* der Abgeordneten wider – eine Frage des Geschmacks und der Wahl. Es gab keine technische Einschränkung, die die Verabschiedung des Gesetzes verhindert hätte.

Hier geht es darum, dass die Abgeordneten anders hätten wählen können, wenn sie bereit gewesen wären, sich auf andere Argumente einzulassen. Das macht ihr Verhalten zu einer psychologischen Betrachtung. Die Frage ist: Warum haben einige Abgeordnete gegen einen Gesetzentwurf gestimmt, den andere, einschließlich vieler ihrer engsten Kollegen, für unterstützenswert hielten? Seine Mängel allein waren nicht ausschlaggebend. Letztlich waren Strategie und Entscheidung ausschlaggebend.

Eine Möglichkeit, die ausweglose Situation zu erklären, ist die Anwendung der von Psychologen sog. „Spieltheorie" (Myerson, 1991). Die Spieltheorie dient der Fragenklärung, warum zwei rationale Parteien eine Zusammenarbeit ablehnen könnten, obwohl dies in ihrem besten Interesse wäre. Um die Theorie zu erklären, greifen Psychologen in der Regel auf ein recht berühmtes Rätsel zurück, das sog. Gefangenendilemma.

In diesem Rätsel wurde ein schweres Verbrechen begangen. Zwei Verdächtige werden gemeinsam verhaftet, aber getrennt voneinander verhört. Die Staatsanwälte haben einige Beweise, um beide wegen kleinerer Vergehen anzuklagen, aber nicht genug, um sie wegen des schweren Verbrechens zu verurteilen. Daher beschließen sie, beiden denselben Deal anzubieten. Jeder Verdächtige wird verhört:

- Wenn sie beide schweigen, werden sie aufgrund der bisher vorliegenden Beweise für *ein* Jahr ins Gefängnis gehen.

- Wenn einer gesteht und den anderen verrät, werden alle Anklagen gegen den Verräter fallen gelassen und der Verratene für alle Vergehen für schuldig befunden. Jener wird für *zehn* Jahre ins Gefängnis gehen.
- Wenn beide gleichzeitig gestehen, brauchen beide sich nicht gegenseitig zu verpfeifen – die Geständnisse reichen aus, um *beide* für *acht* Jahre ins Gefängnis zu schicken.

Beim Gefangenendilemma müssen Sie sich vorstellen, einer der beiden Verdächtigen zu sein. Sollten Sie schweigen? Oder sollten Sie den anderen verpfeifen?

Wenn Sie schweigen, kommen Sie für ein Jahr ins Gefängnis (wenn Ihr Freund ebenfalls schweigt) oder für zehn Jahre (wenn Ihr Freund Sie verrät). Wenn Sie gestehen, könnten Sie frei kommen (wenn Ihr Freund schweigt) oder für *acht* Jahre ins Gefängnis gehen (wenn Ihr Freund ebenfalls gesteht). Kurz gesagt: Schweigen bedeutet, ein oder zehn Jahre Gefängnis, Verpfeifen dagegen null oder acht Jahre.

Das Dilemma besteht darin, dass Sie nicht sicher sein können, was Ihr Freund tun wird. Er ist mit dem gleichen Problem konfrontiert wie Sie. Wenn Sie Ihren Freund verraten, hat das mehr Vorteile als wenn Sie schweigen: *Null oder acht* Jahre sind viel besser als *ein oder zehn* Jahre. Verrat ist attraktiver als Kooperation.

Das Gefangenendilemma kann dazu beitragen, die festgefahrene Situation im Parlament in Bezug auf das Austrittsabkommen zu erklären (TLDR News, 2019). Anstelle von zwei Verdächtigen haben wir zwei Blöcke von Abgeordneten, nämlich Remainers und Leavers. Ihre Entscheidungen lassen sich wie folgt zusammenfassen:

- Wenn beide dem Vorschlag zustimmen, wird das Gesetz über das Austrittsabkommen verabschiedet, und das ausgehandelte Abkommen mit all seinen negativen Aspekten wird in Kraft treten.
- Wenn eine Seite den Entwurf des Austrittsabkommens ablehnt, könnte er neu verhandelt werden, um Zugeständnisse zu machen, die diese Seite wünscht, um sich ihre Unterstützung bei einer künftigen Abstimmung zu sichern.

- Lehnt die andere Seite jedoch *auch* das Gesetz über das Austrittsabkommen ab, dann ist technisch gesehen die Hölle los und ein „No-Deal"-Brexit droht.

Wie bei den Gefangenen könnten sowohl die Remainers als auch die Leavers kooperieren und sich darauf einigen, für den Deal zu stimmen. Am Ende hätten alle ein mittelmäßiges Ergebnis, das zwar nicht das ist, was sie wirklich wollen, aber dennoch ein Ergebnis darstellt. Allerdings wollen weder die Remainers noch die Leavers das Risiko einer Zusammenarbeit eingehen. Der Grund dafür ist, dass dies der anderen Seite die Möglichkeit geben könnte, sich selbst Zugeständnisse zuzusichern, indem sie das Abkommen ablehnt.

Daher ist eine vollständige Ablehnung des Entwurfs des Austrittsabkommens das wahrscheinlichste Ergebnis. Ein „No-Deal"-Brexit ist gleichbedeutend mit acht statt zehn Jahren Gefängnis. Verrat übertrumpft Zusammenarbeit.

Diese psychologische Analyse zeigt, dass die Abstimmung über das Austrittsabkommen einem atomaren Wettrüsten gleicht. Es liegt im Interesse aller, dass beide Seiten abrüsten, was den Frieden sichern und die erheblichen finanziellen Kosten eines Rüstungsprogramms einsparen würde. Da jedoch keine der beiden Seiten darauf vertrauen kann, dass die andere Seite das Richtige tut, werden beide Seiten sich dafür entscheiden, ein Atomwaffenarsenal aufzubauen. Die teurere und potenziell katastrophalere Vorgehensweise wird zur rationalen Wahl.

Ein Kostenfaktor für die Schaffung einer *„Sie-und-wir"*-Dynamik im Zentrum der Brexit-Politik besteht darin, dass genau diese Art von Stillstand immer wahrscheinlicher und nicht unwahrscheinlicher wird.

Identifizieren Sie sich selbst

Psychologen weisen häufig darauf hin, dass der Mensch zwei Arten von Selbstbildern hat: erstens eine persönliche Identität, individuelle Merkmale und Eigenschaften, den Familienstand, Beruf, das Temperament und den Geschmack.

Wichtig ist jedoch auch die soziale Identität – und zwar mehrere –, d. h. die Aspekte des „Ichs", die sich auf die vielen Gruppen beziehen, denen das Individuum angehört. Zu den offensichtlichsten Gruppen gehören Nationalität, ethnische Gruppe und manchmal die Stadt oder Region, in der das Individuum lebt. Wenn Sie einer Religion angehören, dann ist das für viele Menschen ein weiterer wichtiger Aspekt Ihrer sozialen Identität.

Mehrere Gruppen ergeben sich aus den Vorlieben und der Freizeitgestaltung, z. B. ob man Fan einer bestimmten Sportmannschaft oder Musikrichtung ist. Viele Menschen haben auch eine politische Zugehörigkeit, die sie zu noch mehr Gruppen zuweist. Diese können sich auf die Parteien beziehen, die sie unterstützen, oder auf ihre sozialen Einstellungen, z. B. ob sie sich als Umweltschützer, Libertäre, Monarchisten oder Feministen betrachten.

Wir alle gehören zu vielen Gruppen. Wann immer wir aufgefordert werden, uns selbst zu beschreiben, beziehen wir uns bald auf diese Gruppen. Während die wissenschaftliche Psychologie sich mit dem Individuum befasst, sehen viele Menschen ihre eigene Psychologie in den Gruppen, denen sie angehören. Der Mensch hat ein ständiges Bedürfnis, sich in Stammesbegriffen zu identifizieren.

Es stimmt, dass viele Menschen es vorziehen, isoliert zu leben. Sie wünschen sich, nie eine Familie zu haben, nie einem Verein beizutreten, nie Kontakte zu knüpfen. Sie genießen es, Zeit allein mit ihren Gedanken zu verbringen. Aber selbst diese Gedanken, mit denen sie Zeit verbringen – die inneren Monologe, mit denen sie zu sich selbst sprechen –, nehmen die Form der menschlichen Sprache an. Und Sprache ist von Natur aus eine kommunikative Erfahrung. Worte haben nur dann eine Bedeutung, wenn sie von mehr als einer Person verstanden werden.

Psychologisch gesehen können wir nicht einmal *unsere eigenen Gedanken denken*, ohne auf ein Verhalten zurückzugreifen, das sich nur aufgrund unseres Wunsches nach Zugehörigkeit entwickelt hat.

Selbst wenn wir uns bemühen, soziale Interaktion zu vermeiden, vervollständigen unsere Gruppenidentitäten immer noch die Definition dessen, wer wir sind. Insofern ist unsere Selbstwahrnehmung in gewisser Weise von äußeren Umständen abhängig. Es wird durch Ereignisse und durch die Wünsche anderer geprägt. Sie können zwar entscheiden, ob Sie ein Leaver oder ein Remainer sind, aber Sie können nicht entscheiden, was es insgesamt bedeutet, ein Leaver oder ein Remainer zu sein. Technisch ausgedrückt: Wir kategorisieren uns selbst nur, um uns zu entpersonalisieren.

Viele Psychologen vertreten die Auffassung, dass das menschliche Verhalten entscheidend von der Dynamik der sozialen Identität bestimmt wird. Solche Ansätze, die oft als „Theorie der sozialen Identität" bezeichnet werden, helfen zu erklären, warum Menschen sich auf eine Weise verhalten, die ihre bevorzugte Gruppe romantisiert oder vergrößert. Da sich Menschen mit ihrer Gruppe identifizieren, liegt es in ihrem Interesse, ihre Gruppe in rein positiver Weise zu sehen. Gruppen bieten uns die Möglichkeit, „optimale Unterscheidbarkeit" zu erreichen (Hornsey & Jetten, 2004). Die Effekte der rosaroten Brille, die wir in Kap. 2 erörtert haben, gelten nicht nur für das eigene Ich, sondern für den Stamm als Ganzes.

Daher sind die Leaver und Remainer motiviert, ihre Gruppe als edel zu sehen, als Verteidiger der Gerechtigkeit und Beschützer des Schicksals ihres Landes. Das Prestige und der Status der Gruppe sind eine Quelle unseres Selbstwertgefühls. Und nicht nur das: Sie ermutigen uns, die eigene Gruppe zu bevorzugen, was wiederum die Polarisierung verschärft.

Daten aus der britischen Wahlstudie zeigen, wie sich die Gruppenidentifikation auf einer emotionalen Ebene auswirken kann (Evans & Schaffner, 2019). Mit der Zeit ziehen es immer mehr Leaver und Remainer vor, den Begriff „wir" anstelle von „sie" zu verwenden, wenn sie über ihre Seite der Brexit-Kluft sprechen. Mehr als 90 % stimmen zu, dass sie mit ihren Ansichten zum Brexit „viel mit anderen Befürwortern gemeinsam haben". Und wenn Menschen entweder die Remain- oder die Leave-Seite kritisieren, nehmen die Wähler immer häufiger Anstoß daran. Die Zahl derer, die sagen, dass sich solche Kritik „wie eine persönliche Beleidigung anfühlt", hat sich seit 2016 verdoppelt.

Die gesamte Brexit-Frage ist in konkurrierende Identitäten verstrickt. Im Kern geht es um eine existenzielle Frage über Gruppen: Sollen die Bürger Großbritanniens Teil einer übergeordneten EU-Gruppenidentität sein? Im Großen und Ganzen deutet die psychologische Forschung darauf hin, dass es vorteilhaft ist, die Menschen zu ermutigen, sich einer übergeordneten Identität zugehörig zu fühlen. Eine geringere Zersplitterung der Gesellschaft trägt dazu bei, die Probleme der gruppeninternen Bevorzugung und Voreingenommenheit zu verringern. Die Zugehörigkeit zur gleichen Gesamtgruppe führt dazu, dass wir uns gegenseitig mehr mögen (Kunst et al., 2015).

Daher wird die Art und Weise, wie sich die Bürger selbst kategorisieren, ihre Einstellung zum Brexit beeinflussen. Diejenigen, die sich mit einer europäischen Identität identifizieren, sollten motiviert sein, diese zu bewahren, während diejenigen, die dies nicht tun, eher bereit sein sollten, sie aufzugeben.

In gewisser Weise mag diese Art der Analyse offensichtlich und möglicherweise zirkulär erscheinen. Schließlich läuft sie auf die Behauptung hinaus, dass die Menschen das behalten, was sie mögen, und das opfern, was sie nicht mögen. Aber ein Ansatz der sozialen Identität kann besonders nützlich sein, wenn er neben anderen vorgeschlagenen Erklärungen für den Brexit getestet wird.

In einer Studie untersuchten die Forscher beispielsweise die Einstellungen der Wähler vor und nach dem Referendum 2016. Neben Fragebögen, die mutmaßliche Prädiktoren für die Stimmabgabe beurteilten, stellten sie den Teilnehmern verschiedene Fragen zu ihrer Wahrnehmung der Gruppenidentität (Van de Vyver et al., 2018).

Wie in früheren Studien fanden diese Forscher heraus, dass Autoritarismus (den sie als „Konservatismus" bezeichneten) die Wahrscheinlichkeit erhöht, dass die Menschen den Brexit unterstützen. Wichtig ist jedoch, dass die Gruppenidentität – insbesondere die europäische Identität – den Ausschlag gab. Die statistischen Ergebnisse deuten darauf hin, dass der Autoritarismus einer Person dazu beiträgt, ihre europäische Identität zu bestimmen, und dass diese Identität dazu beiträgt, zu bestimmen, wie sie über den Brexit abstimmen. Kurz gesagt, die persönliche Identität bestimmte die soziale Identität, und die soziale Identität bestimmte das Verhalten.

Eine wichtige soziale Identität in der Psychologie des Brexit ist die der Nationalität, Ethnie und Rasse. Auf einer sehr einfachen Ebene gab es beim Referendum Unterschiede zwischen den einzelnen Ländern des Vereinigten Königreichs. England und Wales stimmten für den Austritt, während Schottland und Nordirland für den Verbleib stimmten. Es gibt viele demografische Unterschiede zwischen den vier Ländern des Vereinigten Königreichs, aber es scheint wahrscheinlich, dass ihre Brexit-Entscheidungen zumindest teilweise durch die Wahrnehmung der nationalen Identität bestimmt wurden.

Mehrere Umfragen haben diesen Verdacht erhärtet. Brexit-Wähler, die sich entweder als „nur britisch“ oder „nur walisisch“ bezeichnen, teilen sich gleichmäßig zwischen Leavers und Remainers auf. Diejenigen, die sich als „nur irisch oder nordirisch“ bezeichnen, zeigen eine 55:45-Präferenz für den Verbleib (obwohl diese Kategorisierung durch die Bestimmungen zur doppelten Staatsbürgerschaft, die für in Nordirland geborene Menschen gelten, kompliziert ist). Allerdings stimmten Wähler, die sich als „nur Engländer“ identifizieren, mit einer Zwei-zu-Eins-Mehrheit für den Austritt, während diejenigen, die sich als „nur Schotten“ identifizieren, mit einer ähnlichen Marge in die andere Richtung stimmten (Richards & Heath, 2019).

Der Nationalismus an sich sagt also nicht die Brexit-Einstellung voraus. Nationalismus ist kein einfaches Maß. Vielmehr kommt es auf die umfassendere soziale Identität an, auf die Bedeutung, die die Menschen ihrem Englischsein, Schottischsein usw. beimessen. Es ist davon auszugehen, dass diese Wahrnehmung der nationalen Identität wiederum die Einstellung gegenüber Einwanderung und Fremdheit beeinflusst, ein Thema, auf das wir in Kap. 5 zurückkommen werden.

Der Sinn des Ganzen

Die Forschung zur sozialen Identität kann immer wieder kritisiert werden, weil sie sich auf Umfragen, Selbstauskünfte und willkürliche statistische Modelle stützt, die aus relativ selektiven Datensätzen abgeleitet werden. Menschen, die Fragebögen ausfüllen, sind oft zurückhaltend, was ihre wahren Gefühle angeht, und leiden manchmal unter rückblickenden Verzerrungen.

Mit anderen Worten: Ihre Erinnerung an vergangene Ereignisse – etwa daran, was sie dazu veranlasst hat, ihre aktuellen Ansichten zu bilden – kann oft unvollkommen sein. Sozialpsychologische Forscher wollen zwar messen, *was die Menschen denken*, aber ihre Methoden reichen oft nicht weiter als bis zur Aufzeichnung *dessen, was einige Menschen über das sagen, was sie glauben, dass sie denken* (Hughes, 2016).

Dennoch ist der Ansatz der sozialen Identität äußerst wichtig, weil er die Aufmerksamkeit auf die psychologische Tatsache lenkt, dass Menschen mehrere „Selbst“ haben. In manchen Situationen gehören wir einer bestimmten Nationalität an, in anderen Situationen einem bestimmten Beruf, in wieder anderen Situationen gehören wir einer bestimmten sozialen Gruppe an und in wieder anderen Situationen unterstützen wir eine bestimmte Sportmannschaft.

Wie wir uns selbst sehen, hängt davon ab, mit wem wir gerade interagieren, wer unser Publikum ist. Unsere relevante Identität ändert sich, wenn sich der Kontext ändert. Wenn Identitäten mit dem sozialen Kontext verwoben sind und wenn die Gruppe, der wir uns zugehörig fühlen, je nach Situation variiert, dann hat dies wichtige Auswirkungen auf das Verständnis des politischen Verhaltens (Reicher, 2004).

Vieles in der Politik und auch in der Psychologie hängt davon ab, wie wir das Eigeninteresse der Menschen definieren und bewerten. Aber wenn Menschen mehrere „Selbst“ haben, was genau sollten wir dann bewerten?

An welches „Selbst“ sollten wir denken, wenn wir von Eigeninteresse sprechen?

Was die Menschen und die Gruppen, die sie bilden, letztlich motiviert, ist der allgemeine Wunsch, sich sicher, geschätzt, ruhig und glücklich zu fühlen. Der Brexit hat die Normen, auf deren Grundlage sie ihr Selbstverständnis konstruieren, auf den Kopf gestellt, die nationalen und pan-nationalen Gruppenidentitäten der Bürger auf Null gesetzt und damit die Entschlossenheit auf die Probe gestellt, für die das britische Volk – ungeachtet des ökologischen Irrglaubens – so bekannt geworden ist.

Ruhe bewahren und Weitermachen mag ihnen in der Vergangenheit gut getan haben. In unserem nächsten Kapitel gehen wir der Frage nach, ob eine steife Oberlippe im heutigen Brexit-Britannien noch ausreicht, um mit Stress umzugehen.

4

Brexit-Angst

I. Der Brexit als Ursache für psychische Erkrankungen

Im Mai 2017 versprach Premierministerin Theresa May dem britischen Volk nicht weniger als eine Revolution. Sie würde den Status quo umstürzen. Sie würde einen dauerhaften Wandel herbeiführen. Sie würde Häuser, Schulen und Arbeitsplätze in allen Teilen des Landes verändern. Ihr Versprechen war ernsthaft und fest. Ihre Pläne waren umfassend.

Insbesondere wäre sie die Premierministerin, die endlich die erhoffte „Revolution der psychischen Gesundheit“ im Vereinigten Königreich herbeiführen würde (Savage, 2017). Die Personalausstattung des NHS würde sich dramatisch verändern. Kinder und junge Erwachsene würden stärker für die Realität des Lebens mit psychischen Problemen sensibilisiert werden. Die Zahl der Menschen, die eine psychiatrische Langzeitbehandlung erhalten, würde sich verändern. Und Menschen aus ethnischen Minderheiten, deren seelische Probleme nur allzu oft durch Fremdenfeindlichkeit und Diskriminierung verschärft werden, würden erheblich davon profitieren. Wie es sich für Revolutionen gehört, sollte auch diese allumfassend sein.

B. M. Hughes, *Die Psychologie des Brexit*,
https://doi.org/10.1007/978-3-031-16112-4_4

Die Ironie ist natürlich, dass der Brexit dazu beigetragen hat, dass fast alle diese Ergebnisse in irgendeiner Form eingetreten sind. Nur nicht ganz in der Form, die der Premierminister im Sinn hatte.

Manchmal scheint es, als ob das gesamte Vereinigte Königreich wegen des Brexit einen emotionalen Zusammenbruch erlitten hat. Einer Schlagzeile des *Daily Express* zufolge war das Ergebnis nichts weniger als „BREXHAUSTION" (Read, 2019).

In der Tat waren die Medien voll mit Sesseldiagnosen. Leiden Sie unter dem „Strexit" fragte der *Telegraph* (Lally, 2019) oder „unter Branxiety" wollte der *Evening Standard* wissen (Butter, 2018). Der *Guardian* erklärte, das Land befinde sich in einer „Brexistential crisis" (Spicer, 2016). Die Nachrichten-Website Slate bot ein Modell der Veränderungsphasen an, das die Trauer im Zusammenhang mit dem Brexit klassischerweise in fünf Phasen unterteilt: *brenial, branger, brargaining, brepression* (oder *debression*) und schließlich *bracceptance* (Kelly, 2016).

Ein Spectator-Autor verglich den Brexit mit einem Schock für den ganzen Körper, insbesondere mit den geburtshilflichen Traumata, die man bei der Geburt eines Kindes erleidet:

> … es wird Blut fließen. Der Brexit wird schmerzhaft sein, wie eine Geburt. Das ist einfach so. Die „Leave"-Quacksalber, die eine zügige und glückselige Geburt versprachen, haben nicht genug Diamorphin, um die Nerven zu beruhigen. Wir werden vielleicht eine epidurale Betäubung aus dem Schatzamt brauchen. Wir werden viel fluchen, und es wird uns egal sein. Es könnte ziemlich peinlich werden, aber auch das wird uns wahrscheinlich egal sein, weil wir uns auf den Schmerz konzentrieren werden. Andere Länder werden uns ansehen und denken: „Das mache ich nie durch". (Thomas, 2016)

Die Qualen der demokratischen Arbeiterkammer, so argumentierte dieser Autor, würden schnell der unvermeidlichen Müdigkeit nach der Abstimmung weichen, mit sinkender Stimmung und düsteren Selbstzweifeln (*Warum habe ich das überhaupt getan?*). Doch irgendwann, so sagte er voraus, würden die Briten lernen, diese Erfahrungen neu zu bewerten. Vielleicht würden sie sogar mit elterlichem Stolz auf den Brexit als ihre größte Errungenschaft im Leben zurückblicken …

Nach Ansicht von Psychotherapeuten ist diese Art von Zufriedenheit der Eltern mit dem Brexit derzeit jedoch schwer zu erreichen. Stattdessen, so sagen sie, hat die Brexit-Erfahrung zu einer monumentalen Erschütterung geführt, die eine noch nie dagewesene Nachfrage nach ihren Dienstleistungen zur Folge hatte. Es hat einen neuen nationalen Ausbruch gegeben, ein massives psychisches Unwohlsein.

Die Angst vor dem Brexit erfasst die Menschen im ganzen Land.

Die Auswirkungen wurden unmittelbar nach dem Referendum deutlich, als die Zeitungen über die „Schlange von Patienten" berichteten, die in britischen Kliniken für eine Brexit-bezogene Beratung anstanden (Prynn, 2016). Innerhalb weniger Tage, so beschrieb der *Guardian,* erlebten „Therapeuten überall" ein „schockierend hohes Maß an Angst und Verzweiflung", und die Zahl der Überweisungen an die Psychiatrie „schoss bereits wie Pilze aus dem Boden" (Watts, 2016). Die Psychoanalytikerin Susie Orbach schrieb darüber, wie plötzlich „in der Therapie jeder über den Brexit sprechen will" (Orbach, 2016).

Drei Jahre später scheint sich der Druck auf die Therapeuten eher verstärkt als verbessert zu haben. „Meine Praxis ist überfüllt", sagte ein Traumaspezialist Anfang 2019 dem *Guardian*, „und jeder, den ich kenne, hat eine volle Praxis. Ich finde es unglaublich schwer, Leute zu finden, an die ich überweisen kann, weil niemand einen Platz hat" (Williams, 2019).

Der Brexit wird oft als tiefgreifende Bedrohung für den Handel beschrieben.

Aber zumindest für die Psychotherapiebranche könnte er sich als sehr gut für das Geschäft erweisen.

Land ohne Hoffnung und Ruhm

Die Ansichten und Erfahrungen von Psychotherapeuten sowie die Meinungen von Journalisten und Bloggern geben nur einen Teil des Bildes wieder. Und der Teil, der gezeichnet wird, ist mit Sicherheit der subjektivste. Einzelne Therapeuten könnten durchaus über volle Wartezimmer berichten, aber es könnte auch sein, dass andere Praxen eher untätig als überlastet sind. Das Problem ist, dass untätige Therapeuten kaum Meinungsäußerungen im *Guardian* schreiben.

Und selbst wenn es stimmt, dass „jeder in der Therapie über den Brexit sprechen will", ist das nicht dasselbe wie zu sagen, dass jeder aus diesem Grund einen Therapeuten aufgesucht hat. Vielleicht wären diese Klienten ohnehin in Therapie gewesen. Nachdem sie zu ihrer Therapiesitzung gekommen sind, ist es nur natürlich, dass sie über das wichtigste Thema des Tages sprechen wollen.

Kurzum, anekdotische Belege geben uns wenig Anhaltspunkte, wenn wir versuchen, das Ausmaß, die Art und die Bedeutung der Brexit-Angst zu ermitteln. Die Ansichten von Therapieanbietern könnten verzerrt sein. Was die Aufmerksamkeit von Journalisten auf sich zieht, spiegelt möglicherweise nicht die Realität wider.

Um ein besseres Verständnis zu bekommen, müssen wir einige Daten betrachten.

Ein Problem dabei ist, dass der Brexit noch in den Kinderschuhen steckt. Obwohl es manchmal so scheint, als hätten wir den Brexit schon immer erlebt, ist die Zeit seit dem Referendum von 2016 relativ kurz. Die Räder der Forschung drehen sich nicht so schnell. Es braucht Zeit, eine Studie zu organisieren, Teilnehmer zu registrieren, Daten zu sammeln und zu analysieren und aussagekräftige Ergebnisse zu veröffentlichen.

Vor allem die Forschung im Bereich der psychischen Gesundheit entwickelt sich nur allmählich. Psychisch gefährdete Menschen sind mit vielen Problemen konfrontiert und setzen die Teilnahme an der Forschung oft weit unten auf ihre Prioritätenliste. Manche sind zu geschwächt, um sich überhaupt freiwillig zu melden. Psychologen wissen, dass sie geduldig sein müssen, wenn sie diese Themen untersuchen wollen. In der Wissenschaft der psychischen Gesundheit wird sich schnelle Forschung oft als schlechte Forschung herausstellen.

Hinzu kommt die Tatsache, dass der Brexit höchst unbeständig ist. Der politische Kontext ändert sich von Monat zu Monat, wenn nicht sogar von Woche zu Woche, und manchmal sogar von Tag zu Tag. Das macht eine *langsame* Forschung umso komplizierter. Studien können schon veraltet sein, bevor sie überhaupt richtig angelaufen sind. Und einige Arten von Daten, wie z. B. amtliche Gesundheitsstatistiken, werden nur sporadisch, vielleicht nur einmal im Jahr, veröffentlicht, was es besonders schwierig macht, feinkörnige Analysen darüber zu erstellen, wie sich die Angst im Laufe der Zeit entwickelt hat (falls sie sich entwickelt hat).

Dennoch werden mit jedem Monat, der vergeht, mehr und mehr Daten verfügbar. Jeder Datensatz mag Mängel aufweisen, aber das sich abzeichnende Muster der Ergebnisse hilft uns, ein Verständnis zu entwickeln.

Ausgehend von dem, was bisher vorgelegt wurde, scheint es vernünftig zu sein, anzuerkennen, dass die Brexit-Angst in der Tat ein Thema ist. Einige Menschen sind unerschütterlich, während andere durch die Brexit-bedingten Turbulenzen sehr stark belastet werden. Die durch den Brexit verursachte Stressbelastung ist erheblich.

Der Brexit ist ein echtes Problem für die öffentliche Gesundheit.

Unsere Umfrage besagt

Es wurden eine Reihe einschlägiger Meinungsumfragen durchgeführt. Kommerzielle Erhebungen sind in der Regel nicht so rigoros wie klinische Studien. Eine häufige Schwäche ist die Verwendung vereinfachter Messgrößen: Da sie nur eine kleine Anzahl direkter Fragen stellen, bieten sie manchmal nur einen Einblick in die Erfahrungen der Menschen mit ihrer psychischen Gesundheit.

Kommerzielle Erhebungen haben jedoch oft Stärken, die ihre Schwächen ausgleichen helfen. Eine häufige Stärke ist die Stichprobengröße. Bei solchen Erhebungen werden in der Regel größere Stichproben verwendet als bei Fragebogenstudien, die in akademischen psychologischen Fachzeitschriften veröffentlicht werden.

Praktisch jede größere kommerzielle Umfrage hat auffallend hohe Werte für Brexit-bedingten Stress in der allgemeinen Bevölkerung ergeben.

Eine YouGov-Umfrage vom Januar 2019 unter mehr als 1700 britischen Erwachsenen ergab, dass zwei Drittel wegen des Brexit entweder „ziemlich unglücklich“ oder „sehr unglücklich“ sind. Vier von zehn gaben an, dass „der Brexit und seine Folgen“ negative Auswirkungen auf ihre psychische Gesundheit haben.

Und während mehr als die Hälfte der Befragten, die für den Verbleib in der EU stimmten, angaben, dass ihre psychische Gesundheit unter dem Brexit leidet, war dies bei einem Drittel der Leave-Wähler der Fall (YouGov, 2019a). YouGov kam zu denselben Ergebnissen, als sie die Umfrage später im Jahr in einer größeren Stichprobe wiederholten (YouGov, 2019b).

Auch wenn diese Teilnehmer nicht von einem klinischen Psychologen oder Psychiater diagnostiziert wurden, ist diese Art von Umfrageergebnis dennoch wichtig. Mehrere klinische Studien haben gezeigt, dass die Selbsteinschätzung der psychischen Gesundheit ein sehr nützlicher Prädiktor für die tatsächliche psychische Gesundheit ist. Wenn Menschen auch nur eine einzige Frage zu ihrem psychischen Gesundheitszustand beantworten, sagen ihre Selbsteinschätzungen zuverlässig voraus, ob sie in Zukunft eine psychische Diagnose erhalten werden (Ahmad et al., 2014).

Wenn überhaupt neigen die Menschen eher dazu, bei Umfragen *zu wenig über* psychische Probleme zu *berichten* (McAlpine et al., 2018). Mit anderen Worten: In Meinungsumfragen wird die tatsächliche Prävalenz psychischer Probleme in den Stichproben eher unterschätzt als überschätzt.

Daher ist die Tatsache, dass ein Drittel der Leaver bereit ist, den Meinungsforschern mitzuteilen, dass ihre psychische Gesundheit unter dem Brexit leidet – einem politischen Ziel, für das *sie* sich eingesetzt und das sie dann an der Wahlurne durchgesetzt haben –, besonders bemerkenswert.

Im März 2019 hat YouGov in Zusammenarbeit mit der Mental Health Foundation des Vereinigten Königreichs, einer unabhängigen nationalen Wohltätigkeitsorganisation, weitere Daten erhoben. In einer Stichprobe von 1800 Erwachsenen gaben 21 % der Befragten an, dass sie in den vergangenen zwölf Monaten „Ängste" im Zusammenhang mit dem Brexit erlebt hätten. 17 % gaben an, der Brexit habe bei ihnen ein „hohes Maß an Stress" verursacht (Mental Health Foundation, 2019). Diese Feinheiten sind von klinischem Interesse, denn Psychologen unterscheiden normalerweise sorgfältig zwischen Angst und Stress.

„Stress" bezieht sich auf die Reaktion einer Person auf erkennbare äußere Einflüsse. Er bezieht sich auf die Art und Weise, wie der Körper – einschließlich des Gehirns und aller Systeme, die Gefühle erzeugen – auf die Störung seines Ruhezustands reagiert. Er ist oft eine gesunde Reaktion auf ein herausforderndes Ereignis, obwohl anhaltender Stress eine Person auf Dauer zermürben kann.

„Angst" bezieht sich auf einen emotionalen Zustand, in dem eine Person chronisch ängstlich ist. Sie machen sich ständig Sorgen über die Möglichkeit zukünftiger Belastungen. Angst kann durch Stress ausgelöst werden, tritt aber oft auch unabhängig davon auf. Die Angst bleibt auch bestehen, nachdem eine stressige Herausforderung bewältigt wurde.

Die Umfrage der Mental Health Foundation ist insofern interessant, als sie darauf hindeutet, dass etwa jeder fünfte Brite den Brexit als ein belastendes Ereignis ansieht, das Druck auf sein Leben ausübt, während eine ähnlich große Zahl von Menschen infolgedessen anhaltende negative Gefühle entwickelt hat. (Die veröffentlichten Informationen erlauben es uns nicht, den Grad der Überschneidung festzustellen, um zu überprüfen, wie viele Befragte gleichzeitig über Stress *und* Angst berichteten.)

Die Menschen scheinen nicht nur emotional, sondern auch verhaltensmäßig betroffen zu sein. Jeder Fünfte der von der Mental Health Foundation befragten Personen gab an, sich mit Familienmitgliedern über den Brexit gestritten zu haben, während 12 % aufgrund ihrer Brexit-Sorgen unter Schlafstörungen gelitten hatten.

Im Hinblick auf die Grundsätze eines guten Forschungsdesigns ist ein Schwachpunkt dieser Umfragen, dass sie einmalig sind. Wir können sehen, dass viele Menschen ihre Ängste auf den Brexit zurückführen, aber wir wissen nicht, ob sie auch ohne den Brexit Angst gehabt hätten. Dies hängt mit dem Rätsel von Ursache und Wirkung zusammen, das wir in Kap. 1 erörtert haben. Nur weil zwei Ereignisse gleichzeitig stattgefunden haben, heißt das nicht, dass das eine das andere verursacht hat. Korrelation ist kein Beweis für Kausalität.

Mit anderen Worten: Nur weil wir *Brexit* und *Angst* haben, heißt das nicht, dass wir *Brexit-Angst* haben.

In einer hypothetischen Welt – also einer Welt, *die nicht existiert* – würden *wir* eine Gruppe von Menschen, die in einem Land leben, in dem der Brexit stattgefunden hat, mit einer identischen Gruppe vergleichen, die in einem anderen, aber ähnlichen Land lebt, in dem der Brexit *nicht* stattgefunden hat.

Diese zweite Gruppe wäre unsere „Kontrollgruppe“. Sie würde uns das Ausgangsniveau der spontanen Ängste zeigen, die bei normalen Menschen auftreten. Wir könnten dann diesen Ausgangswert mit der Angst in unserer Brexit-Gruppe vergleichen und daraus ableiten, wie viel *zusätzliche* Angst *durch* den Brexit entstanden ist.

In der realen Welt werden einmalige Meinungsumfragen immer ohne diese Art von „Kontrollgruppe“ auskommen. Das hindert sie daran, uns viel über wahre Ursache und Wirkung zu sagen. In der Fachsprache würden wir Erhebungen dieser Art als „deskriptiv“ bezeichnen (da sie *beschreiben,* wie viele Menschen ängstlich sind), aber nicht als „schlussfolgernd“ (da wir nicht *darauf schließen* können, was sie ängstlich gemacht hat).

Eine Möglichkeit, diese Probleme zu umgehen, besteht darin, eine Umfrage zweimal mit derselben Gruppe von Personen durchzuführen. So könnte man das Angstniveau jeder Person vor *und* nach einem stressigen Ereignis messen. Wenn wir feststellen, dass die Menschen *vor dem* Brexit ein stressfreies Leben hatten, danach aber über hohen Stress berichten, könnten wir versuchen, eine Schlussfolgerung über Ursache und Wirkung zu ziehen. (Selbst dann könnten wir immer noch falsch liegen. Es könnte sein, dass der Brexit nur zufällig dem Auftreten von Stress vorausging und nichts mit der eigentlichen Ursache zu tun hatte. Eine Kontrollgruppe wird immer von Vorteil sein.)

In der Praxis ist es sehr schwierig, die gleiche Umfrage zweimal mit den gleichen Personen durchzuführen. Besonders schwierig ist es, eine Doppelbefragung im Zusammenhang mit einem großen Stressereignis durchzuführen. Man müsste im Voraus wissen, dass das belastende Ereignis eintreten wird.

Daher können wir bei einmaligen Umfragen Ursache und Wirkung oft nur durch den Vergleich und die Gegenüberstellung verschiedener Untergruppen von Teilnehmern herausfinden. So haben beispielsweise alle kommerziellen Umfragen ergeben, dass die Remainers weitaus häufiger über eine schlechte psychische Gesundheit berichten als die Austretenden. Dies deutet darauf hin, dass die Umstände des Brexit tatsächlich das psychische Wohlbefinden der Menschen beeinflussen. Das Muster *beweist* keine Kausalität, aber es deutet darauf hin, dass zumindest ein gewisser Zusammenhang zwischen dem Brexit und den Ergebnissen besteht. Es handelt sich nicht um zufällige oder saisonale Schwankungen der Ängste in der Bevölkerung.

Im April 2019 führte YouGov eine weitere Umfrage durch, dieses Mal in Zusammenarbeit mit der British Association for Counselling and Psychotherapy. Diese Umfrage hatte eine viel größere Stichprobe als die anderen, mit fast 6000 britischen Erwachsenen, die ihre Fragebögen ausfüllten. Darüber hinaus spiegelten die Fragen die fachlichen Interessen der BACP wider. Ähnlich wie bei den anderen Umfragen wurde auch hier festgestellt, dass ein Drittel der Befragten ihre psychische Gesundheit als durch den Brexit „beeinträchtigt" bezeichnete. Die wichtigsten Ergebnisse, die von Interesse sind, beziehen sich jedoch auf Untergruppenanalysen.

Es wurde festgestellt, dass Alter, Einkommen und politische Zugehörigkeit jeweils einen Einfluss auf die Brexit-Angst haben. Mehr als ein Drittel der Rentner gab an, dass ihre psychische Gesundheit durch den Brexit beeinträchtigt wurde, verglichen mit nur einem Viertel der unter 25-Jährigen, die dasselbe empfanden. Ebenso berichteten 37 % der wohlhabenden Befragten (in den sozioökonomischen Klassen ABC1) über Brexit-bedingte psychische Probleme, verglichen mit nur 27 % der Befragten, die weniger wohlhabend waren (in den Klassen C2DE). Und während jeder fünfte Wähler der Konservativen oder der UKIP solche Probleme hatte, waren es bei den Wählern der Labour Party, der Liberaldemokraten oder der SNP mehr als 40 % (BACP, 2019).

In der Zeit seit dem Referendum 2016 sind in vielen Teilen der britischen Bevölkerung psychische Probleme aufgetreten, die direkt auf den Brexit zurückgeführt werden. Die verschiedenen Muster von Untergruppenunterschieden verdeutlichen die Verflechtung der psychischen Gesundheit mit den politischen Realitäten.

Kurz gesagt: Diese kommerziellen Umfragen haben übereinstimmende Indizien für die Brexit-Angst geliefert.

Brauche mehr Daten

Kommerzielle Erhebungen werden auf Bestellung durchgeführt, einmalig, mit maßgeschneiderten Fragen und nicht mit klinisch fundierten diagnostischen Bewertungen. Wie bereits erwähnt, werden Erhebungen wissenschaftlich fundierter, wenn sie im Laufe der Zeit wiederholt bei denselben Personen durchgeführt werden. Dies wäre sogar eine Mindestanforderung, wenn sie Veränderungen bewerten wollen.

Eine weitere Verbesserung wäre, wenn die Forscher anstatt Fragen zu stellen, die den Brexit explizit erwähnen – und damit das Risiko eingehen, Ideen in die Köpfe der Menschen zu pflanzen –, die psychische Gesundheit der Teilnehmer diskreter messen könnten, beispielsweise mit einem standardisierten diagnostischen Fragebogen.

Ein große Studienpopulation wäre ebenfalls von Vorteil. Je größer sie ist, desto besser.

Wir haben bereits gesehen, dass Wiederholungsbefragungen logistisch schwierig zu organisieren sind. Die notwendigen Erweiterungen brauchen Zeit. Viele der benötigten Ressourcen sind teuer. Aus diesem Grund ist gute Forschung selten schnell. Das heißt aber nicht, dass gute Forschung unmöglich ist. Oder dass sie nie stattfindet.

Diese Art von Forschung ist so umfassend, dass sie oft nur im Rahmen eines staatlich geförderten nationalen Projekts durchgeführt werden kann. Zufälligerweise ist das Vereinigte Königreich eines der Länder, in denen genau ein solches Projekt ins Leben gerufen wurde.

Die UK Household Longitudinal Study läuft seit 2009. Längsschnittstudien, bei denen die Teilnehmer über viele Jahre hinweg wiederholt befragt werden, nennt man „Panelerhebungen". Die UKHLS ist derzeit die größte Panelerhebung der Welt.

Das UKHLS, das seinen Sitz am Institut für Sozial- und Wirtschaftsforschung der Universität Essex hat und vom Economic and Social Research Council finanziert wird, befragt regelmäßig 100.000 britische Einwohner in 40.000 Haushalten in ganz Großbritannien. Es sammelt Informationen zu einer breiten Palette von Themen. Sie befasst sich mit sozialen Einstellungen, dem täglichen Leben, wirtschaftlichen Faktoren und der Gesundheit. Alle Ergebnisse stehen der professionellen Forschungsgemeinschaft zur Verfügung, um sie in allen Einzelheiten zu untersuchen, unter der einzigen Bedingung, dass sie für Forschungszwecke von „öffentlichem Interesse" verwendet werden.

Die UKHLS-Datensätze werden in Wellen veröffentlicht. Angesichts der Komplexität und des Umfangs des Vorhabens kann es Jahre dauern, bis die Daten verfügbar sind. So sind die Statistiken für den Zeitraum des Brexit-Referendums erst kürzlich erschienen und in der jüngsten Welle der Datenveröffentlichungen enthalten.

Da Gesundheit und Wohlbefinden zu den Zielthemen gehören, enthalten die UKHLS-Erhebungen mehrere detaillierte Fragebögen, die klinisch für die Diagnose zugelassen sind. Einer dieser Fragebögen ist der General Health Questionnaire (GHQ). Der GHQ ist eines der beliebtesten Instrumente, die Forscher im Bereich der psychischen Gesundheit einsetzen, um nach psychiatrischen Symptomen der Belastung zu suchen (Goldberg & Williams, 1988).

Die UKHLS-Erhebungen umfassen auch Messungen des „subjektiven Wohlbefindens", ein Konzept, das oft als „Lebenszufriedenheit" bezeichnet wird. Alles in allem liefern die Erhebungen viele relevante Statistiken, um zu prüfen, ob die Brexit-Angst ein Mythos oder Realität ist.

Eine Gruppe von Forschern hat die relevanten Zahlen ausgewertet (Powdthavee et al., 2019). Sie kombinierten klinische Statistiken mit detaillierten wirtschaftlichen und demografischen Informationen. Ausgestattet mit mehreren Wellen von Daten, die von Zehntausenden von Menschen stammen, bewerteten sie, ob sich der Brexit tatsächlich auf die psychische Gesundheit der Briten ausgewirkt hat.

Die Forscher fanden keine Unterschiede in der Lebenszufriedenheit vor und nach dem Brexit-Referendum. Bei der klinischen Belastung gab es jedoch tatsächlich eine Verschiebung in Form eines deutlichem und signifikantem Anstiegs der GHQ-Werte in der gesamten Stichprobe, nachdem Großbritannien für den Austritt aus der Europäischen Union gestimmt hatte.

Weitere Erkenntnisse ergaben sich aus der Analyse von Untergruppen. Auf der Grundlage der politischen Fragen in der UKHLS-Umfrage konnten die Forscher den Datensatz in „Leaver" und „Remainer" unterteilen. Dabei zeigte sich, dass es die Remainer waren, die besonders von der Post-Brexit-Not betroffen waren. Tatsächlich waren die Remainers allein für den in der Gesamtbevölkerung beobachteten Anstieg verantwortlich. Im Gegensatz dazu schienen die Austrittswilligen nach dem Brexit nicht unter Stress zu leiden, sondern erlebten nach dem Referendum einen sprunghaften Anstieg ihrer Lebenszufriedenheit.

Anschließend vertieften die Forscher die Daten. Sie führten feinkörnige Analysen durch, um festzustellen, wie dauerhaft diese verschiedenen Auswirkungen waren. Sie teilten die Daten auf und betrachteten den gesamten Sechsmonatszeitraum nach dem Referendum. Sie fanden heraus, dass die Lebenszufriedenheit der Leavers in diesem Zeitraum langsam anstieg und fünf Monate nach dem Brexit-Votum am stärksten ausgeprägt war.

Im Gegensatz dazu kam es bei den „Remainers" zu einem sofortigen starken Anstieg der klinischen Belastung, der auch in der Folge nicht nachließ.

Kurz gesagt: Auf der Grundlage eines der größten Studiendatensätze der Welt wissen wir jetzt, dass der Brexit bei großen Untergruppen der britischen Bevölkerung zu einer deutlichen Zunahme klinischer Probleme führte – und dass sich diese Auswirkungen im Laufe der Zeit eher noch verstärkten als verringerten.

Drogen-Maschine

Eine zweite Forschergruppe hat eine ganz andere Art von öffentlich zugänglichem Datensatz verwendet, um die Auswirkungen des Brexit auf das Wohlbefinden der Menschen zu bewerten. Anstatt auf Umfragemethoden zurückzugreifen, zogen die Forscher Informationen aus der nationalen Datenbank für ärztliche Verschreibungen des NHS heran, um zu untersuchen, ob der Brexit Auswirkungen auf die Einnahme von Antidepressiva im Vereinigten Königreich hatte (Vandoros et al., 2019). Obwohl sie Daten verwendeten, die im Rahmen der normalen medizinischen Praxis erhoben wurden, wies ihre Studie viele Merkmale auf, die üblicherweise in soliden wissenschaftlichen Experimenten zu finden sind.

Erstens haben diese Forscher wie die UKHLS-Forscher versucht, ähnliche Vergleiche über mehrere Zeitpunkte hinweg anzustellen. Sie waren in der Lage, die Nutzung von Antidepressiva vor *und* nach dem Brexit-Referendum zu vergleichen, was ein wichtiger Bestandteil jedes Versuchs ist, Ursache und Wirkung zu ermitteln.

Zweitens hatten die Forscher Zugang zu Verschreibungsstatistiken, die sich auf verschiedene Arten der Medikamentenverwendung bezogen. Dies bedeutete, dass sie andere Medikamente als Vergleichsmaßstab heranziehen konnten, um sicherzustellen, dass die Verschreibungsraten für Antidepressiva nicht einfach nur Veränderungen bei den medizinischen Behandlungen im Allgemeinen widerspiegeln. In diesem Sinne dienten die Daten zu anderen Medikamenten als „Kontrollbedingung" und lieferten wichtige kontextbezogene Informationen.

Die Forscher untersuchten die Arzneimittelverschreibungen aller Hausarztpraxen in England von 2011 bis 2016. Sie konnten die statistische Technik der Regression (wie in Kap. 2 beschrieben) nutzen, um mehrere Faktoren auf einmal zu untersuchen. Der Datensatz enthielt detaillierte Zahlen zu allen Verschreibungen im Sechsjahreszeitraum, aufgeschlüsselt nach Monaten. Es dauerte drei Jahre, bis diese Informationen zur Verfügung standen, analysiert und in einer medizinischen Fachzeitschrift veröffentlicht wurden. Eine schnelle Forschung war das nicht.

Letztlich führte die Analyse zu einem sehr klaren Ergebnis.

Ausgehend von Monatsvergleichen stieg die durchschnittliche Tagesdosis von Antidepressiva im Vereinigten Königreich nach dem Brexit-Referendum in realen Werten an. Außerdem gingen die Verschreibungen für alle anderen Arten von Medikamenten im gleichen Zeitraum *zurück*. Den Menschen wurden mehr Antidepressiva verschrieben, während sie gleichzeitig *weniger* Lipidpräparate, Insuline, Mittel gegen Gicht, Schilddrüsenmedikamente oder Eisenpräparate erhielten.

Der *relative* Anstieg für Antidepressiva im Vergleich zu den Vergleichsmedikamenten betrug 13,4 %. Nach jedem Standard muss dies als eine sehr große Verschiebung der monatlichen Verschreibungsraten für jede Art von medizinischer Behandlung angesehen werden.

Mit anderen Worten: Unmittelbar nach dem Brexit-Referendum kam es zu einem dramatischen Anstieg der Zahl der Menschen, die von ihren Ärzten vor Ort Antidepressiva erhielten. Dieser statistische Befund ist das digitale Äquivalent zu den überfüllten Wartezimmern, von denen Psychotherapeuten bereits 2016 in den Zeitungen berichteten.

Solche detaillierten Analysen, die auf einer vollständigen nationalen Datenbank beruhen, Zeitvergleiche und Kontrollbedingungen umfassen und anhand eines statistischen Regressionsmodells getestet werden, bieten eine weitaus solidere Grundlage als jede Medienanekdote.

Angesichts der Notwendigkeit einer sorgfältigen und gründlichen Datenerhebung und der Zeit, die für die Untersuchung von Veränderungen im Gesundheitszustand der Bevölkerung erforderlich ist, stehen wir erst am Anfang wissenschaftlicher Untersuchungen, die uns zeigen, wie sich der Brexit auf das Wohlbefinden der Menschen auswirkt. Alle Studien werden ihre eigenen Schwerpunkte und Schwächen haben, aber mit mehr und mehr Forschung können wir unser Bild der Brexit-Erfahrung allmählich mit mehr Details füllen.

Letztendlich lohnt es sich, auf eine langsame Forschung zu warten.

Wirtschaftliche Instabilität ist schlecht für die psychische Gesundheit

Natürlich könnten alle diese Ergebnisse nur zufällig sein. Vielleicht neigen gestresste Menschen dazu, dem Brexit im Nachhinein die Schuld zu geben, auch wenn der Brexit nichts mit ihrem psychischen Zustand zu tun hat. Vielleicht sind die Remainers einfach anfälliger für Neurosen, so wie es ihre Gewohnheit ist, da sie die tausendjährigen Schneeflocken sind, die sie sind. Vielleicht erfassen die UKHLS-Daten nur eine Welle klinischer Probleme, die aus uns unbekannten Gründen auch ohne Brexit aufgetreten wären.

Und wer weiß, vielleicht haben die Menschen, die nach dem Brexit-Referendum plötzlich auf der Suche nach Antidepressiva waren, auch auf andere Ereignisse reagiert, die zu diesem Zeitpunkt in der Welt stattfanden. Immerhin gab es im Juli 2016 Waldbrände in Kalifornien, Straßenproteste in Brasilien, Überschwemmungen in Indien und einen Ausbruch des Zika-Virus. Die militärischen Krisen in der Ukraine, in Syrien und im Irak spitzten sich zu. Die englische Fußballmannschaft schied bei der Europameisterschaft 2016 schmachvoll gegen das unterlegene Island aus. *Pokémon Go*, das Augmented-Reality-Mobiltelefonspiel, ging viral und führte zu einer weit verbreiteten #FOMO-Sucht.

Das Office for National Statistics des Vereinigten Königreichs berichtete jedes Jahr über das nationale Glück in Großbritannien. Ihre Erhebungen werden häufig mit dem Hinweis zitiert, dass die Briten nach dem Brexit-Referendum eher glücklicher als weniger glücklich zu sein schienen (Collinson, 2018).

In den Bevölkerungswerten für das durchschnittliche Glücksempfinden werden jedoch sowohl positive als auch negative Emotionen zusammengefasst. Polarisierte Gruppen werden sich gegenseitig aufheben. Geringfügige Steigerungen des Durchschnittswerts für das Glücksempfinden der Bevölkerung können eine Reihe dramatischer emotionaler Reaktionen verdecken, die in großen Teilgruppen der Bürger auftreten. In jedem Fall haben neuere ONS-Berichte gezeigt, dass sich das langfristige Wachstum des britischen Glücks nach dem Brexit-Referendum deutlich verlangsamt hat, nachdem es viele Jahre lang stetig gestiegen war (Booth, 2019).

Mit anderen Worten: Wenn die Regierung des Vereinigten Königreichs ihre eigenen Statistiken veröffentlicht, um zu zeigen, dass es der britischen Bevölkerung gut geht, müssen wir eine solche Aussage mit Vorsicht genießen.

Politische Instabilität und wirtschaftliche Unsicherheit werden seit langem als Bedrohung für die psychische Gesundheit angesehen. Es besteht kaum ein Zweifel, dass der Brexit beides hervorgebracht hat. Die traditionellen politischen Normen sind zusammengebrochen. Der parlamentarische Stillstand beim Brexit ist der neue Standard. Das historische Zweiparteiensystem Großbritanniens ist zersplittert und populistische Bewegungen sind auf dem Vormarsch. Es wird weithin anerkannt, dass der Brexit sogar zum Auseinanderbrechen des Vereinigten Königreichs führen könnte, wobei der verfassungsrechtliche Status von Schottland und Nordirland zunehmend unter die politische Lupe genommen wird (Foster, 2017).

Wirtschaftlich gesehen ist die Zukunft Großbritanniens sehr unklar. Während die Brexit-Verhandlungen scheitern, hat die britische Wirtschaft erlebt, dass die Bürger Vorräte horten und Unternehmen ihre Investitionsentscheidungen aufschieben. Diese Reaktionen auf die Ungewissheit führen wiederum zu noch *mehr* Unsicherheit (Jackson, 2018).

Vor dem ursprünglich geplanten Brexit-Termin im März 2019 trug der Aufbau von Lagerbeständen durch britische Unternehmen, die wegen möglicher Unterbrechungen des britischen Hafensystems besorgt waren, zu einem starken Rückgang des verarbeitenden Gewerbes bei. Es handelte sich um den schlimmsten Rückgang seit fast zwanzig Jahren, der die gesamte britische Wirtschaft um 0,4 % schrumpfen ließ (Isaac, 2019). Der Brexit ist nicht der einzige Faktor, der das Wirtschaftswachstum hemmt. Doch solange der Zeitrahmen und die Art des Ausstiegs Großbritanniens aus der Europäischen Union unklar bleiben, trägt der Brexit sicherlich nicht zum *wirtschaftlichen Aufschwung* bei.

Sollte der Austritt aus der Europäischen Union das Vereinigte Königreich in eine wirtschaftliche Rezession führen, ist zu erwarten, dass sich die Auswirkungen der Brexit-Angst noch verstärken werden. Internationale Forschungen haben gezeigt, dass Rezessionen besonders schädlich für die psychische Gesundheit sind.

In der weltweiten Rezession von 2008 stiegen die Selbstmordraten in Europa direkt mit dem Anstieg der Arbeitslosigkeit (Stuckler et al., 2011). Bis heute wurden mehr als 100 groß angelegte Studien über Rezessionen in der ganzen Welt durchgeführt. Die Ergebnisse zeigen, dass in Ländern, die eine wirtschaftliche Rezession durchlaufen, die Raten für psychische Störungen, Drogenmissbrauch und Suizidalität erheblich steigen. Arbeitslose und Menschen in prekären Beschäftigungsverhältnissen sind immer am stärksten betroffen (Frasquilho et al., 2016).

In England gab es im Zeitraum 2008 bis 2010 über 1000 Selbstmorde mehr, als aufgrund früherer Trends zu erwarten gewesen wäre. In den englischen Regionen, die am stärksten von der Arbeitslosigkeit betroffen sind, stieg die Zahl der Menschen, die sich das Leben nahmen, am meisten an. Statistisch gesehen zeigen die Daten, dass in England jeder Anstieg der Arbeitslosigkeit um 10 % eine Erhöhung der Selbstmordrate um 1,4 % mit sich bringt. Etwa 40 % aller männlichen Suizide in den zwei Jahren nach 2008 können auf die durch die wirtschaftliche Rezession verursachte Arbeitslosigkeit zurückgeführt werden (Barr et al., 2012).

Sozioökonomische Schrumpfung wirkt sich auf die psychische Gesundheit aus. Cashflow-Armut, Verschuldung, Arbeitslosigkeit, finanzielle Sorgen und Rentenunsicherheit sind allesamt Risikofaktoren für psychische Störungen (Greenglass et al., 2015).

So etwas wie Energiearmut kann zu erheblichen Problemen führen. Menschen, die Schwierigkeiten haben, ihre Brennstoffrechnungen zu bezahlen, haben ein viermal höheres Risiko, an Depressionen zu leiden, als Menschen, die solche Rechnungen problemlos bezahlen können. Wer in einem Haus mit einer Durchschnittstemperatur von 15 °C oder kälter wohnt, hat ein doppelt so hohes Risiko für psychische Probleme wie jemand, der in einem Haus mit 21 °C oder wärmer wohnt (Green & Gilbertson, 2008).

Unterbrechungen und Engpässe in den Gesundheitsdiensten werden die Auswirkungen des Brexit auf die psychische Gesundheit noch verstärken. Bisher wurden die Notfallpläne zur Gewährleistung der Kontinuität der Versorgung als unklar und unzureichend verurteilt. Ein Großteil der Planungsverantwortung wurde den bereits überlasteten Krankenhausverbänden aufgebürdet. Die Versorgungsketten können nicht gesichert werden, wenn letztlich kein formelles Austrittsabkommen zwischen Großbritannien und der Europäischen Union unterzeichnet wird. Und aus politischen, kulturellen und regulatorischen Gründen werden die Beschäftigten im Gesundheitswesen das britische System wahrscheinlich in immer größerer Zahl verlassen (Godlee et al., 2018).

Während die britischen Behörden Pläne für das Leben nach dem Brexit schmieden, wird die Vorbereitung auf die Auswirkungen des wirtschaftlichen Schocks von entscheidender Bedeutung sein. Die verfügbare psychologische Forschung deutet stark darauf hin, dass die Dienste für psychische Gesundheit, insbesondere die Unterstützung im Zusammenhang mit Suizid, besonders dringend priorisiert werden müssen.

II. Psychische Erkrankungen als Ursache für den Brexit

Neben der Vorstellung, dass der Brexit eine *Ursache für* psychische Erkrankungen ist, wird häufig die Ansicht vertreten, dass der Brexit selbst *durch eine* psychische Störung *verursacht* wird. Der Brexit soll ein Symptom einer Geisteskrankheit sein, ein Zeichen dafür, dass das britische Volk verrückt geworden ist. Gelegentlich wird argumentiert, dass der Brexit im Grunde eine ausgewachsene Form des Wahnsinns ist, eine eigenständige Krankheit.

Diese Metapher vom Brexit als Wahnsinn ist zu einer journalistischen Standardtrophäe geworden. Vor dem Referendum bezeichnete die *Washington Post* den Brexit als einen Akt des drohenden „wirtschaftlichen Wahnsinns“ (Samuelson, 2016). In jüngerer Zeit erklärte dieselbe Zeitung die Brexit-Strategie des Vereinigten Königreichs zu einem „Akt des kollektiven Wahnsinns“ und einer „wahnsinnigen Verhaltensweise“ (Dunt, 2019). In der *Irish Times* bezeichnete ein Professor der Universität Cambridge den Brexit als „einen kollektiven englischen Nervenzusammenbruch“ (Boyle, 2018). „Nach dem weichen Brexit und dem harten Brexit haben wir nun den verrückten Brexit“, sagte ein Kolumnist des *Guardian*, „der völlig verrückt ist“ (Jenkins, 2018).

Die *New York Times* fasste diese Ansicht sehr treffend zusammen. „Das Vereinigte Königreich ist verrückt geworden", hieß es dort. Das Problem mit dem Brexit sei, so die Zeitung, „dass man Dummheit nicht heilen kann" (Friedman, 2019).

Der Tatbestand der Unzurechnungsfähigkeit

In der Rechtswissenschaft wird mit der Einrede der Unzurechnungsfähigkeit argumentiert, dass eine beschuldigte Person aufgrund einer entsprechenden psychiatrischen Erkrankung nicht für ihre Handlungen verantwortlich ist. In der Politik wird häufig die gegenteilige Strategie angewandt. Gegner werden als „unzurechnungsfähig" gegeißelt, um das Publikum davon zu überzeugen, dass sie für ihr rücksichtsloses Handeln verantwortlich gemacht werden sollten, und zwar mit aller Härte. Man könnte diese letztere Strategie als „*Wahnsinnsdelikt*" bezeichnen.

Der Vorwurf der Unzurechnungsfähigkeit wird häufig im Zusammenhang mit dem Brexit erhoben. Er dient dazu, eine sinnvolle Debatte zu behindern, weil er gegnerische Argumente *von vornherein* als geistesgestört abtut.

In einer BBC-Fernsehdiskussion wurde die Journalistin Polly Toynbee von dem Wirtschaftswissenschaftler Liam Halligan heftig kritisiert, nachdem sie ihm wiederholt vorgeworfen hatte, er sei „geisteskrank". „Sie können nicht ständig Leute wie mich als verrückt bezeichnen und meinen Verstand in Frage stellen", sagte er. Ich bin ernsthaft qualifiziert, „über diese Dinge zu sprechen". Daraufhin sagte Toynbee, dass sie ihn wieder als verrückt bezeichnen würde, wenn er „nicht aufpasst", bevor sie behauptete, er sei einer von mehreren „exzentrischen Ökonomen", die einen „No-Deal"-Brexit befürworten (Davis, 2018). Für viele Menschen ist „exzentrisch" natürlich nur ein Euphemismus für „geisteskrank".

Die Verwendung psychiatrischer Metaphern zur Herabwürdigung politischer Gegner hat eine lange Geschichte in der Rhetorik. In den extremsten Fällen hat sie zu einem systematischen Missbrauch durch totalitäre Staaten geführt, um abweichende Meinungen zu unterdrücken. Auch heute noch werden politische Gefangene auf der ganzen Welt häufig in psychiatrischen Kliniken festgehalten, was nach allgemeiner Auffassung nichts anderes als ein Mittel des Regimes ist, um die Glaubwürdigkeit seiner Gegner zu verunglimpfen (Bonnie, 2002). In demokratischen Ländern spiegelt die Verwendung psychiatrischer Beleidigungen nicht nur die allgemeine gesellschaftliche Stigmatisierung psychischer Erkrankungen wider, sondern dient auch dazu, diese zu verstärken (Beveridge, 2003).

Der Begriff „geisteskrank“ wird in der Mainstream-Psychologie nicht mehr verwendet. Er wird als so sehr mit einem Stigma behaftet angesehen, dass er wirklich schädlich ist. Berufsverbände, die Psychologen vertreten, raten von seiner Verwendung ab und setzen sich dafür ein, dass er aus dem Rechtssystem entfernt wird (LaFortune, 2018).

Der Straftatbestand der Unzurechnungsfähigkeit erfordert jedoch nicht immer die direkte Verwendung des Begriffs „unzurechnungsfähig“. Oft wird der Begriff auf andere Weise verwendet, z. B. wenn politische Gegner als „emotional“ abgetan werden.

Emotionalität ist in vielerlei Hinsicht der neue Irrsinn. Sie ermöglicht eine höflichere, wachere Form des Wahnsinnsdelikts. Sie ermöglicht es den Menschen, unerwünschte Ansichten als emotionales Gejammer abzutun, das von „Ärger“, „Wut“ oder „Panik“ angetrieben wird.

Die Brexit-Befürworter werden als irrational wütend verspottet, weil ihre niederen Instinkte von Demagogen geweckt worden sind. Diejenigen, die den Brexit ablehnen, werden als emotional unreif dargestellt, als „Remoaners“, die nicht in der Lage sind, ihre Enttäuschung zu verarbeiten und weiterzumachen.

Emotionalität wird als ein Punkt der ständigen Trennung angesehen: *Es hat keinen Sinn, mit dir zu reden, wenn du so bist. Und du bist immer so.*

Solche Dichotomien werden durch die in Kap. 2 dargelegten Argumentationsprobleme genährt. Die Verfügbarkeitsheuristik sorgt dafür, dass sich die ungeheuerlichsten Beispiele für die Irrationalität unserer Gegner in unserem Gedächtnis festsetzen. Die Voreingenommenheit für die Homogenität der anderen Gruppe führt dazu, dass wir die andere Seite über einen Kamm scheren. Und der Dritte-Person-Effekt veranlasst uns zu der Annahme, dass wir selbst ausgeglichen und ruhig sind, während die anderen einfach nicht in der Lage sind, klar zu denken. Sie müssen sich beruhigen.

Wie wir in Kap. 3 festgestellt haben, werden Emotionen klassischerweise als Feind der Vernunft betrachtet. In Wirklichkeit jedoch üben Emotionen zwar Druck auf die Rationalität aus, unterdrücken sie aber nicht vollständig. Tatsächlich sehen die meisten psychologischen Perspektiven Emotionen als zentral für eine effektive Entscheidungsfindung an, zumindest in bestimmten Situationen. Wenn sich Entscheidungen auf soziale Themen beziehen, können Emotionen besonders wichtig sein (Verweij et al., 2015).

Klinische Studien zeigen, dass hirngeschädigte Patienten, die an Alexithymie – der Unfähigkeit, Gefühle auszudrücken oder zu erkennen – leiden, bei standardisierten Tests zur Entscheidungsfindung oft sehr schlecht abschneiden (Damasio, 2005). Emotionalität kann für die Entscheidungsfindung so nützlich sein, dass viele Forscher glauben, dass künstliche Intelligenz nur dann erfolgreich sein kann, wenn sie lernt, emotionaler zu denken (Martínez-Miranda & Aldea, 2005).

Emotionen helfen, uns eine Meinung über die relative Bedeutung von Themen zu bilden. Emotionen geben uns auch das Rüstzeug, um aus Erfahrungen zu lernen. Wären wir nicht in der Lage, positive und negative Emotionen zu empfinden, würden wir uns nie freuen, wenn wir etwas richtig machen, oder es bedauern, wenn etwas schiefgeht. Auf diese Weise sind Emotionen von zentraler Bedeutung für unsere intellektuelle Entwicklung.

Die Pathologisierung der Politik und die Politisierung der Pathologie

Konzepte für psychische Störungen sind in der Brexit-Landschaft weit verbreitet. Sie nehmen viele Formen an. Behauptungen über nationalen Masochismus und Selbstbeschädigung. Anspielungen auf überfüllte Psychotherapiewartezimmer. Wiederholte Verwendung des Straftatbestands der Geisteskrankheit. Vereinfachte Stammesbeschimpfungen. Vorwürfe der Emotionalität.

Andere als geistesgestört abzutun, ist ein äußerst wirksames Mittel, um ihre politische Würde zu untergraben. Es bedeutet auch, dass man sich ihre Argumente nicht anhören oder auf sie eingehen muss. Die Einstufung ihrer Meinungen als psychiatrische Symptome hat eine zutiefst delegitimierende Wirkung.

Einen Eindruck davon vermittelt die Art und Weise, wie Leavers und Remainers in den Kommentarbereichen britischer Zeitungswebsites interagieren. Die folgenden Beispiele für das Delikt der Unzurechnungsfähigkeit wurden von Forschern ermittelt, die über 2500 solcher Diskussionsbeiträge zum Brexit untersucht haben (Meredith & Richardson, 2019):

- *Man darf nicht vergessen, dass man es bei den Brexiters mit Fanatikern zu tun hat, die keine Vernunft akzeptieren können, und mit schwachsinnigen älteren Menschen ....*
- *Die Remainers haben sich als Fantasten und wahnhafte Idioten erwiesen ...*
- *Die Verweigerer sollten jetzt wirklich wieder den Kontakt zur Realität aufnehmen.*
- *Um ehrlich zu sein, ziehe ich ‚Remoaner' dem ‚Remoaner' vor, aber beides trifft zu.*

Es überrascht nicht, dass die Forscher feststellten, dass sowohl die Remainers als auch die Leavers die Ansichten ihrer Kontrahenten als ungeordnet abtaten, ihre *eigenen* jedoch durchweg als vernünftig und realitätsbezogen ansahen.

Diese Sichtweise verdeutlicht die Annahme, dass geistig gesunde Menschen sich *nicht* wegen Dingen wie dem Brexit emotional aufregen. Normale, „gesunde" Menschen bleiben immer rational – emotionslos. Das bedeutet, dass die Menschen, die sich über den Brexit aufregen, eher *politisch* als psychologisch reagieren. Ihre Ängste werden als politisches Statement gesehen.

Als der Oxleas NHS Foundation Trust Beratungen für Bezirkskrankenschwestern im Südosten Londons und in Kent anbot, um ihnen zu helfen, den Stress des Brexit zu bewältigen, war die örtliche UKIP-Abgeordnete Jane Collins alles andere als beeindruckt (Degerman, 2018). Menschen, die durch das Ergebnis des Referendums verunsichert sind, „sollten keinen kostenlosen Beratungsdienst erhalten", beschwerte sie sich. Ihrer Meinung nach ist die Entscheidung, Beratung anzubieten, nichts weniger als „eine Beleidigung der Demokratie".

Ihr Argument war, dass Menschen, die aufgrund des Brexit unter Depressionen leiden, es nicht verdienen, deswegen behandelt zu werden.

Mit anderen Worten: Psychische Erkrankungen sollten nach politischen Gesichtspunkten beurteilt werden, um zu entscheiden, wem geholfen werden sollte und wem nicht.

Nachdem die *Daily Mail* auf ihrer Website über die Geschichte berichtet hatte (Stevens, 2016), kann man mit Fug und Recht behaupten, dass die Beiträge im Online-Kommentarbereich die Einschätzung des MdEP weitgehend unterstützten:

- *Oh je, die armen Kerle sind am Boden zerstört, weil unser Land eine Demokratie ist.*
- *Was ist falsch daran, einfach so weiterzumachen wie bisher?*
- *Was für ein absoluter Blödsinn … arme kleine Didums, kommt schon Jungs, seid ein Mann, wenn ihr das nicht ertragen könnt, wie kommt ihr dann mit euren Jobs klar?????????*
- *Beratung? Tun Sie dem Land einen Gefallen und kaufen Sie einen klapprigen alten Hocker und ein Seil.*

Und so wie die Politik pathologisiert wird, wird auch die Pathologie politisiert.

Ein Merkmal der Gruppenpolarisierung besteht darin, dass beide Seiten oft eine spiegelbildliche Wahrnehmung der jeweils anderen Seite haben. Beim Brexit ist die Kluft zwischen Leavers und Remainers ein typisches Beispiel dafür. Beide Gruppen glauben, dass die jeweils andere von einer Art Wahnsinn befallen ist. Sie haben kein Verständnis für die emotionalen Verstimmungen des anderen. Ängste, Depressionen, Wut und Traumata sind keine schädlichen Gefühle, die die Aufmerksamkeit eines Psychotherapeuten rechtfertigen. Stattdessen sind seelische Ängste ein Zeichen für den mangelhaften Charakter einer Person und eine schlechte Politik.

Die andere Seite ist wahnsinnig.

Hören Sie nicht auf sie.

Die neue Normalität

Die Pathologisierung der politischen Aufregung hat den Effekt, dass sie die politische Ruhe normalisiert. Die Behauptung, dass nur psychisch Gestörte über Themen wie den Brexit beunruhigt sind, impliziert, dass die *gesunde* Reaktion darin bestünde, ruhig zu bleiben und zu akzeptieren, was auch immer geschieht. Normale Bürger sorgen nicht für Aufregung, sie „überlassen die Politik den Politikern" (Degerman, 2018) – Lassen Sie die Dinge nicht an sich heran. Ruhe bewahren. Machen Sie weiter.

Lehnen Sie sich zurück und denken Sie buchstäblich an England.

Viele der Aphorismen in populärpsychologischen Ratgebern haben einen ähnlichen Tenor: *Lachen ist die beste Medizin! Mach dir keine Sorgen, sei fröhlich! Sieh es von der positiven Seite! Was auch immer Sie bedrückt, atmen Sie tief durch und vergessen Sie es! Bleiben Sie positiv!*

Ein Schlüsselelement all dieser Ratschläge ist: *Konzentrieren Sie sich auf die Dinge, die Sie beeinflussen können!* Und im Umkehrschluss: Lassen Sie alles andere liegen.

Das Genre der Selbsthilfe-Psychologie ist älter als vielen Menschen bewusst ist. Tatsächlich wurde der Begriff „Selbsthilfe" im Titel eines 1859 veröffentlichten Bestsellers geprägt. *Self-Help* des schottischen Calvinisten Samuel Smiles verkaufte mehr Exemplare als die beiden anderen bemerkenswerten Veröffentlichungen des Jahres – Darwins *On the Origin of Species* und Mills *On Liberty* – zusammengenommen. Darwin selbst war einer von einer Viertelmillion Briten, die ein Exemplar kauften (Hughes, 2004).

Smiles' Rat an die Leser lautete, dass harte Arbeit, moralische Stärke und Selbstaufopferung zu Glück und Erfolg führen würden. Die Verknüpfung von harter Arbeit und Moral mit Erfolg war Musik in den Ohren des privilegierten viktorianischen Bürgertums. Sie konnten daraus schließen, dass ihr komfortabler Status das Ergebnis ihrer eigenen harten Arbeit und Moral sein musste.

Die moderne Form des Smiles'schen Selbsthilfeansatzes wird durch das repräsentiert, was als „Positive-Psychologie"-Bewegung bekannt geworden ist. Die heutige Version ist weitaus weniger streng als das, was im 19. Jahrhundert angeboten wurde. Anstelle von Sparsamkeit und Anstrengung verordnet die positive Psychologie eher Selbstverwöhnung, Bettlägerigkeit und Achtsamkeit.

Der Effekt, die Einhaltung der sozialen Ordnung zu fördern, bleibt jedoch unverändert. Der Schlüssel zu einem stressfreien Leben liegt darin, die eigene Ohnmacht gegenüber den Ereignissen zu erkennen und zu akzeptieren.

Als die PM-Show von BBC Radio 4 den Hörern Ratschläge zum Umgang mit der Brexit-Angst gab, schlug einer ihrer Experten vor, dass die Menschen „die Kontrolle über die Dinge übernehmen, die sie kontrollieren können, wie Schlafen, Essen, Sport treiben und ihren Kontakt zu sozialen Medien einschränken" (Degerman, 2019). Durch solche persönlichen Maßnahmen, so wurde angedeutet, könnten die Menschen die Turbulenzen des politischen Umbruchs am besten überstehen. Es ist also nicht nötig, sich selbst zu stressen und zu versuchen, soziale Ungleichheiten zu korrigieren oder demokratische Ungerechtigkeiten rückgängig zu machen. Überlassen Sie die Politik den Politikern.

Die Politiker selbst bedienen sich regelmäßig der Sprache der positiven Psychologie. Umso besser, um abweichende Meinungen zu unterdrücken. Kritiker, die sich skeptisch über den Brexit äußern, werden häufig für ihre „Negativität" gezüchtigt (Shrimsley, 2018). Ihnen wird vorgeworfen, einen „fehlgeleiteten Pessimismus" über Großbritanniens Zukunft nach dem Brexit zu verbreiten (Tombs, 2019).

Als der damalige Außenminister Boris Johnson im Sommer 2018 seine Chance sah, aus dem Kabinett auszuscheiden, beklagte er zum Abschied, dass der „Traum" vom Brexit „durch unnötige Selbstzweifel erstickt" werde (Johnson, 2018). Als er sich für das Amt des Premierministers bewarb, erklärte er: „Lasst uns positiver an die Sache herangehen. Es ist an der Zeit, dass dieses Land aufhört, so niedergeschlagen zu sein, was seine Fähigkeit angeht, Dinge zu erreichen" (Walker, 2019b).

Die Sprache der positiven Psychologie ist so etwas wie ein Mainstreamdialekt geworden. Unter Psychologen selbst ist der Ansatz jedoch zunehmend umstritten. Er wird oft als eine Form der heimlichen Opferbeschuldigung angesehen. Die Doktrin, dass Positivität zu Glück führt, ist so, als würde man *traurigen* Menschen sagen, sie sollten sich für ihre eigene Traurigkeit verantwortlich fühlen. Sie sind traurig, weil sie schlecht im Positivsein sind.

Wenn positives Denken und Vergebung tatsächlich untersucht wurden, hat sich gezeigt, dass sie häufig nach hinten losgehen. Neben anderen Problemen setzen diese Taktiken die Menschen dem Risiko aus, von anderen ausgenutzt zu werden (McNulty & Fincham, 2012). Die amerikanische Journalistin Barbara Ehrenreich hat die positive Psychologie in einer vernichtenden Abhandlung über das Fachgebiet dafür gerügt, dass sie die Menschen dazu ermutigt, ihr Glück im Status quo zu suchen, und dadurch Konformität fördert und abweichende Meinungen unterdrückt (Ehrenreich, 2009).

Auf den ersten Blick mag es sinnvoll erscheinen, den Menschen beizubringen, wie sie ihr Leben meistern können. Wenn man ihnen jedoch beibringt, die umfassenderen sozialen, wirtschaftlichen und politischen Kräfte zu ignorieren, die ihre persönliche Notlage beeinflussen, scheint dies ein wenig unangebracht zu sein.

Positive Selbstgespräche zu führen, um die täglichen Probleme zu überwinden, mag schön und gut sein, wenn man ein gutes Gehalt hat, aber es wird jemandem, der am Existenzminimum lebt, nur wenig nützen. Mehr Schlaf in der Nacht mag helfen, das Energieniveau wiederherzustellen, aber es wird wenig dazu beitragen, die politische Klasse unter Druck zu setzen, die Brexit-Krise zu lösen.

Erinnern Sie sich daran, dass menschliche Emotionen für eine effektive und produktive Entscheidungsfindung nützlich sind. Die Fähigkeit, glücklich und traurig zu sein, ist eine Voraussetzung dafür, zwischen Gut und Böse unterscheiden zu können. Es ist nichts grundsätzlich Abnormales, sich über Politik aufzuregen.

Es ist also nichts Abnormales, Ungesundes oder gar Undemokratisches daran, sich über den Brexit aufzuregen.

Eine Fallstudie darüber, wie man Stress verursacht

Psychologen, die sich mit Stress befassen, unterscheiden klassischerweise zwischen *Personen-* und *Situationsfaktoren.* Zu den Personenfaktoren gehören der natürliche Bewältigungsstil einer Person und ihr allgemeines Maß an Belastbarkeit. Situationsfaktoren hingegen sind die verschiedenen Merkmale des stressigen Ereignisses, das gerade stattfindet. Die Situationsfaktoren sind nur das Schlimmste.

Grob gesagt sind die Faktoren, die Situationen stressig machen, Mehrdeutigkeit, unklare Rollen, geringe Kontrolle, schlechte Qualität des Feedbacks, Inkonsistenz der Belohnung, zwischenmenschliche Konflikte, geringe soziale Unterstützung und Unvorhersehbarkeit.

Ein Arbeitsplatz, eine Lebenssituation oder ein politisches Ereignis beispielsweise ist umso belastender, je unklarer die Situation ist. Die Ungewissheit im Zusammenhang mit einem Ereignis, das gut, aber *auch schlecht sein könnte*, ist sehr belastend. Der Brexit, so wie er der Bevölkerung von den Machthabern präsentiert wird, ist sicherlich nicht klar definiert. Und deshalb ist der Brexit mit Sicherheit belastend.

Auch der Brexit ist mit einem hohen Maß an Rollenunklarheit verbunden. Mit anderen Worten: Die Bürgerinnen und Bürger sind im Allgemeinen unsicher, was ihre persönliche Verantwortung ist. Sollen sie auf die Straße gehen, um ihre Unterstützung für oder ihren Unmut über den Brexit zum Ausdruck zu bringen? Oder sollten sie die Politik den Politikern überlassen? Sollten sie ihre Ansichten über den Brexit bei der Stimmabgabe bei allgemeinen, lokalen oder europäischen Wahlen zum Ausdruck bringen? Oder sollten sie sich auf andere Themen konzentrieren?

Wie sollten sie reagieren, wenn ihr örtlicher Abgeordneter eine andere Meinung als sie zum Brexit vertritt oder im Parlament auf eine Weise über den Brexit abstimmt, die ihnen nicht gefällt? Sollten sie versuchen, den Abgeordneten abzuwählen, oder sollten sie es dabei bewenden lassen? Das politische System erzeugt Rollenunklarheit, indem es den Bürgern gemischte Botschaften sendet und ihnen das Gefühl der Kontrolle über die Ereignisse abspricht. All dies macht den Brexit anstrengender als er sein müsste.

Der Brexit wurde größtenteils in der Blase undurchsichtiger parlamentarischer Verfahren abgewickelt. Diese geben den Bürgern, die abstimmen, in der Regel nur ein mangelhaftes Feedback. Die Politiker kanalisieren ihre Arbeit durch einen Sumpf aus bedeutungsvollen Abstimmungen, gleichnamigen Änderungsanträgen, Anträgen zum vorzeitigen Austritt, Verfahrensbeschlüssen und parteipolitischen Schikanen. In der Zwischenzeit verhandelt die Exekutive mit ihren EU-Kollegen und produziert Abkommen und Erklärungen mit Rückendeckung, Abmachungen, Übergangsfristen, Scheidungsgesetze, regulatorische Angleichungen und technische Lösungen.

Die Mitglieder des Kabinetts selbst müssen oft darauf warten, dass der Premierminister ihnen mitteilt, was genau vor sich geht. Journalisten und natürlich die Wähler gehören zu den Letzten, die etwas erfahren. Das Fehlen reibungsloser Rückmeldungskanäle trägt erheblich zum Stress des Brexit bei.

In der Brexit-Saga haben die Bürgerinnen und Bürger ihre Stimme in einem Referendum, einer Parlamentswahl und in Kommunalwahlen abgegeben. Auch bei den Europawahlen und bei einigen Nachwahlen hatten sie ein Wörtchen mitzureden. Ob all diese Besuche im Wahllokal konsistente Auswirkungen auf die politischen Entwicklungen hatten, ist unklar.

Die großen politischen Parteien sind in Bezug auf den Brexit weitgehend gespalten. Wenn die Wähler für die Regierung oder die Opposition stimmen, können sie nicht sicher sein, ob sich die Politik in die von ihnen gewünschte Richtung entwickeln wird oder ob sie in eine völlig andere Richtung geht. Aus Sicht der Wähler sind die Belohnungen für die Stimmabgabe völlig unzuverlässig. Diese Unbeständigkeit der Belohnung macht den Brexit noch stressiger.

Er hat aus mehreren Gründen, die in diesem Buch bereits beschrieben wurden, zu einer Vielzahl von zwischenmenschlichen Konflikten geführt. Normale soziale Unterstützungsnetze sind durch das Brexit-Gift verseucht. Viele Bürger berichten, dass sie sich mit Freunden und Familie streiten. Selbst die Friedfertigen werden von wütenden Stimmen bombardiert, wenn sie den Fernseher einschalten, um sich über den neuesten Stand der Brexit-Feindseligkeiten zu informieren.

Es ist kein Zufall, dass sich sowohl die Befürworter des Brexit als auch die Verfechter des Verbleibs auf die Rhetorik des Krieges berufen, um ihre Argumente vorzubringen (Walker, 2019a, b). Der Brexit wird durch zwischenmenschliche Konflikte vorangetrieben. Die Menschen können nicht anders, als das Ganze als stressig zu empfinden.

Und so ziemlich das einzige Vorhersehbare am Brexit ist seine schiere Unvorhersehbarkeit. Die Menschen sind schlecht darin, in die Zukunft zu schauen, so gut es eben geht. Aber der Brexit hat sie gelehrt, besonders skeptisch zu sein, wenn sie in ihre Kristallkugeln blicken.

Die von Project Fear versprochenen Alptraumszenarien sind weitgehend ausgeblieben. Das Ergebnis der Parlamentswahlen 2017 war im Wesentlichen das Gegenteil von dem, was erwartet wurde. Der „Unabhängigkeitstag" ist ohne Folgen verstrichen; die speziell in Auftrag gegebenen 50-Pence-Münzen, auf denen das Datum prangt, mussten eingemottet werden (Hope, 2019). Führende Politiker, die versprochen hatten, das ausgehandelte Austrittsabkommen niemals zu unterstützen, haben nur wenige Tage nach ihrem Schwur, dies nicht zu tun, dafür gestimmt (Bartlett, 2019). Viele rote Linien haben sich als mit löschbarer Tinte gezogen herausgestellt.

Einige dieser Überraschungen waren Fiaskos, von denen wir froh sein können, dass sie nicht eingetreten sind. Aber die Unvorhersehbarkeit der Ereignisse hat nicht etwa Trost gespendet, sondern nur die Aufmerksamkeit darauf gelenkt, dass selbst Experten nicht genau wissen, was als Nächstes passieren wird. Danny Dyer hatte Recht: „Niemand hat eine verdammte Ahnung".

Die Unvereinbarkeit der Realitäten führt zu Hilflosigkeit, Hoffnungslosigkeit und dem Gefühl, von den Ereignissen gequält zu werden. Das macht den Brexit so stressig, wie es nur geht.

Der Austritt aus der Europäischen Union ist nicht per se traumatisch. Ja, er bringt Veränderungen mit sich, die allein schon wegen ihrer Aussicht auf Veränderung oft nicht gern gesehen werden. Allerdings führen die Länder häufig große nationale Projekte durch, die weitreichende Veränderungen im Leben der Bürger mit sich bringen.

Der Austritt aus der Europäischen Union wird für diejenigen, die ihn nicht wollen, enttäuschend sein. Aber was den Brexit so anstrengend macht, ist nicht so sehr die zentrale Aussicht auf den Austritt aus einem groß angelegten pan-nationalen Konsortium, unabhängig davon, wie dessen Vorteile dargestellt werden. Was den Brexit anstrengend macht, ist die chaotische und oft rücksichtslose Art und Weise, in der das gesamte Projekt vorangetrieben wurde.

Die Bürger haben keinen Grund, die Entwicklungen entspannt zu sehen. Der Brexit weist alle Merkmale eines extrem stressigen Lebensereignisses auf. Er weist all jene Situationsfaktoren auf, von denen Psychologen empfehlen, sie um jeden Preis zu minimieren oder zu vermeiden.

In verschiedenen Phasen hatte die politische Klasse die Macht, Dinge anders zu machen. Aus diesem Grund könnte man sagen, dass der Brexit ein wichtiger lehrreicher Moment für Psychologen, Bürger und Regierungen in aller Welt ist. Der Brexit ist eine Fallstudie darüber, *wie man ein großes nationales Projekt auf möglichst stressige Weise steuert.*

Ein Vorbild, dem andere *nicht* folgen sollten.

5

Vom Brexit lernen

I. Brexit-Perspektiven

Die Tatsache, dass Kritiker das Schlagwort „Brexit bedeutet Brexit" verurteilen, sagt uns etwas über die Macht der Perspektive. Normalerweise ist es schwierig, einer Binsenweisheit zu widersprechen. Binsenweisheiten sind nun einmal wahr.

Die Standardkritik an einer Binsenweisheit ist, dass sie per definitionem wahr ist. Sie braucht kaum gesagt zu werden. Allein die Tatsache, dass sie wahr ist, ist in jede Verurteilung eingepreist. Der Aussage „Brexit bedeutet Brexit" zu widersprechen, ist gleichbedeutend mit der Behauptung „Brexit ist nicht Brexit", was wiederum darauf reduziert werden kann: „ist" ist gleich „ist nicht". Mit anderen Worten: „nicht" ist, nun ja, *nicht* nicht.

Manche Leute hassen den Satz „Brexit bedeutet Brexit" wirklich. Der Ausdruck wurde als „bedeutungsloses Mantra" (Brooks, 2016), „hausbackenes, überholtes Geschwätz" (Smith, 2019), ein „Abgleiten in geistige Inkompetenz" (Fox, 2016) und ein Aphorismus abgetan, der „leere Rhetorik auf ein neues Niveau" bringt (Coward, 2017). Mindestens ein Wissenschaftler hat in der Tat versucht, das Gegenargument vorzubringen, dass „Brexit nicht Brexit bedeutet" (Oikonomou, 2017).

B. M. Hughes, *Die Psychologie des Brexit*,
https://doi.org/10.1007/978-3-031-16112-4_5

Trotzdem hielten im März 2019, als 100.000 Brexit-Befürworter auf das Parlamentsgebäude marschierten, um gegen den verzögerten Austritt des Vereinigten Königreichs aus der Europäischen Union zu protestieren, 1000 von ihnen stolz Plakate mit der Aufschrift „Brexit bedeutet Brexit" hoch. 1000 weitere hielten ähnliche Schilder mit der Aufschrift „Leave means Leave" (Clark, 2019).

Für diese Bürger sind solche Slogans keineswegs Kauderwelsch. Ihr Format stellt keinen logischen Kurzschluss dar. Diese Demonstranten halten sich gewiss nicht für dumm, nichtssagend oder geistig inkompetent.

Wie wir in Kap. 3 erörtert haben, geht die Behauptung „Brexit bedeutet Brexit" über eine einfache Definition hinaus. Diese schlagkräftige Drei-Wort-Phrase ist ein nuancierter Ausdruck der Abneigung gegen, nun ja, *Nuancen*. Es ist eine präventive Absage an die pedantischen, definitorischen, auf dem Kopf einer Nadel tanzenden Ausweichmanöver, die dem populären Stereotyp der akademischen Verschleierung Vorschub leisten. Es ist ein Stich ins Auge der Überkomplizierer.

Die Unterstützung für den Brexit wird häufig als Gegenreaktion gegen das Establishment dargestellt. Wie ein Journalist, der den Austritt unterstützt, polemisch formulierte:

> Jahrzehntelang wurden die Briten von einem Klerus aus Verwaltern, Managern und posenschwingenden Besserwissern herumkommandiert … Sie hockten hinter einer „aufgeklärten" Haltung, während sie einer Bevölkerung, die sie angeblich schätzten, in Wahrheit aber verachteten, ihre Ansichten aufzwangen … Selbst der fügsamste Strandesel wird sich, wenn er wiederholt getreten wird, irgendwann weigern zu kooperieren. Er wird seine langen, gelben Zähne fletschen und in die andere Richtung laufen, um seine Fesseln aus dem Sand zu reißen. So hat es sich auch bei den britischen Wählern gezeigt. Lasst uns in Ruhe, sagten sie. Hört auf, uns anzustacheln. (Letts, 2017)

In vielerlei Hinsicht ist das Brexit-Votum die Behauptung einiger Menschen, unabhängig zu sein, nicht von der Europäischen Union, sondern von dem, was sie als selbgestaltende (und selbsternannte) Einflussnehmer der Gesellschaft ansehen. Es ist eine Rebellion gegen die Menschen, denen man normalerweise automatisch gehorcht und deren Ansichten in der Regel die Oberhand haben.

Wenn Akademiker versuchen, sich mit den Einzelheiten des Brexit auseinanderzusetzen, täten sie gut daran, sich daran zu erinnern, dass diese Gruppe – die privilegierte Elite – eigentlich *sie selbst* umfasst.

Zum Leben in einer polarisierenden Krise gehört, dass man sich mit großer Wahrscheinlichkeit für den einen oder anderen Pol entscheidet. Für Psychologen, deren Fachgebiet dem versuch gilt, die Erfahrungen der Menschheit als Ganzes zu erfassen, stellt die akademische Polarisierung ein echtes Problem dar. Wenn wir versuchen, psychologische Lehren aus politischen Ereignissen zu ziehen, müssen wir bedenken, dass Psychologen selbst politisch denken.

Die Psychologie selbst ist politisch.

Respekt vor der Autorität

Die Psychologie ist eine Wissenschaft, aber das macht sie nicht objektiv. Psychologen sind genauso voreingenommen wie jeder andere. Als Besitzer menschlicher Gehirne – dieser Muster erkennenden Maschinen, die wir in den vorangegangenen Kapiteln besprochen haben – sind Psychologen menschlich gesehen anfällig für mentale Abkürzungen, Einflüsse von Gleichaltrigen und die Versuchung, die Welt durch eine rosarote Brille zu betrachten.

Psychologen weisen die gleiche Bandbreite an Persönlichkeitsmerkmalen auf wie andere Menschen. Sie sind genauso anfällig für Polarisierung und Bevorzugung der eigenen Gruppe wie Mitglieder anderer Gruppen. Und da Psychologen die gleiche Art von emotionalen Reaktionen zeigen wie alle anderen – Warum auch nicht? –, ist es genauso wahrscheinlich, dass sie den Brexit als stressig empfinden.

Psychologen sind auch Menschen, genau wie du und ich.

Bedeutet dies also, dass Psychologen intuitiv die Gedanken, Gefühle und Einstellungen gewöhnlicher Menschen erkennen, da sie selbst solche gewöhnlichen Menschen sind? Nun, nicht unbedingt.

Nach dem, was wir über die politischen Einstellungen von Verhaltenswissenschaftlern wissen, ist es sehr unwahrscheinlich, dass sie über ein solches automatisches Einfühlungsvermögen verfügen. Ihre Gewöhnlichkeit ist in der Regel relativ. Sie wird von den Normen ihrer akademischen Echokammer geprägt. Und diese Normen sind im Wesentlichen gegen den Brexit gerichtet.

Nehmen wir zum Beispiel das Persönlichkeitsmerkmal, das bei Leavern häufig vorkommt und für das der Fachbegriff „Autoritarismus" lautet. Wie in Kap. 3 dargelegt, haben Studien zur Messung dieses Faktors ergeben, dass die Leaver in etwa im Mittelfeld liegen. Mit anderen Worten, ihre Werte für Autoritarismus sind nicht besonders niedrig und nicht besonders hoch. Im Gegensatz dazu sind die Werte der Remain-Wähler niedrig bis mittelmäßig.

Auch wenn es technisch korrekt ist zu sagen, dass die Austrittskandidaten „höhere Autoritarismus-Werte" haben als die Remainers, ist es irreführend zu behaupten, dass die Austrittskandidaten besonders autoritär sind.

Zweitens ist das Wort „*Autoritarismus*" negativ besetzt. Es hat Konnotationen von Faschismus, Despotismus und Tyrannei. Als „autoritär" bezeichnet zu werden, bedeutet, kritisiert und beleidigt zu werden. Jede normale Verwendung des Begriffs wird verurteilend sein.

Wir sollten uns daran erinnern, dass Persönlichkeitsmerkmale in der Regel in einer ausgewogeneren Sprache definiert werden. Extravertiertheit zum Beispiel ist weder gut noch schlecht. Wenn Sie introvertiert sind, würden Sie sich vielleicht wünschen, extravertierter zu sein; wenn Sie aber extravertiert sind, würden Sie es vielleicht vorziehen, ein wenig introvertierter zu sein. Solche Andeutungen sind einfach Ausdruck persönlicher Vorlieben.

Menschen mit solchen Begriffen zu beschreiben, ist nicht dasselbe wie zu sagen, dass sie objektiv gut oder schlecht sind. Weder „extravertiert" noch „introvertiert" ist eine Beleidigung. Solche Begriffe implizieren nicht, dass die so beschriebenen Menschen sich schämen sollten.

Da der Mensch ein evolutiver Organismus ist, liegen die meisten Menschen in der Realität bei *allen* Merkmalen im mittleren Bereich. Zum Beispiel sind die meisten Menschen durchschnittlich groß; relativ wenige sind besonders klein oder groß. Die Tatsache, dass das Wort *Autoritarismus* negativ konnotiert ist, ist daher ungerecht. Selbst Menschen, die bei diesem Merkmal im Mittelfeld liegen, werden am Ende mit Begriffen beschrieben, die sehr nach Kritik klingen.

Menschen, die einen hohen Autoritarismuswert haben, neigen zu einem starken Gefühl der Ehrerbietung gegenüber traditionellen Formen der Autorität und sind skeptisch gegenüber Unkonventionellem. Menschen, deren Werte im mittleren Bereich liegen, sind mäßig ehrfürchtig und skeptisch. Dies ist der Bereich, in dem sich die Leave-Wähler bewegen. Es sollte möglich sein, diese Realität zu beschreiben, ohne die Leavers zu stigmatisieren. Leider ist schon die Bezeichnung dieser Eigenschaft – das Wort *Autoritarismus* selbst – sprachlich stigmatisierend. Es macht eine Stigmatisierung unmöglich zu vermeiden.

Eine Möglichkeit, diesen Punkt abzuschließen, besteht darin, eine andere Terminologie in Betracht zu ziehen. Wenn Autoritarismus eine Vorliebe für traditionelle Autorität und eine Zurückhaltung gegenüber allem, was die etablierte Ordnung bedroht, widerspiegelt, dann könnten wir ihn vielleicht „Konventionalismus" nennen. Die Kehrseite dieses Wesenszuges, das andere Ende des Spektrums, könnten wir als „Anti-Konventionalismus" bezeichnen. Dann könnten wir auf die Forschungen zur Persönlichkeit der Brexit-Wähler verweisen und sagen: „Das ist nicht gut."

Die Remainers schneiden in Sachen „Anti-Konventionalismus" besser ab als die Leavers.

Die Informationen, die vermittelt werden, sind dieselben. Nur die Terminologie ist überarbeitet worden.

Nur die Gerechten

Ein ähnliches Problem ergibt sich bei den Einzelheiten solcher Untersuchungen. Wie in Kap. 3 dargelegt, bevorzugen Menschen mit „hohen" Autoritarismuswerten in der Regel geradliniges Denken und konkrete Lösungen. Aber das ist eine zahme Art, die Dinge auszudrücken. Der Fachjargon, der in akademischen Fachzeitschriften verwendet wird, ist schneidender.

In der akademischen Sprache heißt es, dass diese Menschen eine „kognitive Inflexibilität" aufweisen und ein „starres Denken" an den Tag legen. Auch hier scheinen die zur Beschreibung dieser Gruppe gewählten Bezeichnungen mehr als nur ein wenig beleidigend zu sein.

Es ist nicht selten, dass man sich wünscht, dass die Dinge klar und verständlich sind. Viele Menschen ziehen das Konkrete dem Abstrakten vor. Einem Menschen, der besonders gut in klar strukturierten Aufgaben ist, aber bei esoterischen Aufgaben ins Stocken gerät, kann man kaum einen Charakterfehler nachsagen.

Man braucht nicht *so* viel kognitive Flexibilität, um sich eine bessere Terminologie auszudenken, um all dies zu diskutieren.

Die Ironie besteht darin, dass Psychologen in Forschung und Praxis häufig für die Sorgfalt und Aufmerksamkeit gelobt werden, die sie der Sprache widmen. Sie sind dafür bekannt, dass sie sich bemühen, ihre Worte umfassend zu gestalten.

Wie in Kap. 4 erwähnt, ist der Begriff „geisteskrank" heutzutage verboten. Psychologen wird seit langem davon abgeraten, Menschen als „selbstmordgefährdet", „depressiv" oder als „Schlaganfallopfer" zu bezeichnen (APA, 1992). Begriffe wie „sexuelle Orientierung" werden dem Begriff „sexuelle Präferenz" vorgezogen, da letzterer ein gewisses Maß an freiwilliger Entscheidung impliziert, die mehr über die politischen Ansichten des Sprechers aussagt als über die einschlägigen wissenschaftlichen Erkenntnisse oder Beweise (APA, 2010).

Warum wird im Zeitalter der politischen Korrektheit in einigen Bereichen immer noch eine stigmatisierende Sprache verwendet? Warum ist es in Ordnung, hart klingende Begriffe wie „autoritär", „unflexibel" oder „starr" zu verwenden, um einige Menschen zu beschreiben, wenn es auch neutral formulierte alternative Begriffe gibt?

Das Problem hängt wahrscheinlich mit dem zusammen, was Kritiker als „liberale Voreingenommenheit" in der Wissenschaft, insbesondere in der akademischen Psychologie, beklagt haben (Duarte et al., 2015). In der westlichen Welt gibt es nur sehr wenige Psychologen, die sozial konservativ sind.

Mehr als 90 % der Psychologen bezeichnen sich als „liberal". Weniger als einer von zehn bezeichnet sich als „konservativ". Auf die Frage, ob sie bereit sind, konservative Kollegen zu diskriminieren – indem sie beispielsweise deren Bewerbungen ungeachtet ihrer Qualifikationen ablehnen –, stimmt mehr als ein Drittel der Psychologen zu, dass dies akzeptabel ist (Inbar & Lammers, 2012).

Es wurde argumentiert, dass die liberale Ausrichtung der Psychologie mehr als nur die Einstellungspraxis der Universitäten beeinflusst. So wird beispielsweise behauptet, dass die Sichtweise von Psychologen auf viele soziale Fragen durch eine politische Linse gebrochen wird. Die Forschung zu Themen wie Kindererziehung, Rassismus, Religion und die öffentliche Einstellung zur Kriminalität kann durch doppelte Standards behindert werden, die sich aus den politischen Annahmen der Forscher ergeben (Redding, 2001).

Studien zum Autoritarismus werden häufig aus solchen Gründen kritisiert. Untersuchungen, die Autoritarismus mit verschiedenen Arten von unethischem Verhalten in Verbindung bringen, verwenden oft politisch willkürliche Definitionen von „unethisch" (z. B. die Erklärung, dass es „unethisch" sei, der Beschäftigung Vorrang vor der Umwelt zu geben; Son Hing et al., 2007). Wenn alternative Definitionen verwendet werden, verschwinden die Unterschiede zwischen autoritären und liberalen Menschen. Beide sind gleichermaßen bereit, sich falsch zu verhalten, indem sie z. B. Mitglieder einer Randgruppe ungerecht bestrafen, wenn sich ihnen die Gelegenheit dazu bietet (Crawford, 2012).

Natürlich würden sozialkonservative Psychologen all das sagen, nicht wahr? Wir sollten nicht vergessen, dass die Geschichte der Psychologie ein überwältigend hegemoniales, weißes, mittelständisches, männliches akademisches Feld zeigt, das durch ein Jahrhundert euro-amerikanischer Dominanz geprägt wurde (Hughes, 2016). Und der Hang der Psychologie zur „Linken" wird in der Regel aus einer US-amerikanischen Perspektive beschrieben: Was die Amerikaner als „liberal" bezeichnen, kann aus globaler Sicht oft recht konservativ erscheinen (Hilbig & Moshagen, 2015).

Nichtsdestotrotz ist die Behauptung, dass die meisten Akademiker sozial liberal sind, sicherlich richtig. Und die Tatsache, dass Liberale den Brexit weniger wahrscheinlich unterstützen als Konservative, ist ebenfalls offensichtlich. Der Gedanke, dass einige psychologische Forschungen die Brexit-Wähler einseitig verunglimpfen könnten, scheint daher nicht allzu weit hergeholt zu sein.

Wenn einige psychologische Untersuchungen in einer Weise verzerrt sind, die die Brexiteers schlecht aussehen lässt, dann ist dies nicht nur ein politisches Problem für die Verhaltenswissenschaften. Es stellt auch ein Problem der Genauigkeit dar.

Das Ausmaß, in dem die „Leavers" üblicherweise falsch charakterisiert werden, ist das Ausmaß, in dem sie missverstanden werden. Sie als „autoritär" zu bezeichnen oder sie als zu verwirrt abzutun, um klar über Politik zu denken, könnte einfach eine unfaire, ungenaue und irreführende Art sein, die Psychologie des Brexit zu diskutieren.

Beim Brexit, wie bei jedem anderen Thema auch, ist parteiische Wissenschaft schlechte Wissenschaft.

Vorsicht vor der Illusion der Perspektive

Erinnern Sie sich an das Dunning-Kruger-Problem: Als gewöhnliche, fehlbare Menschen neigen wir dazu, unsere eigenen Fähigkeiten zu überschätzen, selbst wenn es eindeutige Beweise dafür gibt, dass wir einfach nicht wissen, was wir tun. Und denken Sie auch an den Dritte-Person-Effekt: Wir bilden uns ein, dass wir immun gegen die Vorurteile sind, von denen wir glauben, dass sie andere Menschen so sehr plagen.

Wenn also die meisten Psychologen Remainer sind, wissen wir aus der Psychologie selbst, wie ihre Ansichten über den Brexit sein werden. Sie werden davon ausgehen, dass die Remainer vernünftig sind, und die Leaver für unzureichend halten.

Es ist eine der größten Herausforderungen im Leben sich vorzustellen, dass man im Unrecht ist. Die meisten Menschen sind sehr schüchtern, wenn es um echte Selbstkritik geht. Wie wir in Kap. 2 gesehen haben, kann eine nüchterne, nicht aufgeblasene und realitätsnahe Sicht auf sich selbst ein Zeichen dafür sein, dass man tatsächlich depressiv ist.

In der guten Wissenschaft geht es darum, Herausforderungen zu meistern. Die Wissenschaft selbst wurde erfunden, um Wege zu finden, die der menschlichen Logik innewohnenden Verzerrungen zu umgehen. Bevor sich die Wissenschaft durchsetzte, war das Wissen der Menschen von Aberglauben, Mystik, Instinkt, Vorurteilen, Traditionen, sozialen Stereotypen, Verwandtschaftstreue, Hörensagen und Voreingenommenheit geprägt. Die Einsicht der Wissenschaft bestand darin, zu erkennen, dass Reaktionen aus dem Bauch heraus keine guten Argumente liefern.

Die Wissenschaft erwies sich als zivilisatorischer Prozess, da sie objektive Beweise dafür lieferte, dass soziale Ungerechtigkeiten einfach willkürlich waren. Behauptungen, dass Männer den Frauen überlegen seien oder dass die Europäer eine Art Herrenrasse seien, gehörten zu den Behauptungen, die sich als unbegründet erwiesen. Die Wissenschaft kann die Welt verbessern, aber nur, wenn die Wissenschaftler ihre Annahmen an der Tür lassen.

Eine der wichtigsten Erkenntnisse aus der Psychologie des Brexit ist sicherlich diese: Das Problem des Brexit ist eine extreme psychologische Polarisierung. Die Brexit-Stämme sind völlig unfähig, die Perspektiven der anderen zu übernehmen. Dass sie falsche Ansichten übereinander haben, ist ein systematischer Nebeneffekt der menschlichen Psychologie. Eine dauerhafte Sackgasse ist praktisch garantiert, weil der Tunnelblick zur Norm geworden ist.

Was der einen Gruppe völlig vernünftig erscheint, bringt die andere völlig aus dem Konzept; und doch scheint keine der beiden Gruppen geneigt zu sein, sich zu fragen, warum. Stattdessen gehen sie davon aus, dass sie unanfechtbar Recht haben, und schließen daraus, dass ihre Gegner aus den Angeln gehoben sein müssen. Die „Remainer" vertreten im Allgemeinen diese Ansicht über die „Leaver". Und die Leavers sind im Allgemeinen der Meinung, dass die Remainers verrückt sind.

So halten es die Remainers für durchaus fair, vorzuschlagen, den Brexit auf halbem Wege abzubrechen. Ihrer Meinung nach kann das Ergebnis des Referendums aus einer Reihe von Gründen unumstritten ignoriert werden.

Erstens gebe es im Nachhinein neue Erkenntnisse über die Realität in einem Großbritannien nach dem Brexit, heißt es. Wenn sich die Fakten ändern, sollte man davon ausgehen, dass die Wähler ihre Meinung geändert haben. Zweitens sind viele der Menschen, die 2016 für den Austritt gestimmt haben, inzwischen verstorben. Würde das Referendum heute stattfinden, würde das statistische Ergebnis und vielleicht auch die Entscheidung anders ausfallen (Kentish, 2018). Und drittens war das ursprüngliche Ergebnis des Referendums – 52 % für den Austritt, 48 % für den Verbleib – für diese Verhältnisse recht knapp. Ein so knappes Ergebnis kann nicht als schlüssig angesehen werden. Daher, so sagen die Remainer, kann man kaum behaupten, dass die Brexit-Saga ein fest vorbestimmtes Ende hat.

Aber eine solche Analyse hängt ganz von der Perspektive ab. Nehmen wir die Frage nach dem knappen Ausgang des Referendums. Vor der Bekanntgabe des Ergebnisses waren viele Befürworter des Verbleibs einer anderen Meinung. In einem Gespräch mit ITV News am Abend des Referendums betonte der Verfechter des Verbleibs und ehemalige Vorsitzende der Liberaldemokraten, Paddy Ashdown, dass das bevorstehende Ergebnis ungeachtet seiner Knappheit als das letzte Wort betrachtet werden müsse:

> Ich werde niemandem verzeihen, der die souveräne Stimme des britischen Volkes nicht respektiert, sobald es gesprochen hat, egal ob es sich um eine Mehrheit von 1 % oder 20 % handelt. Wenn das britische Volk gesprochen hat, muss man tun, was es befiehlt. Entweder man glaubt an die Demokratie oder nicht.

Damals glaubte Ashdown jedoch, dass die Remain-Seite gewinnen würde (Lawson, 2018). Nach dem Referendum unterstützte er schließlich die Forderung nach einer Wiederholung des Referendums und empfahl der Regierung, angesichts der „Pattsituation", die durch das ursprüngliche Ergebnis entstanden war, „zum Volk zurückzukehren und um eine Lösung zu bitten" (Ashdown, 2018).

Die Perspektive kann eine starke Voreingenommenheit sein. Die beste Möglichkeit, ihre Macht zu betrachten, besteht oft darin, sich ein kontrafaktisches Szenario vorzustellen – ein Szenario, das das Gegenteil des gegenwärtigen Zustands ist. Dies entspricht dem in Kap. 1 erläuterten Ansatz der Falsifikation, der der wissenschaftlichen Methode einen Großteil ihrer Stärke verleiht.

Das geeignete kontrafaktische Szenario wäre ein Sieg des Referendums für *Remain* statt für Leave, aber wiederum mit 52–48 %. Die Befürworter des Austritts fordern die Regierung unter Hinweis auf das *knappe Ergebnis* auf, trotzdem aus der Europäischen Union auszutreten. Sie argumentieren, dass viele Briten nicht verstanden haben, worüber sie abstimmten, und dass sie von der Remain-Kampagne in mehreren Punkten in die Irre geführt worden sind. Eine kritische Masse von Abgeordneten beginnt, den Brexit im Parlament zu verfolgen. Der Sprecher des Unterhauses wird verdächtigt, die „Leavers" zu unterstützen und das parlamentarische Verfahren leichtfertig in einer Weise auszulegen, die ihrer Sache dienlich ist. Demonstranten demonstrieren in London und fordern eine zweite Abstimmung, um das Ergebnis der ersten Abstimmung rückgängig zu machen. Mehrere Kabinettsmitglieder erklären, dass sie sich für die Durchführung des Brexit einsetzen. Zu gegebener Zeit kommen politische Analysten zu dem Schluss, dass der Brexit tatsächlich eine eindeutige Möglichkeit geworden ist.

Es scheint schwer vorstellbar, dass eine solche alternative Realität so reibungslos abläuft. In der Tat scheint es schwer vorstellbar, dass sie ohne eine weit verbreitete Apoplexie unter den Menschen, die für den Verbleib gestimmt haben, abläuft und vielleicht eine Kampagne des zivilen Ungehorsams, wenn nicht sogar des Aufruhrs auslöst. Die Remainer wären sicherlich viel weniger zuversichtlich, die Ergebnisse des Referendums zu kippen, wenn sie die Abstimmung 2016 gewonnen und nicht verloren hätten.

Der Blickwinkel bestimmt alles.

Das Versäumnis der einen Seite, die Perspektive der anderen Seite zu berücksichtigen, stellt eine immer wiederkehrende Ironie dar: Die Klagen der Parteien spiegeln sich regelmäßig gegenseitig wider.

So beschuldigen beide Seiten die jeweils andere Seite regelmäßig der Täuschung. Die Remain-Seite soll die Öffentlichkeit mit „Project Fear" und ihren Warnungen vor den unmittelbaren wirtschaftlichen Folgen des Brexit in die Irre geführt haben. Wie wir in Kap. 2 gesehen haben, wurde die Leave-Seite beschuldigt, über die 350 Millionen Pfund zu lügen, die auf der Seite des berühmten roten Busses erwähnt wurden.

Ebenso beschuldigen beide Seiten die jeweils andere Seite, gegen die Regeln des finanziellen Fairplay zu verstoßen. Die Leave-Kampagne wurde kritisiert, weil sie 500.000 Pfund mehr als die gesetzliche Obergrenze von 7 Millionen Pfund ausgab (Elgot, 2018). Auf der anderen Seite wurde die Remain-Kampagne dafür kritisiert, dass sie 9 Millionen Pfund Steuergelder zur Finanzierung einer Flugblattaktion verwendet hat, obwohl viele (wenn nicht sogar die meisten) Steuerzahler die Remain-Kampagne keineswegs unterstützten (Stewart & Mason, 2016).

Eine komplexere spiegelbildliche Kritik bezieht sich auf Fremdenfeindlichkeit. Kommentatoren der Remain-Seite haben häufig behauptet, dass der Brexit maßgeblich von Fremdenfeinden und Rassisten unterstützt wird. Wie wir weiter unten erörtern werden, besteht kaum ein Zweifel daran, dass die Brexit-Wut von Fanatikern aufgegriffen wurde und dass diese Dynamik einige äußerst beunruhigende Folgen nach sich gezogen hat.

Viele Leave-Wähler fühlen sich jedoch besonders durch den Vorwurf verletzt, sie seien rassistisch intolerant. Ihrer Ansicht nach ist es die Europäische Union, die strukturell fremdenfeindlich ist (Harris, 2019). Sie argumentieren, dass die EU die Freizügigkeit für überwiegend weiße Europäer bewahrt, während sie Kanonenboote ins Mittelmeer schickt, um Wirtschaftsmigranten aus den ärmeren (und weniger weißen) Ländern der Welt abzufangen und abzuweisen. Diese Kritiker lehnen die Europäische Union gerade deshalb ab, weil sie als kulturelles Lehnsgut fungiert.

Das soll nicht heißen, dass alle Leaver und Remainer den Brexit gleich sehen und dass jede Seite genau das Gegenteil von der anderen vertritt. Es bedeutet auch nicht, dass jeder Recht hat, weil niemand im Unrecht ist. Die Kluft zwischen den Brexit-Befürwortern hat ebenso viel mit Gruppendynamik zu tun wie mit Moral oder Beweisen. Aus der psychologischen Forschung wissen wir, dass Gruppen dazu neigen, sich auf eine Art und Weise zu polarisieren, die die Selbstverherrlichung auf Kosten des Effekts der dritten Person hervorhebt.

Jede Gruppe hält sich für kompetent und ihre Gegner für verächtlich. In Wirklichkeit übersehen beide die Schwächen der eigenen Position und übertreiben es mit der Kritik. Dies ist die natürliche Form von Gruppenbeziehungen, die von der menschlichen Psychologie bestimmt wird.

Dies ist eine der wichtigsten Lehren, die wir aus der Psychologie des Brexit ziehen können.

Zurück zum Psychodrama

In Kap. 1 haben wir die Idee betrachtet, dass der Brexit ein Symptom für den postimperialen Niedergang des Vereinigten Königreichs ist. Ein solches Psychodrama bietet eine verführerische Geschichte, die jedoch unter der Hitze einer wissenschaftlichen Untersuchung verwelkt. Es ignoriert die Rolle des Zufalls bei den Ereignissen, wird durch leicht zu merkende, aber unbedeutende Fakten verzerrt und lässt Gegenbeispiele außer Acht. Letztlich ist sie zu kompliziert: Die Theorie kann durch einfachere Erklärungen logisch überholt werden. Das postimperiale Psychodrama ist eine verführerische Rationalisierung für den Brexit, aber kein wirklicher Grund für ihn.

Was aber meinen wir, wenn wir sagen, dass eine Erzählung „verführerisch" ist? Im Grunde genommen meinen wir damit mehr als nur, dass sie weithin geglaubt wird. Wir meinen, dass die Menschen die Erzählung als befriedigend empfinden, dass sie ein Verlangen stillt, das sie sonst geistig aushungern würde. Sie geht auf ihr Unbehagen an der Mehrdeutigkeit ein und bestätigt gleichzeitig ihren Glauben an die menschliche Kontrolle über die Ereignisse. Sie füllt Erklärungslücken mit einem befriedigenden Klick.

Dieser Wunsch nach einer Erklärung – und die damit verbundene Frustration, keine zu haben – wird manchmal als Bedürfnis nach „kognitivem Abschluss" bezeichnet (Kruglanski & Webster, 1996). Es steht im Zusammenhang mit der dem Menschen innewohnenden Skepsis gegenüber Ungewissheit, bei der unsere Muster erkennenden Gehirne davon ausgehen, dass wir in einer Welt leben, in der alles erklärt werden kann. Es beinhaltet „teleologisches Denken", bei dem Ereignisse übermäßig auf unsichtbare Ursachen zurückgeführt werden (Wagner-Egger et al., 2018).

Das ist der Grund, warum viele Menschen an Verschwörungen glauben. Sie fühlen sich von der Behauptung angezogen, dass Ereignisse irgendwie gesteuert und kontrolliert werden, anstatt mäandernd und sporadisch zu sein (Marchlewska et al., 2018). Wenn man so will, könnte man das Brexit-Psychodrama also als eine Art Verschwörungstheorie betrachten.

Verschwörungstheorien setzen den Glauben voraus, dass die wahren Ursachen von Ereignissen unsichtbar sind. In der Regel handelt es sich bei diesen Ursachen um schattenhafte Gruppierungen, die mit Hintergedanken agieren. Das Brexit-Psychodrama ist eine Art von Verschwörungstheorie, da es nahelegt, dass das Wahlverhalten der Menschen im Jahr 2016 nicht auf die von uns angenommenen Ursachen zurückzuführen ist. Sie sind nicht auf die politische Einstellung der Menschen gegenüber der Europäischen Union zurückzuführen. Sie waren auch nicht das Ergebnis eines politischen Chaos.

Stattdessen heißt es, der Brexit sei durch verborgene emotionale Kräfte zustande gekommen, die in der kollektiven mentalen Angst vor dem imperialen Niedergang wurzeln. Die Beweggründe der Menschen, die den Brexit herbeigeführt haben, waren nicht so, wie sie auf den ersten Blick erscheinen.

Eine weitere Variante des teleologischen Denkens ist der Einsatz von Nostalgie. Politiker verwenden oft Nostalgie, um ihre Positionen zu aktuellen Ereignissen zu formulieren. Die Botschaft ist, dass die Geschichte eine aktive Kraft ist, die bestimmt, wie die Dinge heute geschehen, die unsichtbare Ursache, die die Dinge wirklich vorantreibt. Sie impliziert auch, dass Großbritannien sich von seiner Vergangenheit inspirieren lassen kann, um seine besten Zeiten noch einmal zu erleben.

Sowohl die Leavers als auch die Remainers haben versucht, den Zweiten Weltkrieg als Leitfaden für den Brexit heranzuziehen. Für die Befürworter hat der Krieg gezeigt, wie Großbritannien allein gegen den Totalitarismus bestehen und überleben kann. Für die Remainers war der Krieg eine multinationale Anstrengung, die direkt zur Gründung der heutigen Europäischen Union führte, angeregt durch Churchills Aufruf von 1946 zur „Wiederherstellung der europäischen Familie" und der „Vereinigten Staaten von Europa" (Peel, 2016).

Auch bei der Nostalgie kommt es auf die Perspektive an.

Teleologisches Denken über die Rolle von Imperien und vergangenen Kriegen bei der Gestaltung der heutigen Ereignisse ist nicht die einzige Brexit-Verschwörungstheorie. Es gibt auch orthodoxere Verschwörungstheorien, in denen geheimnisvolle und böswillige Agenten regelrechte Täuschungsmanöver begehen. Die Brexit-Polarisierung bringt einmal mehr spiegelbildliche Formen dieser Stammespropagandakriegsführung hervor.

Die Leave-Seite ist überzeugt, dass ein machiavellistisches Establishment daran arbeitet, das politische System dazu zu bringen, die normalen Bürger zu verraten, indem es den Brexit vereitelt (Pearson, 2018). Auf der Seite der Befürworter des Brexit heißt es, der Brexit sei von einer „schattenhaften globalen Operation" herbeigeführt worden, die psychologische Techniken eingesetzt habe, um das Ergebnis des EU-Referendums zu „beeinflussen" (Cadwalladr, 2017).

Während der Europawahlen 2019 gab es auch zahlreiche Spekulationen, dass die Anti-Brexit-Milchshake-Angriffe auf prominente Austrittskandidaten in Wirklichkeit von den Austrittskandidaten selbst inszeniert wurden, um Sympathien für ihre Sache zu gewinnen und die Remainers in ein negatives Licht zu rücken (Hawker, 2019). Es wurde behauptet, dass sich die Leaver im Rahmen einer Operation unter „falscher Flagge" gegenseitig mit Milchshakes bewerfen und dabei die Taktik von Geheimdienstagenten oder terroristischen Gruppen wie Isis nachahmen.

Psychologen haben herausgefunden, dass Verschwörungstheorien von Menschen, die sich politisch machtlos fühlen, eher geglaubt werden (Jolley & Douglas, 2014). Sie gedeihen in Gruppen, die ein übertrieben positives Bild von sich selbst haben (Cichocka et al., 2016). Und sie treten eher in Gemeinschaften auf, die ihre Zukunftsaussichten als schlecht einschätzen (Bilewicz et al., 2013). Wie wir in den vorangegangenen Kapiteln gesehen haben, spielen all diese Faktoren in der Brexit-Landschaft eine große Rolle.

Nicht nur Großbritannien

Die Brexit-Landschaft besteht nicht nur aus Großbritannien. Der Brexit mag eine Episode des britischen Schicksals sein, aber er ist im Grunde ein internationales Ereignis. Einer seiner komplexesten Aspekte betrifft die Auswirkungen auf Nordirland, den Teil des Vereinigten Königreichs, der eine gemeinsame Landgrenze mit der Republik Irland und damit mit der EU hat.

Die künftigen wirtschaftlichen Auswirkungen des Brexit auf Nordirland sind schwer vorherzusagen, da vieles von den genauen Bedingungen abhängt, unter denen das Vereinigte Königreich schließlich die Europäische Union verlässt. Auch die kulturellen Auswirkungen sind kompliziert.

Nach dem Karfreitagsabkommen haben nordirische Staatsbürger automatisch das Recht, die Staatsbürgerschaft der Republik Irland zu erwerben. Damit haben sie auch das Recht, die Unionsbürgerschaft zu besitzen. Nach dem Austritt des Vereinigten Königreichs aus der Europäischen Union ist derzeit unklar, wie die Beziehung zwischen diesen Bürgern und der EU aussehen wird. Wie wir in Kap. 4 gesehen haben, ist Unklarheit ein situativer Risikofaktor für psychischen Stress.

Noch konkreter ist die Frage der internationalen Grenze zwischen Nordirland und der Republik. In Wirklichkeit ist diese Grenze in erster Linie ein kartografisches Konzept, das nur auf Landkarten existiert.

Mit der Schaffung des europäischen Binnenmarktes im Jahr 1993 fielen die Steuerbeschränkungen und Zölle zwischen dem Vereinigten Königreich und der Republik Irland weg, was den freien Verkehr von Waren und Dienstleistungen zwischen den beiden Ländern ermöglichte. Nachdem der Friedensprozess in Nordirland Ende der 1990er-Jahre in Gang gekommen war, wurden die Sicherheitsinfrastrukturen beseitigt, es entstand ein blühender grenzüberschreitender Handel und schließlich verschmolz das tägliche Leben in den benachbarten Gemeinden zu einer einzigen gemeinsamen Existenz.

Die Grenze ist 310 Meilen lang und wird von fast 300 Grenzübergängen gekreuzt. Neben Autobahnen und Straßen gibt es auch Feldwege, Privatstraßen, Wegerechte auf Privatgrundstücken und ähnliche traditionelle Zugangswege. Im Jahr 2018 schloss die irische Armee eine Kartierung ab, die deutlich mehr grenzüberschreitende Verkehrswege aufzeigte als zuvor in den offiziellen Karten verzeichnet waren (Sheehan, 2018).

In einigen Fällen leben die Nachbarn auf beiden Seiten der Grenze auf benachbarten Höfen. In anderen Fällen kann sich ein einziger Hof über beide Seiten erstrecken. Der Landwirt entscheidet täglich, ob er die Rinderherde neben dem Bauernhaus in der Republik oder die andere Herde auf der anderen Seite des Hofes im Vereinigten Königreich versorgt (Murtagh, 2019).

Wie auch immer der Brexit aussehen wird, er wird das Leben der Menschen, die in Grenznähe leben und arbeiten, unweigerlich erschweren. Einige Formen des Brexit würden Sicherheitskontrollen erfordern, um sicherzustellen, dass die Waren, die von einem Land in das andere gelangen, ordnungsgemäß zertifiziert sind. Angesichts der extensiven Agrarwirtschaft, in der der Kurzstreckentransport von frischen Lebensmitteln den Großteil des Handels ausmacht, wären die wirtschaftlichen Auswirkungen kostspieliger Ausfuhrzölle und Transportverzögerungen äußerst gravierend.

Es besteht auch die Möglichkeit, dass persönliche Papiere überprüft werden müssen, um sicherzustellen, dass die Personen, die die Grenze überschreiten, visumspflichtig sind. Wie all dies in den vielen Fällen funktionieren würde, in denen die Grenze durch Privatbesitz verläuft, ist unklar.

Besonders besorgniserregend ist der Zusammenhang zwischen der EU-Mitgliedschaft und dem nordirischen Friedensprozess. Dieser Prozess, der im Karfreitagsabkommen von 1998 gipfelte, beendete einen erbitterten Konflikt, der über einen Zeitraum von dreißig Jahren mehr als 3500 Opfer gefordert hatte. Die Tatsache, dass sowohl Großbritannien als auch Irland Mitglied der Europäischen Union waren, bildete einen kulturellen Hintergrund für den Frieden, da sie die vollständige Freizügigkeit und den Handel über die Grenze hinweg sowie einen austauschbaren Staatsbürgerschaftsstatus ermöglichte.

Der Frieden in Nordirland ist nach allgemeiner Auffassung ein laufender Prozess. Es gibt nach wie vor Gewalt, wenn auch auf einem deutlich niedrigeren Niveau. Seit der Unterzeichnung des Karfreitagsabkommens wurden rund einhundertfünfzig Menschen bei paramilitärischen Aktivitäten von Dissidenten getötet.

Die Befürchtung, dass der Brexit eine Rückkehr zu einem umfassenden Konflikt auslösen könnte, rührt daher, dass er die grenzüberschreitende Zusammenarbeit untergraben, die EU-Mittel für den Wiederaufbau nach einem Konflikt aufbrauchen, die Wirtschaft schädigen und die Art der formellen politischen Teilung wiederherstellen würde, die in der Vergangenheit die Spannungen zwischen den Gemeinschaften so sehr verschärft hat.

Die Zahl der psychischen Erkrankungen und Selbstmorde ist in Nordirland bereits höher als in anderen Regionen des Vereinigten Königreichs, wobei Untersuchungen darauf hindeuten, dass der Überschuss auf die jahrzehntelange politische Gewalt zurückzuführen ist (Ferry et al., 2013). Im Gegensatz dazu hat der Friedensprozess Hoffnung auf eine wirtschaftlich und sozial prosperierende Zukunft gegeben und vielen Menschen einen Sinn für ihr Leiden vermittelt (O'Neill, 2019).

Sollte der Brexit zu einer Verunglimpfung oder einem Zusammenbruch des nordirischen Friedensprozesses führen, wird dies unweigerlich das Wohlergehen einer bereits gefährdeten Bevölkerung bedrohen.

Die irische(n) Frage(n)

Südlich der Grenze in Irland sind die Aussichten auf den Brexit aus einer Vielzahl von wirtschaftlichen, sozialen und kulturellen Gründen überwiegend negativ. Vor allem die Wirtschaft ist stark bedroht.

Handelshemmnisse gegenüber dem Vereinigten Königreich würden das Leben der irischen Lebensmittelproduzenten verändern, deren Geschäft zu einem großen Teil von der Just-in-time-Lieferung an britische Supermärkte abhängt. Auch Industrien, die weiter ins Ausland exportieren, wären betroffen, da Großbritannien im Wesentlichen Irlands Landbrücke nach Europa ist. Die Waren werden in der Regel per Lkw durch das Vereinigte Königreich transportiert.

Der Brexit wird einen starken Druck auf die irische Wirtschaft ausüben. Die zusätzlichen Kosten für die Verwaltung der immer komplexeren Exportlogistik, die Erhebung von Zöllen, die irische Produkte in Großbritannien sofort teurer machen würden, und Verzögerungen beim Transport, die verderbliche Lebensmittel unverkäuflich machen würden, stellen für die Republik Irland äußerst bedrohliche praktische Probleme dar.

Es ist zu erwarten, dass eine Rezession nach dem Brexit in Irland genau die gleichen Auswirkungen auf die psychische Gesundheit haben wird, die wir in Kap. 4 erörtert haben.

Es überrascht nicht, dass sich die irischen Medien sehr auf den Brexit konzentrieren. Eine Analyse der europäischen Nachrichtenberichterstattung durch die Universität Oxford ergab, dass der Brexit in den meisten europäischen Ländern als Problem des Vereinigten Königreichs diskutiert wird, während er in Irland als irische Krise ebenso wie als britische Krise betrachtet wird (Borchardt et al., 2018).

Bislang wurden nur wenige formale psychologische Studien über die irische Perspektive auf den Brexit durchgeführt. Die Medienberichterstattung deutet darauf hin, dass bei den meisten Iren die Sorge um die Wirtschaft und den Friedensprozess mit Sympathie für die britischen Nachbarn gepaart ist, die sich im Auge des Brexit-Sturms befinden.

Es gibt jedoch Befürchtungen hinsichtlich der politischen Haltung des Vereinigten Königreichs gegenüber Irland. Über Äußerungen britischer

Politiker, die von Naivität gegenüber den wirtschaftlichen und politischen Realitäten Irlands zeugen, wird ausführlich berichtet (Ní Aodha, 2018). Einigen Kommentatoren zufolge ist diese Angst Teil einer allgemeinen *Schadenfreude* vieler Iren, die sich selbstgefällig über die offensichtliche Bereitschaft Großbritanniens zur „Selbstzerstörung" lustig machen (Mac Cormaic, 2018).

Die Psychologie der Gruppendynamik ist für die internationalen Beziehungen ebenso relevant wie für die internen Stammeskonflikte beim Brexit. Die Gefahren einer starken Identifikation mit der eigenen Gruppe, der Wunsch nach optimaler Unterscheidbarkeit und die Voreingenommenheit der Homogenität einer anderen Gruppe spielen alle eine Rolle. Es kann nützlich sein, die irische Perspektive auf den Brexit unter Berücksichtigung dieser Faktoren zu betrachten.

In Kap. 2 haben wir beispielsweise die weit verbreitete Behauptung untersucht, der Brexit sei eine Form der „wirtschaftlichen Selbstbeschädigung". Am Tag nach dem Referendum war die *Irish Times* eine der ersten internationalen Zeitungen, die den Brexit mit solchen Worten beschrieb. In ihrem Leitartikel hieß es, Irlands britische Nachbarn hätten gerade einen „Akt der Selbstbeschädigung" vollzogen, der in seinem Ausmaß und seinen Auswirkungen „verwirrend" sei:

> Die Wahrheit ist, dass die schockierende Entscheidung des Vereinigten Königreichs, die Europäische Union zu verlassen, die seine Freunde und Verbündeten jenseits der Irischen See und des Kontinents wirklich verblüfft, das Königreich weder unabhängig noch geeint zurücklassen wird. Es wird ärmer, isolierter und weniger einflussreich sein. Unsere Nachbarn haben ihrem Land in wirtschaftlicher und politischer Hinsicht eine tiefe Wunde zugefügt. (Irish Times, 2016)

Die irische Geschichte selbst bietet jedoch eine zum Nachdenken anregende Parallele zum Brexit.

Im Wesentlichen geht es beim Brexit darum, dass sich ein Land bewusst dafür entscheidet, sich aus einem pan-nationalen Konsortium mit einer Bevölkerung von 500 Millionen Menschen zu lösen. Es hat sich aus weitgehend nationalistischen Gründen für die Trennung entschieden und ist bereit, jedes wirtschaftliche Risiko einzugehen, das ein solcher

Schritt mit sich bringen könnte. In mancherlei Hinsicht ähnelt dies dem Austritt Irlands aus dem Vereinigten Königreich im Jahr 1922 und zu gegebener Zeit aus dem gesamten britischen Empire.

Genau wie beim Brexit entschied sich Irland 1922 für den Austritt aus einem äußerst einflussreichen pan-nationalen Gebilde. Auch das Britische Reich hatte damals eine Bevölkerung von rund 500 Millionen Einwohnern. Irland war bereit, den wirtschaftlichen Schaden eines Austritts aus dem Vereinigten Königreich in Kauf zu nehmen, weil es seinem Recht auf nationale Selbstbestimmung Vorrang einräumen wollte (in Anlehnung an Project Fear argumentierten die irischen Politiker damals, dass ihr Land wirtschaftlich leiden würde, wenn es im Vereinigten Königreich *bliebe*). Ein weiteres wichtiges Argument war Irlands Wunsch, sich vom imperialen Militarismus des britischen Überbaus zu distanzieren.

Die meisten Iren erinnern sich an den Austritt ihres Landes aus dem Vereinigten Königreich in romantisch-nationalistischer Manier. Parallelen zum Brexit werden selten erwähnt. Nationalismus, Selbstbestimmung und Freiheit werden als völlig gerechtfertigte Gründe dafür angesehen, dass Irland 1922 den Sprung ins wirtschaftliche Ungewisse wagte. Die irische Unabhängigkeit wird nur selten als ein verwirrender Akt wirtschaftlicher Selbstbeschädigung angeprangert.

Daher sollten vielleicht dieselben Beweggründe als legitime Gründe anerkannt werden, die die Austrittswilligen heute zur Unterstützung des Brexit anführen. Noch einmal: Die Perspektive ist wichtig. Anstatt selbstgefällige *Schadenfreude* zu kultivieren, könnte die irische historische Perspektive für Erkenntnisse genutzt werden, die helfen, die moderne Psychologie des Brexit zu erhellen.

„Warum sind sie noch nicht weg?"

Eine letzte Gruppe von Brexit-Perspektiven bezieht sich auf den inhärent multikulturellen Charakter der britischen Gesellschaft. Wie wir in Kap. 3 gesehen haben, scheinen die vier Länder, aus denen das Vereinigte Königreich besteht, jeweils von unterschiedlichen Brexit-Meinungen geprägt zu sein. Darüber hinaus hat sich gezeigt, dass die persönliche nationale

Identität der Bürger – z. B. ob sie sich als „englisch", „schottisch" oder „britisch" identifizieren – ihre Gefühle zum Brexit vorhersagt.

Neben diesen allgemeinen Identitäten auf Landesebene verfügt das Vereinigte Königreich aber auch über eine große kulturelle und ethnische Vielfalt. Etwa jeder achte Einwohner gehört einer nicht weißen Ethnie an. 14 % der Bevölkerung wurden außerhalb des Vereinigten Königreichs geboren. Davon wurde rund ein Drittel – etwa 3,7 Millionen Menschen – in anderen Ländern der Europäischen Union geboren. Die letztgenannte Gruppe ist im Hinblick auf den Brexit mit erheblichen Unsicherheiten konfrontiert, da ihr Recht, im Vereinigten Königreich zu leben, von der EU-Mitgliedschaft Großbritanniens abhängt.

Selbst in stabilen Zeiten haben Angehörige ethnischer Minderheiten ein erhöhtes Risiko für psychische Probleme (Bhugra, 2005). Seit dem Brexit-Referendum sind eine Reihe von Minderheitengruppen zusätzlichem Stress ausgesetzt.

Migranten aus EU-Ländern haben keine Klarheit über ihren voraussichtlichen Einwanderungsstatus nach dem Brexit erhalten. Sie wissen nicht, ob sie ohne Visum weiterhin im Vereinigten Königreich beschäftigt werden können oder ob sie abgeschoben werden. Interessenverbände, die diese Migranten vertreten, berichten, dass viele von ihnen mit extremen Ängsten und anderen psychischen Problemen belastet sind (Bueltmann, 2019).

In der Zwischenzeit sind Angehörige ethnischer Minderheiten zunehmend Zielscheibe rassistischer und ethnischer Belästigungen. Es ist eine der beunruhigendsten Tatsachen des Brexit, dass einwanderungsfeindliche Aktivisten die Gelegenheit ergriffen haben, den britischen Isolationismus mit einer zweideutigen Form des Monokulturalismus in Verbindung zu bringen. Der britische Rassismus hat wieder einmal sein hässliches Gesicht zeigen dürfen.

Während der Referendumskampagne verfolgten einige Befürworter des Austritts eine besonders kontroverse einwanderungsfeindliche Strategie. Ein Effekt war, dass die Toleranz für rassistische Äußerungen allgemein zunahm. Ein Wirtschaftsjournalist drückte es so aus: „Nach einer von Bigotterie geprägten Kampagne ist es in Großbritannien in Ordnung, rassistisch zu sein" (Chakrabortty, 2016).

Nach dem Votum Großbritanniens für den Austritt aus der Europäischen Union kam es zu einem starken und plötzlichen Anstieg der Berichte über rassistische Vorfälle. Mehrere Anti-Rassismus-Organisationen beschrieben, dass sie mit Anrufen und Nachrichten überschwemmt wurden (Khaleeli, 2016).

Auf mehrere Geschäfte von ethnischen Minderheiten wurden Brandanschläge verübt, Häuser wurden mit Graffiti beschmiert und in mehreren Städten wurden Karten mit der Aufschrift „Kein polnisches Ungeziefer mehr" in englischer und polnischer Sprache in Briefkästen eingeworfen (Lyons, 2016). Es gab viele Berichte über Menschen, die auf der Straße belästigt, in Geschäften verhöhnt und bei der Passkontrolle auf Flughäfen ausgegrenzt wurden. Ein Soziologe beschrieb die Reaktion als Entfesselung eines „feierlichen Rassismus" (Ridley, 2016). Umfragedaten deuten darauf hin, dass diese Zunahme der rassistischen Feindseligkeit in den drei Jahren seit dem Referendum anhält (Booth, 2019).

Rassistische und ethnische Diskriminierung ist nicht nur ein soziales Übel, sondern auch ein chronischer Stressor, der bekanntermaßen das Risiko psychischer Erkrankungen und schlechter körperlicher Gesundheit erhöht (Bhui, 2016). Daten aus der britischen Household Longitudinal Study zeigen, dass die Exposition gegenüber rassistischer Diskriminierung in Großbritannien mit kumulativen psychischen Erkrankungen im Laufe der Zeit verbunden ist (Wallace et al., 2016). Mit anderen Worten: Wenn Sie Rassismus ausgesetzt sind, leidet Ihre psychische Gesundheit; und wenn Sie wiederholt Rassismus ausgesetzt sind, leidet Ihre psychische Gesundheit noch mehr.

Der Austritt aus der Europäischen Union wird zu Komplikationen für Einwanderer aus EU-Ländern und zu Störungen im grenzüberschreitenden Handel führen. Der Brexit hat jedoch keine besonderen Auswirkungen auf eingebürgerte Menschen, Einwanderer aus Nicht-EU-Ländern oder religiöse Minderheiten. Dennoch sind die Brexit-Spannungen oft mit Feindseligkeit gegenüber *allen* nicht-einheimischen kulturellen Minderheiten verbunden, auch gegenüber solchen, die keine besondere EU-Dimension haben (Heald et al., 2018).

Ein wiederkehrendes Beispiel sind britische Muslime (Jackson, 2017). Als die Anti-Rassismus-Gruppe Hope Not Hate nach dem Brexit-Referendum in Bradford Haus-zu-Haus-Untersuchungen durchführte, beobachtete sie eine deutliche Zunahme der offenen Äußerung weitreichender rassistischer Ansichten, die ausdrücklich mit dem Brexit in Verbindung gebracht wurden. Einem der Forscher zufolge gehörten dazu „weiße Menschen, die auf die asiatische Familie am Ende der Straße zeigten und sagten: *Warum sind die noch nicht weg?*" (Williams, 2019).

Der Brexit hat als Projekt der politischen Zerrüttung die Aufmerksamkeit der nationalistisch-populistischen Bewegungen auf sich gezogen, die in ganz Europa und weltweit auf dem Vormarsch sind. Zweifelsohne ist eine solche Störung eine Folge der wirtschaftlichen Rezession und der Sparmaßnahmen.

Es ist oft einfacher, die öffentliche Wut auf sichtbare Ziele wie Einwanderer zu richten als auf ein abstraktes politisches Programm oder eine Wirtschaftspolitik (Cromby, 2019). Wie wir in Kap. 1 gesehen haben, wenden Menschen verschiedene Rationalisierungsprozesse an, um ihren Unannehmlichkeiten einen Sinn zu geben. Eine der mächtigsten und ältesten dieser Strategien ist das Sündenbockdenken.

Die Gruppenpolarisierung, die im Mittelpunkt des Brexit steht, ist natürlich zweiseitig. Die gemeldete Zunahme rassistischer Vorfälle spiegelt den einen Pol der Gesellschaft wider. Am anderen Pol hingegen hat die ausdrückliche *Unterstützung* für das Konzept der Einwanderung in Großbritannien allmählich zugenommen.

Daten aus der britischen Wahlstudie zeigen, dass die positiven Ansichten über die wirtschaftlichen und kulturellen Auswirkungen der Einwanderung seit 2016 stetig zugenommen haben (Blinder & Richards, 2018). Die Zahl der Befragten der British Social Attitudes Survey, die eine stärkere Kontrolle von EU-Migranten wünschen, ist im selben Zeitraum deutlich zurückgegangen (Harding, 2017). Und die Zahl der Wähler, die Ipsos-MORI zufolge die Einwanderung für ein „wichtiges Problem" halten, hat sich halbiert und liegt nun auf dem niedrigsten Stand seit 2001 (Ipsos MORI, 2017).

Das Vereinigte Königreich ist nicht nur in kultureller und ethnischer Hinsicht vielfältig. Es ist auch vielfältig in der Art und Weise, wie es das Leben wahrnimmt, erlebt und darauf reagiert. Es ist psychologisch vielfältig.

Diese Bandbreite menschlicher Bedingungen ist einer der Gründe, warum die Psychologie des Brexit ein so wichtiges Thema ist. Eine Größe passt nicht für alle. Genauso wenig wie zwei Größen: Leaver und Remainer. Stattdessen gibt es eine Vielzahl von unterschiedlichen Perspektiven – eine Fülle von Wahrnehmungen und Erfahrungen, die es zu berücksichtigen gilt.

II. Zehn Lehren aus der Psychologie des Brexit

Der Brexit hat psychologische Ursachen, Katalysatoren und Folgen. Die Psychologie des Brexit verschafft uns viele Einsichten und Lektionen, aus denen wir lernen können. Lassen Sie uns diese Reise durch die Psychologie des Brexit abschließen, indem wir sie der Reihe nach betrachten.

Lektion 1: Das Psychodrama ignorieren, aber aus der Geschichte lernen

In vielerlei Hinsicht ähnelt die Geschichte der Psychologie. Sie versucht, Erklärungen für menschliche Erfahrungen zu liefern. Aber in gewisser Weise ist die Geschichte selbst ein Ableger der psychologischen Kräfte. Aus Gründen, die mit Emotionen, Selbstachtung, sozialem Einfluss und selektivem Gedächtnis zu tun haben, neigen Menschen oft eher zu bestimmten historischen Erklärungen als zu anderen.

Wie wir bereits erörtert haben, ermöglicht es Nostalgie, die Geschichte für politische Zwecke zu nutzen. Nostalgie ist eine bewusst subjektive Form der Geschichte, die durch die rosarote Brille, die wir in Kap. 2 betrachtet haben, verzerrt wird. Der Journalist AA Gill von der *Sunday Times* warnte einprägsam vor ihrer Verwendung in den Brexit-Debatten:

> Wir alle wissen, was es bedeutet, „unser Land zurückzubekommen". Es ist das Schnupfen einer Linie der schädlichsten und schwächsten kleinen englischen Droge, der Nostalgie. Das warme, bröckelige, honigfarbene, kollektive „Gestern" mit seinem festen Glauben, dass damals alles besser war, dass Großbritannien (England, wirklich) heute ein schlechterer Ort ist als zu irgendeinem nebligen Zeitpunkt in der Vergangenheit, als wir den Höhepunkt von Blighty erreichten. (Gill, 2016)

In gewisser Weise ist die Geschichte als Ganzes anfällig für eine nostalgische Psychologie. Erfahrene Historiker warnen oft vor einem Erzählansatz, der historische Ereignisse als eine Saga der kontinuierlichen menschlichen Verbesserung darstellt (Watson, 2019). Die Dinge werden nicht unbedingt besser, wenn die Zeit vergeht.

Die Risiken, mit denen wir heute konfrontiert sind, unterscheiden sich qualitativ nicht von denen, die unsere Vorfahren zu bewältigen hatten. Plötzliche wirtschaftliche Erschütterungen, gepaart mit wachsendem Populismus und übermütigem, selbstverherrlichendem Optimismus, haben in der Vergangenheit zu globalen Kriegen geführt.

Das Problem ist, dass wir uns psychologisch gesehen nur durch historische Verzerrungen an die Vergangenheit erinnern können. Es ist nützlich, von der Psychologie zu lernen, dass immer dann, wenn wir uns für vorsichtiger halten als unsere Vorgänger, für raffinierter in unserem Verhalten und für weniger wahrscheinlich, dass wir ihre Fehler wiederholen, diese Überzeugungen in Wirklichkeit Wahnvorstellungen sind. Wir sollten nicht davon ausgehen, dass sich die Tragödien von gestern nicht wiederholen können.

Wie wir in Kap. 1 erörtert haben, geht es in der Geschichte nicht nur um Diplomatie und Politik. Das soziale Leben und die intellektuellen Ideen der Vergangenheit sind ebenfalls von Bedeutung. Es ist auch wichtig, diese Dinge wissenschaftlich zu betrachten. Die besten historischen Erklärungen sind diejenigen, die auf Beweisen beruhen und anhand von Gegenbeispielen überprüft werden.

Wenn es um Politik geht, ist es verständlich, dass Kommentatoren in die Vergangenheit blicken, um aktuelle Ereignisse zu interpretieren. Es ist zum Beispiel verständlich, dass man den Brexit als postimperiales Psychodrama betrachtet. Die Verwendung der Geschichte zur Erklärung der Gedanken, Gefühle und Verhaltensweisen der heute lebenden Menschen ist jedoch nicht einfach. Rhetorische Geschichte ist kein Ersatz für methodische Psychologie. Wenn wir aus der Vergangenheit lernen, müssen wir die eigennützigen Voreingenommenheiten berücksichtigen, die in unsere Bemühungen, Geschichte zu „machen“, eindringen, und dürfen uns nicht von verführerischen nostalgischen Erzählungen einlullen lassen.

Lektion 2: Mentale Autonomie ist ein verlockendes und tröstliches Vorurteil – Menschen werden stärker von situativen Faktoren und Konsens beeinflusst, als ihnen bewusst ist

Wie in Kap. 2 dargelegt, ist der Mensch nicht ganz so rational, wie er glaubt zu sein. Anstatt eine logische Lösung für ein Problem zu finden, nehmen die Menschen stattdessen gedankliche Abkürzungen auf dem Weg zu ihren Schlussfolgerungen.

Sie bewerten Informationen nicht nach ihrem Wert, sondern danach, wie leicht sie sich einprägen. Sie lassen sich von ersten Eindrücken und trivialen Details leiten. Und sie messen dem, was sie persönlich mit sich selbst in Verbindung bringen können, eine übermäßige Bedeutung bei.

Über all dem liegt die mentale Choreographie sozialer Beziehungen. Menschen können von den Argumenten anderer Menschen sehr überzeugt sein, einfach deshalb, weil sie sie geäußert haben. Das gilt selbst dann, wenn diese Argumente objektiv keinen Sinn ergeben. Der Zwang, das Gesicht zu wahren, führt dazu, dass Menschen leichtfertig Aussagen zustimmen, die sie nicht verstehen. Allgemeinwissen spiegelt eher eine gemeinsame Verblendung als einen nützlichen Konsens wider.

Eine wichtige Folge ist, dass nur wenige Menschen positiv reagieren, wenn man ihnen sagt, dass sie alles falsch verstanden haben. In der politischen Debatte mag die Zerschlagung von Mythen für denjenigen, der sie zerschlägt, befriedigend sein, aber die Strategie ändert nur relativ wenige Meinungen. Den Zuhörern zu sagen, sie seien getäuscht worden, kommt der Behauptung gleich, sie seien dumm. Es ist wahrscheinlicher, dass sie an ihren bisherigen Vorstellungen festhalten, als dass sie sich für dumm halten, wenn diese Vorstellungen in Frage gestellt werden.

Das gilt übrigens auch für Sie. Ihre Brexit-Positionen sind stärker von situativen Faktoren und Konsens beeinflusst, als Ihnen bewusst ist. Und Sie beharren mit unverhältnismäßigem Nachdruck auf Ihren Positionen, wenn sie kritisiert werden.

Die Psychologie des Brexit zeigt uns, dass wir alle, wenn es darum geht, einen politischen Standpunkt zu formulieren und zu verteidigen, Selbstüberschätzung mit Leistungsschwäche verbinden. Wir unterschätzen völlig das Ausmaß, in dem wir von irrelevanten Details, falschen Annahmen und dem, was andere Leute sagen, beeinflusst werden.

Lektion 3: Der „Wille des Volkes" hat eine geringe Konstruktvalidität

In der Psychologie konzentriert sich ein Großteil unserer Forschung auf die Aufgabe der Messung. Wir sind immer auf der Suche nach Möglichkeiten, Gefühle, Gedanken, Persönlichkeitsmerkmale, Einstellungen, Fähigkeiten, Vorlieben usw. genau zu kalibrieren. Das ist leichter gesagt als getan. Psychologie ist eine Wissenschaft, ja, aber Intelligenz, Wut oder Glück zu messen ist viel schwieriger als Zeit, Entfernung oder Gewicht zu messen.

Die Durchführung eines Referendums zur Meinungsbildung ist im Grunde genommen psychologische Forschung. Beim Brexit sollte ermittelt werden, ob die britische Bevölkerung einen Austritt ihres Landes aus der Europäischen Union wünscht. Der Stimmzettel war im Wesentlichen ein Fragebogen. Die Stichprobengröße lag bei über 30 Millionen. Das Ergebnis des Referendums – „Leave" – war das Maß der Dinge.

Und die Fehlermarge? Nun, wir wissen nicht, was das war.

Das ist schade, denn jede psychologische Messung hat eine Fehlermarge. Wenn Sie jemals einen IQ-Test gemacht haben, werden Sie festgestellt haben, dass Ihr Ergebnis nicht nur eine Punktzahl, sondern auch eine Spanne enthält. Bei vielen Menschen liegt ihr IQ beispielsweise bei 100 *plus oder minus 5*. Im Interesse der Genauigkeit ist diese Fehlerspanne entscheidend. Präzision und Korrektheit sind nicht immer das Gleiche. In der Tat ist Präzision oft der Feind der Korrektheit.

Wenn eine psychologische Messung korrekt ist, spricht man von einer „Konstruktvalidität". Das bedeutet, dass die Messung ein wahrheitsgetreues Abbild der Realität ist, die gemessen wird.

Ein IQ-Wert hat Konstruktvalidität, wenn er die Intelligenz einer Person korrekt wiedergibt. Ein Glückswert hat Konstruktvalidität, wenn er uns sagt, wie glücklich eine Person ist. Vieles läuft darauf hinaus, dass man das, wonach man sucht, klar, präzise und genau definieren muss.

Wie Sie sich vielleicht vorstellen können, ist Konstruktvalidität in der Psychologie schwierig.

Viele Kommentatoren diskutieren das Brexit-Ergebnis als Ausdruck des „Willens des Volkes". Wie wir jedoch in Kap. 3 gesehen haben, gibt es keinen einheitlichen Willen des Volkes. Sich auf den Willen des Volkes zu berufen, ist daher ein Beispiel für den ökologischen Fehlschluss. Er beinhaltet die Annahme einer Allgemeingültigkeit, obwohl es in Wirklichkeit eine Vielfalt gibt. Er hat eine geringe Konstruktvalidität.

Wenn eine psychologische Forschungsstudie eine schlechte Konstruktvalidität aufweist, wird sie im Grunde als wertlos betrachtet. Allerdings kann man oft etwas lernen, wenn man die Ergebnisse durchforstet, und sei es nur, um herauszufinden, woran die Studie gescheitert ist.

Insofern kann das Brexit-Ergebnis durchaus sinnvoll interpretiert und genutzt werden. Das Ergebnis erfordert jedoch eine detaillierte Betrachtung und vorsichtige Interpretation. Das Ergebnis als singulären „Willen des Volkes" darzustellen, ist natürlich falsch. Zu behaupten, diesen Willen zu „respektieren" und ihn gleichzeitig falsch darzustellen, ist nichts weniger als ein Widerspruch in sich.

Die Herausforderung der Konstruktvalidität sollte nicht auf die leichte Schulter genommen werden. Wenn die Herausforderung nicht gemeistert wird, wird der Brexit nicht einfach durch ein zweites Referendum gelöst werden können, geschweige denn durch eine Parlamentswahl. Direkte Demokratie klingt im Prinzip nach einer guten Idee, ist aber in der Praxis extrem schwer zu verwirklichen.

Lektion 4: Menschen treffen parteiische Entscheidungen, überschätzen aber systematisch ihre eigene Logik und Solidität

Menschen treffen nicht nur irrationale Entscheidungen, die von situativen Faktoren beeinflusst werden, sie übersehen auch systematisch die Fehler in ihren eigenen Ansichten. Gleichzeitig gehen sie zwanghaft davon aus, dass jedes gegenteilige Argument voller Löcher ist.

Wir haben in Kap. 2 gesehen, wie die Homogenitätsverzerrung der Außengruppe dazu führt, dass Leaver und Remainer sich selbst hoch schätzen, aber auf die anderen herabschauen. Und aufgrund des Third-Person-Effekts halten sich beide Brexit-Stämme für resistent gegen Täuschungen, während sie ihre Gegner für unrettbar verblendet halten.

Wie wir weiter oben in diesem Kapitel gesehen haben, besteht eine der größten psychologischen Herausforderungen des Brexit darin, dass es den Menschen schwerfällt, andere Perspektiven als die eigene zu berücksichtigen. Wir sind von Natur aus loyal gegenüber unserer eigenen Meinung. Unsere sozialen, selbsterhaltenden, Muster erkennenden Gehirne haben sich so entwickelt, dass sie uns alle zu Heuchlern machen. Wir legen an andere Menschen, an andere *Stämme*, höhere Maßstäbe an, als wir an uns selbst anlegen.

Diese Voreingenommenheit macht uns empfänglich für politische Rhetorik. Oft genügen einfache Phrasen, um uns von unserer eigenen Korrektheit zu überzeugen. Es ist leicht, sich über die „Rückeroberung der Kontrolle" aufzuregen, wenn wir die Tatsache ignorieren, dass andere Länder vielleicht auch die Kontrolle übernehmen wollen (Rogers, 2019). Indem sie die natürliche Neigung der Menschen ausnutzt, mit sich selbst übereinzustimmen, trägt die politische Rhetorik mehr zur Erregung als zur Überzeugung bei.

Es ist sehr schwierig, sich zu zwingen, die Perspektive der anderen Seite einzunehmen. Es ist unnatürlich. Aber um politische Streitigkeiten wie den Brexit zu lösen, ist es, so schwierig und unnatürlich es auch ist, absolut notwendig.

Lektion 5: Alles ist sozial

Wie wir in Kap. 3 gesehen haben, ist selbst der isolationistischste, introvertierteste oder asozialste Mensch Teil einer gemeinschaftlichen Spezies. Man kann nicht einmal seine eigenen Gedanken denken, ohne eine Sprache zu benutzen, die man nur gelernt hat, um mit anderen zu kommunizieren. Ohne andere Menschen würde es keinen Brexit geben. Der Brexit ist eingebettet in ein Meer von Beziehungen, Gegenseitigkeiten und sozialen Identitäten.

Die Fähigkeit, frei und unabhängig zu sein, ist selbst ein sozialer Status. Das Vereinigte Königreich hält regelmäßig offene Wahlen ab und verfügt über eine lebendige Medienlandschaft. Es ist eines der demokratischsten Länder der Welt. Im globalen und historischen Vergleich gehören die Briten zu den freiesten Menschen, die je gelebt haben.

Psychologisch gesehen kann dies die Menschen manchmal eher zu störenden als zu kohärenten Aktionen ermutigen. Für manche Menschen ist das Zeichen einer echten Demokratie – und vielleicht das einzige *verlässliche* Zeichen – etwas zu tun, von dem alle sagen, dass es nicht getan werden sollte.

Für viele Menschen ist der Brexit eine Rebellion dagegen, dass ihnen ständig vorgeschrieben wird, was sie zu tun haben, ein Kulturkampf, in dem eine lange Zeit ausgegrenzte Gruppe endlich die Oberhand gewinnen kann. Die Briten, so glauben sie, werden nie, nie, nie Sklaven sein.

In einer Folge der britischen Sitcom *Peep Show* überlegt die Hauptfigur Jeremy, ob er den Schwarm seiner Mitbewohnerin küssen soll oder nicht. „Das ist mit Sicherheit eine schreckliche Idee", sagt ihm sein innerer Monolog, „aber das weiß ich erst, wenn ich es tatsächlich getan habe" (Armstrong & Bain, 2007). Manchmal ist die Störung des Status quo die einzige Möglichkeit zu testen, wie frei man tatsächlich ist.

Dies ist einer der Gründe, warum Menschen starr auf ihre Brexit-Positionen fixiert sind, wenn sie infrage gestellt werden. Wie in Kap. 2 erörtert, kann identitätsschützend motiviertes Denken einen Rückschlageffekt haben. Wenn Menschen angegriffen oder lächerlich gemacht werden, fühlen sie sich oft eher *noch mehr* als weniger zu ihren Ansichten verpflichtet. Sie wehren sich intensiv gegen den Versuch anderer Menschen, ihre Entscheidungsfreiheit einzuschränken.

Lektion 6: Gruppen verfallen schnell in einen Teufelskreis der Polarisierung

Eines der auffälligsten Merkmale des Brexit ist seine Spaltung. In relativ kurzer Zeit wurde eine ganze Gesellschaft dichotomisiert. Und je mehr Zeit vergeht, desto weiter driften die beiden Brexit-Stämme auseinander.

Dies wird durch die oben erörterten Probleme mit der Perspektive vorangetrieben. Hinzu kommen Bestätigungsfehler, asymmetrisches Feedback und die Kommunikation in Echokammern (analog wie digital).

Im Allgemeinen wachsen die Beziehungen langsam, aber gehen schnell wieder auseinander. Integration ist oft eine detaillierte Arbeit, bei der ein gleichmäßiges Tempo erforderlich ist, um alle Ziele im Auge zu behalten. Die Desintegration hingegen ist chaotisch. Ihr Tempo ist beschleunigt. Wenn eine Beziehung beschädigt ist, kann sie sich nie wieder vollständig erholen. In der Geschichte der menschlichen Kultur dauern Spaltungen oft Jahrhunderte.

Die binäre Natur der Gruppenpolarisierung ist selbst künstlich. In Wirklichkeit gibt es zwar zwei Hauptstämme, Leaver und Remainer, aber innerhalb jedes Stammes gibt es viele verschiedene Ansichten zum Brexit. Wie wir in Kap. 3 erörtert haben, ist die Verfolgung eines Zwei-Stämme-Ansatzes selbst ein Flirt mit dem ökologischen Trugschluss.

Nicht nur die Befürworter und Verfechter des Verbleibs sind innerlich verschieden, sondern auch Großbritannien und die Europäische Union. Viele Menschen in Großbritannien sind sich nicht einig darüber, was ein gutes Abkommen mit der EU ausmachen würde, aber die britischen Verhandlungsführer müssen eine einheitliche britische Position vertreten. Die EU-Seite, die 27 nationale Regierungen vertritt, muss sich ebenfalls mit verschiedenen Standpunkten auseinandersetzen. Dies alles macht die Brexit-Verhandlungen besonders kompliziert. So argumentiert der Verhandlungsexperte und Psychologe Thomas Hills:

> Stellen Sie sich vor, Sie kaufen ein Auto und geben all Ihren Freunden und Verwandten das Recht, gegen Ihre Wahl ein Veto einzulegen. Und nun stellen Sie sich vor, dass Sie das gleiche Recht auch allen Autohändlern einräumen, die Sie besuchen. Das ist der Brexit. (Hills, 2019a, b)

Eine wirksame Zusammenarbeit setzt voraus, dass Menschen in einer Weise zusammengebracht werden, die die gegenseitige Perspektivenübernahme und Selbstkritik fördert. Gruppen polarisieren von Natur aus. Das Problem lässt sich nur mühsam vermeiden oder ungeschehen machen.

Lektion 7: Wenn die Spieltheorie sicherstellt, dass alle verlieren, hören sie auf zu spielen

In Kap. 3 haben wir gesehen, wie Leaver und Remainer im Parlament in ein Wettrüsten verwickelt sind. Keine der beiden Seiten ist bereit, mit der anderen zusammenzuarbeiten, um das Risiko zu verringern. Aufgrund der spieltheoretischen Logik des Gefangenendilemmas ist der einzige Endpunkt eine Sackgasse. Die Optionen sind eindeutig. Entweder *No Deal* oder *No Deal*.

Solche Blockaden sind das Ergebnis schlechter Argumentation, unüberbrückbarer Spannungen und vergifteter Beziehungen. Diese Dynamik hat es praktisch unmöglich gemacht, dass ein Austrittsabkommen vom Parlament verabschiedet wird. Das natürliche Ende ist, dass das System zusammenbricht. Entweder verlässt das Vereinigte Königreich die Europäische Union ohne Abkommen, oder es werden Parlamentswahlen angesetzt und die Regierung wird an der Wahlurne neu gewählt. Oder vielleicht beides: Das Vereinigte Königreich aus- und wieder einzuschalten wird das Problem nicht lösen.

Ein psychologisch interessanter Weg, mit solchen Schwierigkeiten umzugehen, wurde von den alten Athenern bei der Wahl ihrer Führer angewandt. Sie wurde „Sortierung" genannt. Im Klartext heißt das: eine Lotterie. Man zieht seine Optionen aus einem Hut.

Die Griechen erkannten, dass bestimmte Arten von Abstimmungen Politiker dazu verleiten, unhaltbare Versprechen abzugeben, unhaltbare Behauptungen aufzustellen und ihren Konkurrenten zu widersprechen, nur um sich zu profilieren. All diese schlechten Angewohnheiten wurden neutralisiert, indem man statt einer Abstimmung eine Sortierung vornahm, um zwischen Optionen zu wählen.

Die zufällige Auswahl des Ergebnisses diente der Reinheit der Entscheidungen. Sie verhinderte, dass der Groll zwischen Gewinnern und Verlierern die künftige Gruppendynamik beeinträchtigen konnte. Niemand ist zu beneiden, wenn eine Entscheidung nach dem Zufallsprinzip getroffen wird. Und niemand kann im Nachhinein für seinen Fehler verantwortlich gemacht werden, wenn die Dinge nicht gut laufen.

Die Sortierung war eine frühe Erkenntnis, dass der Mensch seine eigene Fähigkeit, Probleme zu lösen, überschätzt. Manche Herausforderungen sind einfach zu kompliziert. Die Illusion der Kontrolle ist genau das: eine Illusion. Eine Entscheidung, die auf keinerlei Gründen beruht, scheint einer Entscheidung vorzuziehen zu sein, die auf schlechten Gründen beruhen könnte.

Eine solches Glücksspiel kann empfohlen werden, wenn die Entscheidungsträger bereits schlechte Ideen aussortiert haben und zu einer festen Anzahl von verbleibenden Optionen gelangt sind. Ein Psychologieprofessor an der Universität Warwick hat argumentiert, dass das Vereinigte Königreich dies bei seinen Brexit-Verhandlungen erreicht hat (Liu, 2019). Der Brexit-Stillstand im Parlament könnte gelöst werden, wenn sich die Abgeordneten darauf einigen würden, zu würfeln oder eine Münze zu werfen.

Ausgehend von der Psychologie der Gruppenpolarisierung, der rosaroten Brille und der Unverbesserlichkeit der Voreingenommenheit ist eine Brexit-Lotterie vielleicht gar nicht so abwegig.

Lektion 8: Eine verantwortungsbewusste Verwaltung bereitet sich auf die Folgen für die psychische Gesundheit vor

In Kap. 4 haben wir gesehen, wie der Brexit zu erheblichen Ängsten in großen Teilen der Bevölkerung beiträgt. Meinungsumfragen zeigen immer wieder, dass die Menschen den Brexit als belastend empfinden und dass er ihr tägliches Wohlbefinden und ihre Beziehungen beeinträchtigt. Objektive empirische Untersuchungen haben die Aussagen der Meinungsforscher bestätigt. Sie zeigt auch, dass der Stress durch den Brexit eher schlimmer als besser wird.

Eine breitere Forschungsliteratur belegt eindeutig, dass wirtschaftliche und politische Unsicherheit Risiken für die psychische Gesundheit mitsichbringt. Rezession, Arbeitslosigkeit und soziale Benachteiligung tragen jeweils zu einer schweren Pathologie bei. Die Forschungsergebnisse sind eindeutig und konsistent. Ein Anstieg der Arbeitslosigkeit führt zu einem Anstieg der Selbstmordrate.

Einige Menschen im Vereinigten Königreich sind stärker gefährdet als andere. Die Menschen in Nordirland sind dem zusätzlichen Stress eines unsicheren Friedensprozesses ausgesetzt. Angehörige ethnischer Minderheiten sehen sich rassistischen Belästigungen gegenüber.

Wie in Kap. 4 dargelegt, hat der Austritt Großbritanniens aus der Europäischen Union nichts Traumatisches an sich. Die einzige Gefahr liegt in der Art und Weise, wie der Prozess gehandhabt wird. Nationen haben das Recht, ihre Autonomie in einer Weise auszuüben, die das Risiko einer wirtschaftlichen Rezession birgt. Wichtig ist, dass sie dies mit angemessener Vorbereitung tun.

Bei der Bewältigung des Brexit sollte eine verantwortungsbewusste Regierung in Dienste investieren, die gefährdete Gruppen gezielt unterstützen. Sie sollte sich auf die Rezession vorbereiten, indem sie die Dienste für psychische Gesundheit aufstockt und gezielte Anstrengungen unternimmt, um den spezifischen Anstieg der Selbstmordrate zu bewältigen, der allen Untersuchungen zufolge unweigerlich eintreten wird. Eine verantwortungsbewusste Wählerschaft sollte ihre Regierung zur Rechenschaft ziehen, wenn sie es versäumt, die Bürger auf diese Weise zu schützen.

Lektion 9: Eine gewissenhafte Verwaltung wird sich bemühen, situative Risikofaktoren zu reduzieren

In Kap. 4 wird argumentiert, dass der Brexit eine Fallstudie dafür ist, wie man ein großes nationales Projekt so stressig wie möglich steuert. Dies ist auf die Handlungen von Politikern und öffentlichen Verwaltern zurückzuführen. Sie sind mit dem Brexit auf eine Art und Weise umgegangen, die die Probleme der Mehrdeutigkeit, der Unbestimmtheit der Rolle, der geringen Kontrolle, des mangelnden Feedbacks, der Unbeständigkeit der Belohnung, der zwischenmenschlichen Konflikte, der geringen sozialen Unterstützung und der Unvorhersehbarkeit noch verschärft hat. All dies sind bekannte situative Risikofaktoren für Stress.

Der Brexit hat im Vereinigten Königreich landesweite Umwälzungen ausgelöst. Er hat die Normen des täglichen Lebens erschüttert, an die sich die Menschen in den vergangenen Jahrzehnten gewöhnt hatten. In diesem Sinne beinhaltet der Brexit das Gefühl eines echten nationalen Notstands. Manche würden ihn sogar als Katastrophe bezeichnen.

Der Brexit ist keine Überschwemmung, kein Erdbeben, kein Feuer, kein Krieg und kein Terroranschlag. Er ist jedoch ein nicht enden wollender alltäglicher Stressfaktor, der Auswirkungen auf so gut wie jeden hat, der im Vereinigten Königreich lebt. Im Vergleich zu kleineren Katastrophen ist seine Reichweite weitaus größer als die der meisten anderen. Ebenso wird der Brexit wahrscheinlich viel länger andauern als die meisten Umwälzungen. Seine sozialen und wirtschaftlichen Auswirkungen werden noch über Generationen hinweg spürbar sein.

Psychologen, die sich mit Katastrophen befassen, haben vor langem festgestellt, dass die Menschen erstaunlich widerstandsfähig sind. Sie zeigen sich angesichts eines Traumas solidarisch (Kaniasty & Norris, 2004). Naturkatastrophen unterscheiden sich jedoch von solchen, die von Menschenhand verursacht wurden. Bei einer von Menschen verursachten Katastrophe ist das Gefühl der gemeinschaftlichen Solidarität oft beeinträchtigt. Dies untergräbt die Widerstandsfähigkeit der Menschen und beeinträchtigt ihre Fähigkeit, das Trauma zu bewältigen (Kaniasty & Norris, 2009).

Zumindest bietet eine von Menschen verursachte Krise die Möglichkeit, dass sie eines Tages von Menschen *ungeschehen gemacht* werden kann. Es besteht das Gefühl, dass die Ereignisse von Menschen kontrolliert werden können. Die Bürger davon zu überzeugen, dass die Dinge unter Kontrolle sind, würde sicherlich viel dazu beitragen, den Stress des Brexit zu verringern.

Regierungen und Beamte haben die Möglichkeit, für mehr Klarheit zu sorgen. Sie können ein besseres Feedback geben, den Menschen ein Gefühl für die Sinnhaftigkeit ihrer Stimmabgabe vermitteln und sichtbare Anstrengungen unternehmen, um Konflikte zu vermeiden, anstatt sie auszunutzen. Soweit die situativen Stressfaktoren der Brexit-Krise kontrollierbar sind, sollten verantwortungsbewusste Führungskräfte alles tun, um diese Kontrolle wiederzuerlangen.

Lektion 10: Der Brexit ist psychologisch, nicht politisch

In diesem Buch ist eines klar geworden: Der Brexit ist zutiefst psychologisch. In Kap. 1 haben wir gesehen, wie der Brexit weitverbreitete Versuche provoziert, politische Umwälzungen zu erklären, indem man sich auf tief verankerte kulturelle Konzepte beruft, die in die britische Psyche eindringen. In Kap. 2 haben wir untersucht, wie sich die Entwicklung des menschlichen Entscheidungsgehirns auf die Wahrnehmung und Erfahrung des Brexit auswirkt.

In Kap. 3 haben wir gesehen, wie der Brexit die Art und Weise widerspiegelt, wie einzelne britische Bürger ihr Leben psychologisch erleben, wie sie sich kulturell identifizieren und welche Werte sie vertreten. Und in Kap. 4 haben wir über die Auswirkungen des Brexit auf das psychische Wohlbefinden der Bevölkerung nachgedacht sowie über die Art und Weise, wie diese Bevölkerung ihre eigene Vernunft im Rückblick auf den Brexit beurteilt.

Beim Brexit geht es um Gefühle, Annahmen, Einflüsse, Dispositionen, soziale Beziehungen, Identitäten, Emotionen, Pathologien und Perspektiven. Der Brexit ist in der Tat zutiefst psychologisch.

Natürlich verdienen die politischen, wirtschaftlichen und logistischen Aspekte des Brexit besondere Aufmerksamkeit. Und der Brexit wird Historiker, Geographen und Soziologen jahrzehntelang beschäftigen. Zu sagen, der Brexit sei psychologisch und nicht politisch, bedeutet, seine emotionalen und verhaltensbezogenen Aspekte zu betonen. Politik selbst ist eine grundsätzlich psychologische Aktivität.

In der Politik geht es darum zu verstehen, was die Menschen denken, wie sie fühlen und was sie glauben. Politiker können nicht funktionieren, wenn sie nicht beurteilen können, was in den Köpfen der Menschen vorgeht, nicht zuletzt in ihren eigenen. Politik wird besser, wenn wir verstehen, wie Menschen Entscheidungen treffen, was sie motiviert und wo ihr Potenzial liegt.

Der Umgang mit dem Brexit durch die Konzentration auf Zollunionen, Handel, Vorschriften und Bürokratie ist bis zu einem gewissen Grad notwendig. Aber in gewisser Weise dient die Technokratie auch als Ablenkung. Es ist viel einfacher, Erbsen zu zählen, als Ambitionen zu verwirklichen, ethische Fragen zu klären oder Nationen zu inspirieren. Und es ist einfacher, sich an die politischen Vorgaben zu halten, als Gemeinschaften zu heilen, auf dringende Bedürfnisse einzugehen oder eine bessere Zukunft zu schaffen.

Die Lösung des Brexit muss die Persönlichkeiten der Menschen, ihre Emotionen und ihr Gefühl für ihren Platz in der Welt berücksichtigen. Die Psychologie ist eine Wissenschaft, aber die Wissenschaft kann sich oft auf ihre eigene Art von Erbsenzählerei reduzieren. Das Wunderbare an der Psychologie sind ihre Einblicke in die reinen Seelen der Menschen, ihre Fähigkeit, eine emotionale Verbindung herzustellen, und das geistige Periskop, das sie uns bietet und durch das wir uns selbst und unsere Annahmen aus verschiedenen Blickwinkeln betrachten können.

Die Psychologie des Brexit ist also wichtig, nicht nur, weil sie uns hilft, den Brexit zu verstehen. Sie hilft uns auch, die Idee zu verstehen, dass Menschen eine „Psychologie" an sich haben. Wir können den Brexit nutzen, um die Psychologie zu erklären, so wie wir die Psychologie nutzen, um den Brexit zu untersuchen. Und dadurch können wir unser eigenes Selbst, unsere Neigungen und Schwächen, unser Potenzial und unser Wohlbefinden besser erkennen.

Der Brexit ist psychologisch, nicht politisch. Er ist eine endliche Erfahrung, eine Episode des geistigen Lebens, der Ausfluss einer Reihe von Verhaltensweisen und geistigen Anstrengungen von Individuen und Gesellschaften. Er ist eine der tiefgreifendsten gesellschaftlichen Umwälzungen, die wir zu unseren Lebzeiten erleben werden. Er kann und sollte erforscht werden.

Brexit ist Brexit. Und wir sollten alle versuchen, daraus zu lernen.

Literatur

Ahmad, F., Jhajj, A. K., Stewart, D. E., Burghardt, M., & Bierman, A. S. (2014). Single item measures of self-rated mental health: A scoping review. *BMC Health Services Research, 14*, 398.

Altemeyer, B. (1998). The other 'authoritarian personality'. *Advances in Experimental Social Psychology, 30*, 47–92.

American Psychological Association. (1992, April 1). *Guidelines for nonhandicapping language in APA journals.* https://apastyle.apa.org/manual/related/nonhandicapping-language.html/. Zugegriffen am 29.06.2019.

American Psychological Association. (2010). *Publication manual of the American Psychological Association* (6th. Aufl.). APA.

Armstrong, J., & Bain, S. (2007). *Peep Show s04e02: 'Conference'.* https://www.imdb.com/title/tt1017808/fullcredits. Zugegriffen am 29.06.2019.

Arvey, R. D., Rotundo, M., Johnson, W., Zhang, Z., & McGue, M. (2006). The determinants of leadership role occupancy: Genetic and personality factors. *Leadership Quarterly, 17*, 1–20.

Ashcroft, L. (2016, June 24). *How the United Kingdom voted on Thursday…and why.* Lord Ashcroft Polls. https://lordashcroftpolls.com/2016/06/how-the-united-kingdom-voted-and-why/. Zugegriffen am 30.05.2019.

B. M. Hughes, *Die Psychologie des Brexit*, https://doi.org/10.1007/978-3-031-16112-4

Ashdown, P. (2017, March 29). Brexit is a monumental act of self-harm which will bewilder historians. *The Independent.* https://www.independent.co.uk/voices/article-50-brexit-theresa-may-eu-negotiations-paddy-ashdown-monumental-self-harm-bewilder-historians-a7656306.html. Zugegriffen am 30.05.2019.

Ashdown, P. (2018, July 17). We are at the point where no Brexit outcome can find a Commons majority: So what now? *HuffPost.* https://www.huffingtonpost.co.uk/entry/brexit-parliament_uk_5b4dea88e4b0fd5c73bf17b2. Zugegriffen am 21.06.2019.

BACP. (2019, April 11). *One third of adults say Brexit has affected their mental health, BACP research finds.* BACP. https://www.bacp.co.uk/news/news-from-bacp/2019/11-april-one-third-of-adults-say-brexit-has-affected-their-mental-health-bacp-research-finds/. Zugegriffen am 14.06.2019.

Barberá, P., Jost, J. T., Nagler, J., Tucker, J. A., & Bonneau, R. (2015). Tweeting from left to right: Is online political communication more than an echo chamber? *Psychological Science, 26*, 1531–1542.

Barr, B., Taylor-Robinson, D., Scott-Samuel, A., McKee, M., & Stuckler, D. (2012). Suicides associated with the 2008–10 economic recession in England: Time trend analysis. *BMJ, 345*, e5142.

Bartlett, N. (2019, March 29). Boris Johnson and Jacob Rees-Mogg jeered as they fold and back Theresa May over Brexit. *Mirror.* https://www.mirror.co.uk/news/politics/boris-johnson-jacob-rees-mogg-14204582. Zugegriffen am 14.06.2019.

Bastos, M., Mercea, D., & Baronchelli, A. (2018). The geographic embedding of online echo chambers: Evidence from the Brexit campaign. *PLOS ONE, 13*, e0206841.

BBC News. (2017, January 23). Cambridge scientists consider fake news 'vaccine'. *BBC.* https://www.bbc.com/news/uk-38714404. Zugegriffen am 30.05.2019.

Begg, I. M., Anas, A., & Farinacci, S. (1992). Dissociation of processes in belief: Source recollection, statement familiarity, and the illusion of truth. *Journal of Experimental Psychology: General, 121*, 446–458.

Belam, M. (2017, November 14). Sex, slang, steak: Views that show remainers and leavers are worlds apart. *The Guardian.* https://www.theguardian.com/politics/2017/nov/14/sex-slang-steak-views-leave-remain-worlds-apart. Zugegriffen am 05.06.2019.

Beveridge, A. (2003). The madness of politics. *Journal of the Royal Society of Medicine, 96*, 602–604.

Bhugra, D. (2005). Cultural identities and cultural congruency: A new model for evaluating mental distress in immigrants. *Acta Psychiatrica Scandinavica, 111*, 84–93.

Bhui, K. (2016). Discrimination, poor mental health, and mental illness. *International Journal of Psychiatry, 28*, 411–414.

Bilewicz, M., Winiewski, M., Kofta, M., & Wójcik, A. (2013). Harmful ideas: The structure and consequences of antisemitic beliefs in Poland. *Political Psychology, 34*, 821–839.

Bishop, D. (2019, March 27). What is driving Theresa May? *Deevybee*. https://deevybee.blogspot.com/2019/03/what-is-driving-theresa-may.html. Zugegriffen am 05.06.2019.

Blinder, S., & Richards, L. (2018, June 7). *UK public opinion toward immigration: Overall attitudes and level of concern.* Migration Observatory. https://migrationobservatory.ox.ac.uk/resources/briefings/uk-public-opinion-toward-immigration-overall-attitudes-and-level-of-concern/. Zugegriffen am 21.06.2019.

Blitz, J. (2019, May 15). Why Theresa May faces defeat on her flagship Brexit bill. *Financial Times*. https://www.ft.com/content/9d4612ac-7719-11e9-be7d-6d846537acab. Zugegriffen am 05.06.2019.

Bonnie, R. J. (2002). Political abuse of psychiatry in the Soviet Union and in China: Complexities and controversies. *Journal of the American Academy of Psychiatry and the Law, 30*, 136–144.

Booth, R. (2019, March 6). Brexit vote brought UK feelgood factor to abrupt halt, says ONS. *The Guardian*. https://www.theguardian.com/politics/2019/mar/06/brexit-referendum-brought-uk-feelgood-factor-to-abrupt-halt-says-ons. Zugegriffen am 14.06.2019.

Borchardt, A., Bironzo, D., & Simon, F. M. (2018, July 3). *What bothers European media most about Brexit?* LSE. https://blogs.lse.ac.uk/brexit/2018/07/03/what-bothers-european-media-most-about-brexit/. Zugegriffen am 21.06.2019.

Boyle, N. (2018, January 16). Brexit is a collective English mental breakdown. *Irish Times*. https://www.irishtimes.com/opinion/brexit-is-a-collective-english-mental-breakdown-1.3356258. Zugegriffen am 14.06.2019.

Brooks, T. (2016, October 1). The meaningless mantra of 'Brexit means Brexit'. *E!Sharp*. https://esharp.eu/debates/the-uk-and-europe/the-meaningless-mantra-of-brexit-means-brexit. Zugegriffen am 17.05.2019.

Bueltmann, T. (2019, March 21). Five million EU and UK citizens have spent 1,000 days in limbo. It has to end. *The Guardian*. https://www.theguardian.com/commentisfree/2019/mar/21/five-million-eu-citizens-1000-days-limbo. Zugegriffen am 21.06.2019.

Busby, M. (2018, June 29). 'Where is the geezer?' Danny Dyer rages at David Cameron over Brexit. *The Guardian*. https://www.theguardian.com/film/2018/jun/29/where-is-the-geezer-danny-dyer-rages-at-david-cameron-over-brexit. Zugegriffen am 17.05.2019.

Butter, S. (2018, November 26). Are you suffering from Branxiety? *Evening Standard.* https://www.standard.co.uk/lifestyle/london-life/the-age-of-branxiety-a4000116.html. Zugegriffen am 14.06.2019.

Cadwalladr, C. (2017, May 7). The great British Brexit robbery: How our democracy was hijacked. *The Guardian.* https://www.theguardian.com/technology/2017/may/07/the-great-british-brexit-robbery-hijacked-democracy. Zugegriffen am 21.06.2019.

Caplan, B. (2001). Rational ignorance versus rational irrationality. *Kyklos, 54*, 3–26.

Carlyle, T. (1841). *On heroes, hero-worship, and the heroic in history.* James Fraser.

Carothers, B. J., & Reis, H. T. (2013). Men and women are from Earth: Examining the latent structure of gender. *Journal of Personality and Social Psychology, 104*, 385–407.

Carroll, P. (2018, December 5). *The facts may have changed on Brexit: But people's minds have not.* Ipsos MORI. https://www.ipsos.com/ipsos-mori/en-uk/facts-may-have-changed-brexit-peoples-minds-have-not. Zugegriffen am 30.05.2019.

Carswell, S. (2018, December 10). This means war: Psychologists try to make sense of Brexit. *Irish Times.* https://www.irishtimes.com/news/politics/this-means-war-psychologists-try-to-make-sense-of-brexit-1.3725395. Zugegriffen am 17.05.2019.

Chakrabortty, A. (2016, June 28). After a campaign scarred by bigotry, it's become OK to be racist in Britain. *The Guardian.* https://www.theguardian.com/commentisfree/2016/jun/28/campaign-bigotry-racist-britain-leave-brexit. Zugegriffen am 17.05.2019.

Chomsky, N. (1957). *Syntactic structures.* Mouton.

Cichocka, A., Marchlewska, M., Golec de Zavala, A., & Olechowski, M. (2016). 'They will not control us': Ingroup positivity and belief in intergroup conspiracies. *British Journal of Psychology, 107*, 556–576.

Clark, N. (2019, March 29). Brexit Day march: Thousands of pro-Brexit protesters shut down Westminster on what should have been our independence day. *The Sun.* https://www.thesun.co.uk/news/brexit/8750077/thousands-of-pro-brexit-protesters-shut-down-westminster-on-what-should-have-been-our-independence-day/. Zugegriffen am 21.06.2019.

Cohen, N. (2018, July 12). How the BBC lost the plot on Brexit. *New York Review of Books.* https://www.nybooks.com/daily/2018/07/12/how-the-bbc-lost-the-plot-on-brexit/. Zugegriffen am 30.05.2019.

Collinson, P. (2018, February 26). Overall UK happiness levels given English boost, ONS says. *The Guardian*. https://www.theguardian.com/world/2018/feb/26/overall-uk-happiness-level-given-boost-by-english-office-national-statistics-life-satisfaction-survey. Zugegriffen am 14.06.2019.

Cooper, R. (2016, August 12). Here's everything Nigel Farage's shit new moustache looks like. *Her.* https://www.her.ie/news/heres-everything-nigel-farages-shit-new-moustache-looks-like-306961. Zugegriffen am 05.06.2019.

Coward, R. (2017, March 28). Theresa May takes empty rhetoric to a new level. *The Guardian*. https://www.theguardian.com/commentisfree/2017/mar/28/theresa-may-rhetoric-brexit-authoritarian-delusions. Zugegriffen am 17.05.2019.

Crace, J. (2016, November 8). Theresa struggles to take back control – From her own Maybot. *The Guardian*. https://www.theguardian.com/politics/2016/nov/08/theresa-may-struggles-take-back-control-maybot-india-brexit. Zugegriffen am 05.06.2019.

Crawford, J. T. (2012). The ideologically objectionable premise model: Predicting biased political judgments on the left and right. *Journal of Experimental Social Psychology, 48*, 138–151.

Crerar, P. (2018, May 29). Labour MPs' fear of Brexit voters could be unfounded, study says. *The Guardian*. https://www.theguardian.com/politics/2018/may/29/labour-mps-fear-brexit-voters-unfounded-study. Zugegriffen am 05.06.2019.

Crisp, J. (2016, March 15). *British EPP compares Brexit ballot paper to Hitler's rigged voting slips.* Euractiv. https://www.euractiv.com/section/uk-europe/news/british-epp-compares-brexit-ballot-paper-to-hitlers-rigged-voting-slips/. Zugegriffen am 30.05.2019.

Cromby, J. (2019). The myths of Brexit. *Journal of Community & Applied Social Psychology, 29*, 56–66.

Cunningham, J. A., Neighbors, C., Wild, T. C., & Humphreys, K. (2012). Normative misperceptions about alcohol use in a general population sample of problem drinkers from a large metropolitan city. *Alcohol and Alcoholism, 47*, 63–66.

Curtice, J. (2018, August 10). How young and old would vote on Brexit now. *BBC*. https://www.bbc.com/news/uk-politics-45098550. Zugegriffen am 30.05.2019.

Curtice, J. (2019, February 11). *Has there been a shift in support for Brexit?* UK in a Changing Europe. https://ukandeu.ac.uk/has-there-been-a-shift-in-support-for-brexit/. Zugegriffen am 30.05.2019.

Damasio, H. (2005). Disorders of social conduct following damage to prefrontal cortices. In J. P. Changeux, A. R. Damasio & W. Singer (Hrsg.), *Neurobiology of human values* (S. 37–46). Springer.

Davidson, T. (2019, March 20). Overheard voice at the end of Theresa May's speech says what we're all thinking. *Mirror.* https://www.mirror.co.uk/news/politics/overheard-voice-end-theresa-mays-14165355. Zugegriffen am 30.05.2019.

Davis, C. (2018, December 14). 'Stop calling me INSANE!' Economist SHUTS down remainer as he calls for no deal Brexit. *Express*. https://www.express.co.uk/news/uk/1058613/Brexit-news-latest-deal-vote-Theresa-May-BBC-today-referendum-backstop-debate-row. Zugegriffen am 14.06.2019.

Degerman, D. (2018). Brexit anxiety: A case study in the medicalization of dissent. *Critical Review of International Social and Political Philosophy, 8*, 1–18.

Degerman, D. (2019, April 3). Brexit anxiety shouldn't be over-medicalised: It is fuelling real political engagement. *The Conversation*. https://theconversation.com/brexit-anxiety-shouldnt-be-over-medicalised-it-is-fuelling-real-political-engagement-114664. Zugegriffen am 14.06.2019.

Del Vicario, M., Zollo, F., Caldarelli, G., Scala, A., & Quattrociocchi, W. (2017). Mapping social dynamics on Facebook: The Brexit debate. *Social Networks, 50*, 6–16.

Dolan, J., Deckman, M. M., & Swers, M. L. (2017). *Women in politics: Paths to power and political influence*. Rowman & Littlefield.

Dominiczak, P., & Wilkinson, M. (2016). Theresa May says Britain must look beyond Europe – As she vows to trigger article 50 by March. *Telegraph*. https://www.telegraph.co.uk/news/2016/10/02/theresa-may-brexit-boris-johnson-david-davis-liam-foxlive/. Zugegriffen am 05.06.2019.

Dorling, D. (2016). Brexit: The decision of a divided country. *BMJ, 354*, i3697.

Dorling, D., & Tomlinson, S. (2019). *Rule Britannia: Brexit and the end of empire*. Biteback.

Downs, A. (1957). *An economic theory of democracy*. Harper.

Duarte, J. L., Crawford, J. T., Stern, C., Haidt, J., Jussim, L., & Tetlock, P. E. (2015). Political diversity will improve social psychological science. *Behavioral and Brain Sciences, 38*, e130.

Duell, M. (2016, August 12). 'On behalf of all people with facial hair, I'd like to complain about Farage's moustache': Twitter melts down at sight of ex-Ukip leader's new 'tache. *Daily Mail.* https://www.dailymail.co.uk/news/article-3736326/Farage-s-moustache-worse-Brexit-Twitter-goes-meltdown-Nigel-Farage-appears-TV-sporting-bushy-new-tache-Ron-Burgundy-proud-of.html. Zugegriffen am 05.06.2019.

Dunt, I. (2019, February 1). The collective madness behind Britain's latest Brexit plan. *Washington Post.* https://www.washingtonpost.com/outlook/the-collective-madness-behind-britains-latest-brexit-plan/2019/01/31/48d4d67e-2578-11e9-81fd-b7b05d5bed90_story.html. Zugegriffen am 14.06.2019.

Dunyach, J.-F. (2019, January 25). Brexit: „L'empire, thème de choix des eurosceptiques". *Le Monde.* https://www.lemonde.fr/idees/article/2019/01/25/brexit-l-empire-theme-de-choix-des-eurosceptiques_5414551_3232.html. Zugegriffen am 17.05.2019.

Eagly, A. H., Makhijani, M. G., & Klonsky, B. G. (1992). Gender and the evaluation of leaders: A meta-analysis. *Psychological Bulletin, 111*, 3–22.

Earle, S. (2017, October 5). The toxic nostalgia of Brexit. *The Atlantic.* https://www.theatlantic.com/international/archive/2017/10/brexit-britain-may-johnson-eu/542079/. Zugegriffen am 17.05.2019.

Eaton, G. (2018, September 12). Ian Kershaw: 'Brexit would be the greatest act of national self-harm in postwar history'. *New Statesman.* https://www.newstatesman.com/culture/observations/2018/09/ian-kershaw-brexit-would-be-greatest-act-national-self-harm-postwar. Zugegriffen am 30.05.2019.

Edgington, T. (2019, January 15). What are the biggest government defeats? *BBC.* https://www.bbc.com/news/uk-46879887. Zugegriffen am 05.06.2019.

Edwardes, C. (2017, October 18). How Jeremy Corbyn transformed into a credible contender for power. *Evening Standard.* https://www.standard.co.uk/lifestyle/esmagazine/how-labour-leader-jeremy-corbyn-transformed-into-a-credible-contender-for-power-a3659826.html. Zugegriffen am 05.06.2019.

Ehrenreich, B. (2009). *Smile or die: How positive thinking fooled America and the world.* Granta.

Elan, P. (2016, August 15). Gyllenhaal, Franco…Farage? The return of the 70s porntache. *The Guardian.* https://www.theguardian.com/fashion/2016/aug/15/gyllenhaal-franco-farage-the-return-of-the-70s-pornstache. Zugegriffen am 05.06.2019.

Electoral Commission. (2015). *Referendum on membership of the European Union: Assessment of the Electoral Commission on the proposed referendum question.* Electoral Commission.

El-Enany, N. (2017, May 2). *Things fall apart: From empire to Brexit Britain.* Institute for Policy Research, University of Bath. http://blogs.bath.ac.uk/iprblog/2017/05/02/things-fall-apart-from-empire-to-brexit-britain/. Zugegriffen am 17.05.2019.

Elgot, J. (2018, July 17). Vote Leave fined and reported to police by Electoral Commission. *The Guardian.* https://www.theguardian.com/politics/2018/

jul/17/vote-leave-fined-and-reported-to-police-by-electoral-commission-brexit. Zugegriffen am 21.06.2019.

Elliott, L. (2019, January 30). Pound falls after Commons vote spurs no-deal Brexit fears. *The Guardian.* https://www.theguardian.com/business/2019/jan/30/pound-falls-after-commons-vote-spurs-no-deal-brexit-fears. Zugegriffen am 17.05.2019.

Embury-Dennis, T. (2018, September 6). Northern Ireland secretary admits she did not realise nationalists refuse to vote for unionist parties when she took job. *The Independent.* https://www.independent.co.uk/news/uk/politics/northern-ireland-karen-bradley-secretary-nationalists-unionists-sinn-fein-dup-elections-a8526466.html. Zugegriffen am 30.05.2019.

Evans, G., & Schaffner, F. (2019, January 22). Brexit identities: How leave versus remain replaced conservative versus labour affiliations of British voters. *The Conversation.* https://theconversation.com/brexit-identities-how-leave-versus-remain-replaced-conservative-versus-labour-affiliations-of-british-voters-110311. Zugegriffen am 05.06.2019.

Feltham, C. (2016). *Depressive realism: Interdisciplinary perspectives.* Routledge.

Ferry, F., Bunting, B., Murphy, S., O'Neill, S., Stein, D., & Koenen, K. (2013). Traumatic events and their relative PTSD burden in Northern Ireland: A consideration of the impact of the 'Troubles'. *Social Psychiatry and Psychiatric Epidemiology, 49*, 435–446.

Flint, C. (2019, February 5). Parliament voted to get a Brexit deal done now. So let's make it happen. *The Guardian.* https://www.theguardian.com/commentisfree/2019/feb/05/parliament-vote-brexit-deal-now. Zugegriffen am 05.06.2019.

Flynn, D. J., Nyhan, B., & Reifler, J. (2017). The nature and origins of misperceptions: Understanding false and unsupported beliefs about politics. *Political Psychology, 38*, 127–150.

Ford, R. (2018, October 18). *So in the case of Caroline Flint's Don Valley, 68 % *of those who voted* in 2016 backed Brexit (per Chris Hanretty's estimates). But that's actually only 41 % of the constituents in her seat. Another 40 % didn't vote at all. And that's *eligible* constituents, not everyone …* [Twitter post]. https://twitter.com/robfordmancs/status/1052865917628100613. Zugegriffen am 05.06.2019.

Foster, P. (2017, March 10). How will Brexit affect Scotland and Northern Ireland? *Telegraph.* https://www.telegraph.co.uk/news/0/how-would-brexit-affect-northern-ireland-and-scotland/. Zugegriffen am 14.06.2019.

Fox, F. S. (2016, October 19). Brexit means stupid: So who voted for this? *Mirror.* https://www.mirror.co.uk/news/uk-news/brexit-means-stupid-who-voted-9078503. Zugegriffen am 17.05.2019.

Frasquilho, D., Matos, M. G., Salonna, F., Guerreiro, D., Storti, C. C., Gaspar, T., & Caldas-de-Almeida, J. M. (2016). Mental health outcomes in times of economic recession: A systematic literature review. *BMC Public Health, 16*, 115.

Friedman, T. L. (2019, April 2). The United Kingdom has gone mad. *New York Times.* https://www.nytimes.com/2019/04/02/opinion/brexit-news.html. Zugegriffen am 14.05.2019.

Gill, A. A. (2016, June 12). Brexit: AA Gill argues for 'In'. *The Times.* https://www.thetimes.co.uk/article/aa-gill-argues-the-case-against-brexit-kmnp83zrt. Zugegriffen am 21.06.2019.

Gillett, F. (2017, May 2). Diane Abbott interview: The full transcript of the Shadow Home Secretary's car crash LBC appearance. *Evening Standard.* https://www.standard.co.uk/news/politics/diane-abbott-interview-the-full-transcript-of-the-shadow-home-secretarys-car-crash-lbc-appearance-a3528301.html. Zugegriffen am 30.05.2019.

Godlee, F., Kinnair, D., & Nagpaul, C. (2018). Brexit will damage health. *BMJ, 363*, k4804.

Goldberg, D. P., & Williams, P. (1988). *A users' guide to the general health questionnaire*. GL Assessment.

Goodwin, M., & Heath, O. (2016, August 31). *Brexit vote explained: Poverty, low skills and lack of opportunities.* Joseph Rowntree Foundation. https://www.jrf.org.uk/report/brexit-vote-explained-poverty-low-skills-and-lack-opportunities. Zugegriffen am 30.05.2019.

Green, D. A. (2017, August 3). The tale of the Brexit referendum question. *Financial Times.* https://www.ft.com/content/b56b2b36-1835-37c6-8152-b175cf077ae8. Zugegriffen am 30.05.2019.

Green, G., & Gilbertson, J. (2008). *Warm front better health: Health impact evaluation of the Warm Front scheme.* Centre for Regional, Economic and Social Research, Sheffield Hallam University.

Greenglass, E. R., Katter, J. K., Fiksenbaum, L., & Hughes, B. M. (2015). Surviving in difficult economic times: Relationship between economic factors, self-esteem and psychological distress in university students. In R. J. Burke, C. L. Cooper & A.-S. G. Antoniou (Hrsg.), *The multi-generational and aging workforce: Challenges and opportunities* (S. 58–77). Edward Elgar.

Hanretty, C. (2017). Areal interpolation and the UK's referendum on EU membership. *Journal of Elections, Public Opinion and Parties, 27*, 466–483.

Hänska-Ahy, M., & Bauchowitz, S. (2017). Tweeting for Brexit: How social media influenced the referendum. In J. Mair, T. Clark, N. Fowler, R. Snoddy & R. Tait (Hrsg.), *Brexit, Trump and the media* (S. 31–35). Abramis.

Harding, R. (2017). *British social attitudes* (Bd. 34). NatCen.

Harris, T. (2019, January 22). Remainers won't 'get' Brexit until they understand their caricature of Brexiteers is entirely wrong. *BrexitCentral.* https://brexitcentral.com/remainers-wont-get-brexit-understand-caricature-brexiteers-entirely-wrong/. Zugegriffen am 21.06.2019.

Hart, W., Albarracín, D., Eagly, A. H., Brechan, I., Lindberg, M. J., & Merrill, L. (2009). Feeling validated versus being correct: A meta-analysis of selective exposure to information. *Psychological Bulletin, 135*, 555–588.

Hawker, L. (2019, May 24). Brexit Party milkshake pensioner fundraising hits £5k as anger grows at conspiracy claims. *Express*. https://www.express.co.uk/news/politics/1131638/Brexit-party-milkshake-European-elections-Don-MacNaughton. Zugegriffen am 21.06.2019.

Heald, A., Vida, B., Farman, S., & Bhugra, D. (2018). The LEAVE vote and racial abuse towards Black and Minority Ethnic communities across the UK: The impact on mental health. *Journal of the Royal Society of Medicine, 111*, 158–161.

Herrman, J. (2016, June 24). 'Brexit' talk on social media favoured the 'Leave' side. *New York Times*. https://www.nytimes.com/2016/06/25/business/brexit-talk-on-social-media-heavily-favored-the-leave-side.html. Zugegriffen am 05.06.2019.

Hilbig, B. E., & Moshagen, M. (2015). A predominance of self-identified Democrats is no evidence of a leftward bias. *Behavioral and Brain Sciences, 38*, e146.

Hills, J. (2019a, January 25). Chancellor Philip Hammond says no-deal Brexit would be 'both political betrayal and economic self-harm'. *ITV.* https://www.itv.com/news/2019-01-25/chancellor-philip-hammond-brexit/. Zugegriffen am 30.05.2019.

Hills, T. (2019b, January 29). 6 negotiation lessons from the Brexit disaster. *Psychology Today.* https://www.psychologytoday.com/intl/blog/statistical-life/201901/6-negotiation-lessons-the-brexit-disaster. Zugegriffen am 21.06.2019.

Holbrook, A. L., Krosnick, J. A., Carson, R. T., & Mitchell, R. C. (2000). Violating conversational conventions disrupts cognitive processing of attitude questions. *Journal of Experimental Social Psychology, 36*, 465–494.

Hope, C. (2019, March 16). Commemorative Brexit coins delayed amid confusion over date of departure. *Telegraph.* https://www.telegraph.co.uk/politics/2019/03/16/commemorative-brexit-coins-delayed-amid-confusion-date-departure/. Zugegriffen am 14.06.2019.

Hornsey, M. J., & Jetten, J. (2004). The individual within the group: Balancing the need to belong with the need to be different. *Personality and Social Psychology Review, 8*, 248–264.

Horton, H. (2016, August 12). Nigel Farage wows social media with new moustache. *Telegraph.* https://www.telegraph.co.uk/news/2016/08/12/nigel-farage-wows-social-media-with-new-moustache/. Zugegriffen am 05.06.2019.

House, R. J., Hanges, P. J., Javidan, M., Dorfman, P. W., & Gupta, V. (Hrsg.). (2004). *Culture, leadership, and organizations: The GLOBE study of 62 societies*. Sage.

Hughes, B. M. (2004). Life, death, and psychology. *Irish Psychologist, 31*, 158–163.

Hughes, B. M. (2016). *Rethinking psychology: Good science, bad science, pseudoscience*. Palgrave.

Hughes, B. M. (2018). *Psychology in crisis*. Palgrave.

Hughes, P. (2017, May 12). Every Leave constituency where the MP voted Remain. *iNews*. https://inews.co.uk/news/politics/every-leave-constituency-with-a-remain-mp/. Zugegriffen am 05.06.2019.

Hyde, J. S. (2014). Gender similarities and differences. *Annual Review of Psychology, 65*, 373–398.

Inbar, Y., & Lammers, J. (2012). Political diversity in social and personality psychology. *Perspectives on Psychological Science, 7*, 496–503.

Ipsos MORI. (2013). Perceptions are not reality: The top 10 we get wrong. *Ipsos MORI.* https://www.ipsos.com/sites/default/files/migrations/en-uk/files/Assets/Docs/Polls/ipsos-mori-rss-kings-perils-of-perception-methodology-note.pdf. Zugegriffen am 30.05.2019.

Ipsos MORI. (2017). *Shifting ground: 8 key findings from a longitudinal study on attitudes towards immigration and Brexit*. Ipsos MORI.

Irish Times. (2016, June 24). Irish Times view: Brexit a bewildering act of self-harm. *Irish Times.* https://www.irishtimes.com/opinion/editorial/irish-times-view-brexit-a-bewildering-act-of-self-harm-1.2698212. Zugegriffen am 21.06.2019.

Isaac, A. (2019, June 10). Can the economy recover from its 'Brexit hangover'? *Telegraph.* https://www.telegraph.co.uk/business/2019/06/10/can-economy-recover-brexit-hangover/. Zugegriffen am 14.06.2019.

Jackson, G. (2018, December 9). How is Brexit uncertainty affecting the UK economy? *Financial Times.* https://www.ft.com/content/1c161ef2-fba9-11e8-ac00-57a2a826423e. Zugegriffen am 14.06.2019.

Jackson, L. B. (2017). *Islamophobia in Britain: The making of a Muslim enemy*. Palgrave Macmillan.

James, E. L. (2012). *Fifty shades of grey*. Vintage.

Jamieson, S. (2018, March 11). Brexit vote was 'driven by nostalgia' for a world where 'faces were white', Sir Vince Cable claims. *Telegraph*. https://www.telegraph.co.uk/politics/2018/03/11/brexit-vote-driven-nostalgia-world-faces-white-sir-vince-cable/. Zugegriffen am 17.05.2019.

Jenkins, S. (2018, August 30). Hooligan Brexiters now offer a mad, dystopian future nobody voted for. *The Guardian*. https://www.theguardian.com/commentisfree/2018/aug/30/brexiters-future-crashing-out-hard-soft-brexit-dominic-raab. Zugegriffen am 14.06.2019.

Johnson, B. (2018, July 9). Boris Johnson's resignation letter and May's reply in full. *BBC*. https://www.bbc.com/news/uk-politics-44772804. Zugegriffen am 14.06.2019.

Johnson, J. H., & Gluck, M. (2016). *Everydata: The misinformation hidden in the little data you consume every day*. Bibliomotion.

Jolley, D., & Douglas, K. M. (2014). The effects of anti-vaccine conspiracy theories on vaccination intentions. *PloS One, 9*, e89177.

Judah, B. (2016, July 12). England's last gasp of empire. *New York Times*. https://www.nytimes.com/2016/07/13/opinion/englands-last-gasp-of-empire.html. Zugegriffen am 17.05.2019.

Judd, C. M., & Park, B. (1988). Out-group homogeneity: Judgments of variability at the individual and group levels. *Journal of Personality and Social Psychology, 54*, 778–788.

Judge, T. A., Bono, J. E., Ilies, R., & Gerhardt, M. W. (2002). Personality and leadership: A qualitative and quantitative review. *Journal of Applied Psychology, 87*, 765–780.

Kahan, D. M., Jenkins-Smith, H., & Braman, D. (2011). Cultural cognition of scientific consensus. *Journal of Risk Research, 14*, 147–174.

Kaniasty, K., & Norris, F. H. (2004). Social support in the aftermath of disasters, catastrophes, and acts of terrorism: Altruistic, overwhelmed, uncertain, antagonistic, and patriotic communities. In R. Ursano, A. Norwood & C. Fullerton (Hrsg.), *Bioterrorism: Psychological and public health interventions* (S. 200–229). Cambridge University Press.

Kaniasty, K., & Norris, F. H. (2009). Distinctions that matter: Received social support, perceived social support, and social embeddedness after disasters. In Y. Neria, S. Galea & F. Norris (Hrsg.), *Mental health and disasters* (S. 175–202). Cambridge University Press.

Kelly, J. (2016, June 29). Branger. Debression. Oexit. Zumxit. Why did Brexit trigger a brexplosion of wordplay? *Slate*. https://slate.com/human-interest/

2016/06/why-has-brexit-sparked-an-explosion-of-wordplay.html. Zugegriffen am 14.06.2019.

Kennedy, D. (2018, December 17). Brexit and the legacies of empire [Audio]. *Soundcloud.* https://soundcloud.com/history-policy/dane-kennedy. Zugegriffen am 17.05.2019.

Kenny, K. (2005). *Ireland and the British Empire.* Oxford University Press.

Kentish, B. (2017, September 17). Boris Johnson 'misused' figures with £350m Brexit claim, UK statistics chief says. *The Independent.* https://www.independent.co.uk/news/uk/politics/boris-johnson-350m-brexit-nhs-misled-uk-statistics-authority-the-telegraph-sir-david-norgrove-amber-a7951711.html. Zugegriffen am 30.05.2019.

Kentish, B. (2018, September 17). Leave voters dying and remainers reaching voting age means majority will soon oppose Brexit, study finds. *The Independent.* https://www.independent.co.uk/news/uk/politics/brexit-leave-eu-remain-vote-support-against-poll-uk-europe-final-say-yougov-second-referendum-peter-a8541971.html. Zugegriffen am 21.06.2019.

Khaleeli, H. (2016, June 29). 'A frenzy of hatred': How to understand Brexit racism. *The Guardian.* https://www.theguardian.com/politics/2016/jun/29/frenzy-hatred-brexit-racism-abuse-referendum-celebratory-lasting-damage. Zugegriffen am 21.06.2019.

Kim, H. (2016). The role of emotions and culture in the third-person effect process of news coverage of election poll results. *Communication Research, 43,* 109–130.

Kruger, J., & Dunning, D. (1999). Unskilled and unaware of it: How difficulties in recognizing one's own incompetence lead to inflated self-assessments. *Journal of Personality and Social Psychology, 77,* 1121–1134.

Kruglanski, A. W., & Webster, D. M. (1996). Motivated closing of the mind: 'Seizing' and 'freezing'. *Psychological Review, 103,* 263–283.

Kunst, J. R., Thomsen, L., Sam, D. L., & Berry, J. W. (2015). 'We are in this together': Common group identity predicts majority members' active acculturation efforts to integrate immigrants. *Personality and Social Psychology Bulletin, 41,* 1438–1453.

LaFortune, K. A. (2018). Eliminating offensive legal language. *Monitor on Psychology, 49,* 29.

Lally, M. (2019, March 24). Are you suffering from 'Strexit'? *Telegraph.* https://www.telegraph.co.uk/health-fitness/body/suffering-strexit/. Zugegriffen am 14.06.2019.

Langer, E. J. (1975). The illusion of control. *Journal of Personality and Social Psychology, 32,* 311–328.

Lawson, D. (2018, September 23). Yes, there can be a second Brexit referendum: In a decade or two. *The Times*. https://www.thetimes.co.uk/article/yes-there-can-be-a-second-brexit-referendum-in-a-decade-or-two-srcnqpw3c. Zugegriffen am 21.06.2019.

Laycock, S. (2012). *All the countries we've ever invaded: And the few we never got round to*. History Press.

Lee, G. (2018, November 26). FactCheck: May isn't telling the whole story on immigration. *Channel 4*. https://www.channel4.com/news/factcheck/factcheck-may-isnt-telling-the-whole-story-on-immigration. Zugegriffen am 17.05.2019.

Letts, Q. (2017). *Patronising bastards: How the elites betrayed Britain*. Constable.

Levy, D. A. L., Aslan, B., & Bironzo, D. (2016). *UK press coverage of the EU referendum*. Reuters Institute.

Lichfield, J. (2017, September 18). Boris Johnson's £350m claim is devious and bogus: Here's why. *The Guardian*. https://www.theguardian.com/commentisfree/2017/sep/18/boris-johnson-350-million-claim-bogus-foreign-secretary. Zugegriffen am 30.05.2019.

Lis, J. (2019, May 16). Brexit and the schoolboy fantasy that we can rule the world without really trying. *Prospect Magazine*. https://www.prospectmagazine.co.uk/politics/brexit-schoolboy-fantasy-rule-the-world-european-elections-european-union. Zugegriffen am 17.05.2019.

Liu, C. (2019, April 2). Solving the Brexit deadlock by lottery. *Psychology Today*. https://www.psychologytoday.com/intl/blog/decisions-defined/201904/solving-the-brexit-deadlock-lottery. Zugegriffen am 21.06.2019.

Lorenz, J., Rauhut, H., Schweitzer, F., & Helbing, D. (2011). How social influence can undermine the wisdom of crowd effect. *Proceedings of the National Academy of Sciences, 108*, 9020–9025.

Lusher, A. (2017, August 13). Saviour of the Tory party or 'reactionary poison'? Will Jacob Rees-Mogg run for Tory leader, and what would he do as PM? *The Independent*. https://www.independent.co.uk/news/uk/politics/jacob-rees-mogg-moggmentum-run-for-tory-leader-leadership-election-contest-conservative-party-a7891196.html. Zugegriffen am 05.06.2019.

Lyons, K. (2016, June 26). Racist incidents feared to be linked to Brexit result. *The Guardian*. https://www.theguardian.com/politics/2016/jun/26/racist-incidents-feared-to-be-linked-to-brexit-result-reported-in-england-and-wales. Zugegriffen am 21.06.2019.

Mac Cormaic, R. (2018, December 15). Remainers should not be let off the hook on Brexit. *Irish Times*. https://www.irishtimes.com/opinion/remainers-should-not-be-let-off-the-hook-on-brexit-1.3731493. Zugegriffen am 21.06.2019.

Mackey, R. P. (2016, June 21). *Gove: Britons 'have had enough of experts'* [Video]. YouTube. http://y2u.be/GGgiGtJk7MA/. Zugegriffen am 05.06.2019.

Mance, H. (2016, June 3). Britain has had enough of experts, says Gove. *Financial Times.* https://www.ft.com/content/3be49734-29cb-11e6-83e4-abc22d5d108c. Zugegriffen am 05.06.2019.

Mance, H. (2017, August 1). Most Brexiters say economic damage is a 'price worth paying'. *Financial Times.* https://www.ft.com/content/1b636ba8-76b3-11e7-a3e8-60495fe6ca71. Zugegriffen am 17.05.2019.

Manley, J. (2018, June 28). Lord Patten says Brexit will damage Britain and Ireland. *Irish News.* http://www.irishnews.com/news/northernirelandnews/2018/06/28/lord-patten-says-brexit-will-damage-britain-and-ireland-1368070. Zugegriffen am 30.05.2019.

Marchlewska, M., Cichocka, A., & Kossowska, M. (2018). Addicted to answers: Need for cognitive closure and the endorsement of conspiracy beliefs. *European Journal of Social Psychology, 48*, 109–117.

Marsh, E. J., & Yang, B. W. (2018). Believing things that are not true: A cognitive science perspective on misinformation. In B. G. Southwell, E. A. Thorson & L. Shelbe (Hrsg.), *Misinformation and mass audiences* (S. 15–34). University of Texas Press.

Martínez-Miranda, J., & Aldea, A. (2005). Emotions in human and artificial intelligence. *Computers in Human Behavior, 21*, 323–341.

Mason, P. (2018, March 13). Delusions, hypocrisy and historical amnesia: The Tory Brexit meltdown begins here. *New Statesman.* https://www.newstatesman.com/politics/brexit/2018/03/delusions-hypocrisy-and-historical-amnesia-tory-brexit-meltdown-begins-here. Zugegriffen am 17.05.2019.

Matsumoto, D., & Willingham, B. (2006). The thrill of victory and the agony of defeat: Spontaneous expressions of medal winners of the 2004 Athens Olympic games. *Journal of Personality and Social Psychology, 91*, 568–581.

McAlpine, D. D., McCreedy, E., & Alang, S. (2018). The meaning and predictive value of self-rated mental health among persons with a mental health problem. *Journal of Health and Social Behavior, 59*, 200–214.

McGarty, C., Turner, J. C., Hogg, M. A., David, B., & Wetherell, M. S. (1992). Group polarization as conformity to the prototypical group member. *British Journal of Social Psychology, 31*, 1–19.

McNulty, J. K., & Fincham, F. D. (2012). Beyond positive psychology? Toward a contextual view of psychological processes and well-being. *American Psychologist, 67*, 101–110.

Mental Health Foundation. (2019, March 21). *Millions have felt 'powerless', 'angry' or 'worried' because of Brexit: Results of our new poll.* Mental Health. https://www.mentalhealth.org.uk/news/millions-have-felt-powerless-angry-or-worried-because-brexit-results-our-new-poll. Zugegriffen am 14.06.2019.

Meredith, J., & Richardson, E. (2019). The use of the political categories of Brexiter and Remainer in online comments about the EU referendum. *Journal of Community and Applied Social Psychology, 29*, 43–55.

Merrick, R. (2018, November 8). Brexit secretary Dominic Raab says he 'hadn't quite understood' importance of Dover-Calais crossing. *The Independent.* https://www.independent.co.uk/news/uk/politics/brexit-latest-dominic-raab-trade-eu-france-calais-dover-economy-finance-deal-a8624036.html. Zugegriffen am 30.05.2019.

Merrick, R. (2019, February 7). Brexit: Young people 'will neither forget nor forgive' Leave campaigners, warns John Major. *The Independent.* https://www.independent.co.uk/news/uk/politics/brexit-young-people-voters-second-referendum-final-say-john-major-eu-remain-a8767666.html. Zugegriffen am 30.05.2019.

Miranda, C. (2016, June 25). The empire strikes back: Cameron quits over Brexit loss. *The Daily Telegraph.* Sydney. https://www.pressreader.com/australia/the-daily-telegraph-sydney/20160625/textview. Zugegriffen am 17.05.2019.

Mitchell, B., & Roberts, J. V. (2012). Sentencing for murder: Exploring public knowledge and public opinion in England and Wales. *British Journal of Criminology, 52*, 141–158.

Moody, A. (2013). Adult anthropometric measures, overweight and obesity. In R. Craig & J. Mindell (Hrsg.), *Health survey for England: 2012*. Health and Social Care Information Centre.

Murtagh, P. (2019, January 21). 'Do I need two vets now?' Border farmers sweat over Brexit. *Irish Times.* https://www.irishtimes.com/news/ireland/irish-news/do-i-need-two-vets-now-border-farmers-sweat-over-brexit-1.3764466. Zugegriffen am 21.06.2019.

Myerson, R. B. (1991). *Game theory: Analysis of conflict*. Harvard University Press.

Nair, A. (2017, March 17). 'Boring' Bob Geldof brands Brexit 'greatest act of self-harm' and vows to 'undermine' May. *Express.* https://www.express.co.uk/news/uk/780132/Bob-Geldof-shuns-Brexit-self-harm-vows-to-undermine-Theresa-May-bbc-nolan-live. Zugegriffen am 30.05.2019.

Ní Aodha, G. (2018, December 31). The ridiculous things UK politicians have said about Ireland and Brexit. *The Journal.* https://www.thejournal.ie/uk-politicians-4336217-Dec2018/. Zugegriffen am 21.06.2019.

Norton, M. I., Mochon, D., & Ariely, D. (2012). The IKEA effect: When labor leads to love. *Journal of Consumer Psychology, 22*, 453–460.

Nyhan, B., & Reifler, J. (2010). When corrections fail: Persistence of political misperceptions. *Political Behavior, 32*, 303–330.

O'Connor, R. C., Wetherall, K., Cleare, S., Eschle, S., Drummond, J., Ferguson, E., et al. (2018). Suicide attempts and non-suicidal self-harm: National prevalence study of young adults. *BJPsych Open, 4*, 142–148.

O'Donoghue, D. (2019, May 17). Theresa May's Brexit strategy akin to 'masochism'. *Press and Journal*. https://www.pressandjournal.co.uk/fp/news/politics/westminster/1750363/theresa-mays-brexit-strategy-akin-to-masochism/. Zugegriffen am 14.06.2019.

O'Neill, S. (2019). Brexit and Northern Ireland: Leaders must consider the mental health of the population. *Lancet: Psychiatry, 6*, 372–373.

O'Toole, F. (2018). *Heroic failure: Brexit and the politics of pain*. Head of Zeus.

Oikonomou, G. (2017, August 24). *My views on the #UKgov papers: #Brexit does not mean Brexit shar.es/1SGmyq @icmacentre @HenleyBSchool* [Twitter post]. https://twitter.com/i_oikonomou/status/900751417346064384. Zugegriffen am 17.05.2019.

Olusoga, D. (2017, March 19). Empire 2.0 is dangerous nostalgia for something that never existed. *The Guardian*. https://www.theguardian.com/commentisfree/2017/mar/19/empire-20-is-dangerous-nostalgia-for-something-that-never-existed. Zugegriffen am 17.05.2019.

Oppenheim, M. (2017, July 11). James O'Brien demolishes Leave voter in farcical on-air standoff. *The Independent*. https://www.independent.co.uk/news/uk/home-news/james-o-brien-leave-voter-lbc-radio-on-air-live-brexit-brexiteer-argument-call-in-standoff-a7835011.html. Zugegriffen am 17.05.2019.

Orbach, S. (2016, July 1). Susie Orbach: In therapy, everyone wants to talk about Brexit. *The Guardian*. https://www.theguardian.com/global/2016/jul/01/susie-orbach-in-therapy-everyone-wants-to-talk-about-brexit. Zugegriffen am 14.06.2019.

Owen, G. (2019, June 2). Truss: Only Johnson has the 'oomph' to be leader. *MailOnline*. https://www.dailymail.co.uk/news/article-7094851/Boris-Johnson-backed-Liz-Truss-week-ruled-race-Tory-leader.html. Zugegriffen am 05.06.2019.

Park, J., & Hill, W. T. (2018). Exploring the role of justification and cognitive effort exertion on post-purchase regret in online shopping. *Computers in Human Behavior, 83*, 235–242.

Payne, A. (2016, August 12). *Nigel Farage has grown a moustache and the internet can't handle it.* Business Insider. https://www.businessinsider.com/nigel-farage-moustache-ukip-2016-8. Zugegriffen am 05.06.2019.

Pearson, A. (2018, November 20). It's beginning to look a lot like a Brexit conspiracy. *Telegraph.* https://www.telegraph.co.uk/politics/2018/11/20/beginning-look-lot-like-brexit-conspiracy/. Zugegriffen am 21.06.2019.

Peck, T. (2019, March 20). With the single worst speech she has ever given, Theresa May shifted all the blame for the failure of Brexit on to herself. *The Independent.* https://www.independent.co.uk/voices/theresa-may-brexit-speech-failure-withdrawal-agreement-donald-tusk-meaningful-vote-downing-street-a8832741.html. Zugegriffen am 30.05.2019.

Peel, Q. (2016, September 19). Historic misunderstanding underlies UK-EU relationship on Churchill anniversary. *Financial Times.* https://www.ft.com/content/3d6bbabc-7122-11e6-a0c9-1365ce54b926. Zugegriffen am 21.06.2019.

Pettifor, A. (2016). Brexit and its consequences. *Globalizations, 14*, 127–132.

Polage, D. C. (2012). Making up history: False memories of fake news stories. *Europe's Journal of Psychology, 8*, 245–250.

Powdthavee, N., Plagnol, A. C., Frijters, P., & Clark, A. E. (2019). Who got the Brexit blues? The effect of Brexit on subjective wellbeing in the UK. *Economica, 86*, 471–494.

Prynn, J. (2016, July 11). 'Brexit anxiety' brings queue of patients for psychiatrists. *Evening Standard.* https://www.standard.co.uk/news/politics/brexit-anxiety-brings-queue-of-patients-for-psychiatrists-a3292746.html. Zugegriffen am 14.06.2019.

Pryor, C., Perfors, A., & Howe, P. D. L. (2018). Reversing the endowment effect. *Judgment and Decision Making, 13*, 275–286.

Purnell, S. (2014, August 6). Boris Johnson's carefully cultivated clownish image masks a self-centred and ruthlessly ambitious man. *Mirror.* https://www.mirror.co.uk/news/uk-news/boris-johnsons-carefully-cultivated-clownish-4005821. Zugegriffen am 05.06.2019.

Quinn, B. (2019, June 25). Gordon Brown: Unity of UK at risk from 'hijacking of patriotism'. *The Guardian.* https://www.theguardian.com/politics/2019/jun/25/gordon-brown-unity-of-uk-at-risk-from-hijacking-of-patriotism-brexit. Zugegriffen am 30.06.2019.

Rae, A. (2016, June 25). What can explain Brexit? *Stats, Maps n Pix.* http://www.statsmapsnpix.com/2016/06/what-can-explain-brexit.html. Zugegriffen am 30.05.2019.

Randerson, J. (2019, January 24). *Leo Varadkar: Brexit was 'not fully thought through'.* Politico. https://www.politico.eu/article/leo-varakar-brexit-was-not-fully-thought-through/. Zugegriffen am 30.05.2019.

Rawnsley, A. (2019a, May 26). What makes the Tories think that anyone must be better than Mrs May? *The Guardian.* https://www.theguardian.com/commentisfree/2019/may/26/what-makes-tories-think-anyone-must-be-better-than-theresa-may. Zugegriffen am 05.06.2019.

Rawnsley, A. (2019b, May 19). The middle ground no longer exists over Brexit: It's all or nothing now. *The Guardian.* https://www.theguardian.com/commentisfree/2019/may/19/the-middle-ground-no-longer-exists-over-brexit-its-all-or-nothing-now. Zugegriffen am 05.06.2019.

Read, C. (2019, April 12). BREXHAUSTION: Health warning issued due to Brexit stress. *Express.* https://www.express.co.uk/news/politics/1113602/brexit-news-health-stress. Zugegriffen am 14.06.2019.

Redding, R. E. (2001). Sociopolitical diversity in psychology: The case for pluralism. *American Psychologist, 56,* 205–215.

Reicher, S. (2004). The context of social identity: Domination, resistance, and change. *Political Psychology, 25,* 921–945.

Richards, B. (2019). *The psychology of politics.* Routledge.

Richards, L., & Heath, A. (2019, January 31). *Brexit and public opinion: National identity and Brexit preferences.* UK in a Changing Europe. https://ukandeu.ac.uk/brexit-and-public-opinion-national-identity-and-brexit-preferences/. Zugegriffen am 05.06.2019.

Ridley, L. (2016, July 2). Racism after Brexit is 'celebratory' and 'Englishness' is becoming exclusively white and Christian, says expert. *HuffPost.* https://www.huffingtonpost.co.uk/entry/racism-after-brexit-attacks-muslims-leave_uk_57766dc8e4b0f7b55795302d. Zugegriffen am 21.06.2019.

Rogers, I. (2019). *9 lessons in Brexit.* Short Books.

Rogers, J. F., & Ostfeld, R. (2017, December 6). *Environmentalism and the value-action gap.* YouGov. https://yougov.co.uk/topics/science/articles-reports/2017/12/06/environmentalism-value-action-gap. Zugegriffen am 05.06.2019.

Russo, L. (2017). The use of aggregate data in the study of voting behavior: Ecological inference, ecological fallacy and other applications. In J. Fisher, E. Fieldhouse, M. N. Franklin, R. Gibson, M. Cantijoch & C. Wlezien (Hrsg.), *The Routledge handbook of elections, voting behavior and public opinion.* Routledge.

Ryan, M. K., & Haslam, S. A. (2007). The glass cliff: Exploring the dynamics surrounding the appointment of women to precarious leadership positions. *Academy of Management Review, 32,* 549–572.

Sabbagh, D., & Elgot, J. (2018, December 10). Theresa May postpones Brexit deal vote. *The Guardian.* https://www.theguardian.com/politics/2018/dec/

10/theresa-may-postpones-brexit-deal-meaningful-vote-eu. Zugegriffen am 05.06.2019.

Samuelson, R. J. (2016, May 1). Britain flirts with economic insanity. *Washington Post.* https://www.washingtonpost.com/opinions/britain-flirts-with-economic-insanity/2016/05/01/bb8d7a4a-0e1f-11e6-bfa1-4efa856caf2a_story.html. Zugegriffen am 14.06.2019.

Sandhu, S. (2018, July 8). Every Remain-voting constituency with a pro-Brexit MP. *iNews.* https://inews.co.uk/news/politics/pro-brexit-mps-represent-remain-constituencies/. Zugegriffen am 05.06.2019.

Saunders, R. (2019, January 7). The myth of Brexit as imperial nostalgia. *Prospect Magazine.* https://www.prospectmagazine.co.uk/world/the-myth-of-brexit-as-imperial-nostalgia. Zugegriffen am 17.05.2019.

Savage, M. (2017, May 7). Theresa May pledges mental health revolution will reduce detentions. *The Guardian.* https://www.theguardian.com/politics/2017/may/07/theresa-may-pledges-mental-health-revolution-will-reduce-detentions. Zugegriffen am 14.06.2019.

Schachter, S., & Singer, J. (1962). Cognitive, social, and physiological determinants of emotional state. *Psychological Review, 69*, 379–399.

Scott, P. (2019, January 16). Theresa May's withdrawal bill just became biggest ever government defeat in the House of Commons. *Telegraph.* https://www.telegraph.co.uk/politics/2019/01/16/theresa-mays-withdrawal-bill-just-became-biggest-ever-government/. Zugegriffen am 05.06.2019.

Sheehan, M. (2018, December 17). Irish army identifies 300 border crossing points. *Belfast Telegraph.* https://www.belfasttelegraph.co.uk/news/northern-ireland/irish-army-identifies-300-border-crossing-points-37631474.html. Zugegriffen am 21.06.2019.

Shipman, T. (2016). *All out war: The full story of Brexit.* William Collins.

Shipman, T. (2017). *Fall out: A year of political mayhem.* William Collins.

Shrimsley, R. (2018, July 19). Brexit, Boris and the perils of positive thinking. *Financial Times.* https://www.ft.com/content/3419e61c-8a18-11e8-bf9e-8771d5404543. Zugegriffen am 14.06.2019.

Sibley, C. G., Osborne, D., & Duckitt, J. (2012). Personality and political orientation: Meta-analysis and test of a threat-constraint model. *Journal of Research in Personality, 46*, 664–677.

Smith, M. (2017a, March 10). *Beards are growing on the British public.* YouGov. https://yougov.co.uk/topics/politics/articles-reports/2017/03/10/beards-are-growing-british-public. Zugegriffen am 05.06.2019.

Smith, M. (2017b, March 13). *Would you Adam and Eve it? A fifth of Londoners failed YouGov's cockney rhyming slang test.* YouGov. https://yougov.co.uk/topics/politics/articles-reports/2017/06/06/how-british-fictional-characters-might-vote-2017-g. Zugegriffen am 05.06.2019.

Smith, M. (2017c, June 6). *How British fictional characters might vote: 2017 general election edition.* YouGov. https://yougov.co.uk/topics/politics/articles-reports/2017/06/06/how-british-fictional-characters-might-vote-2017-g. Zugegriffen am 05.06.2019.

Smith, M. (2019, May 6). The unspoken truth: Brexit is so bad it is funny. *Village Magazine.* https://villagemagazine.ie/index.php/2019/05/the-unspoken-truth-brexit-is-so-bad-it-is-funny/. Zugegriffen am 21.06.2019.

Son Hing, L. S., Bobocel, D. R., Zanna, M. P., & McBride, M. V. (2007). Authoritarian dynamics and unethical decision making: High social dominance orientation leaders and high right-wing authoritarianism followers. *Journal of Personality and Social Psychology, 92*, 67–81.

Spicer, A. (2016, July 1). The UK is in Brexistential crisis. Is there a way forward? *The Guardian.* https://www.theguardian.com/commentisfree/2016/jul/01/uk-brexit-brexistential-vote-leave-eu-britain. Zugegriffen am 14.06.2019.

Stern, C., West, T. V., Jost, J. T., & Rule, N. O. (2014). 'Ditto heads': Do conservatives perceive greater consensus within their ranks than liberals? *Personality and Social Psychology Bulletin, 40*, 1162–1177.

Stevens, J. (2016, June 28). NHS trust offers nurses and mental health carers free counselling to get over the referendum vote. *Daily Mail.* https://www.dailymail.co.uk/news/article-3664762/NHS-trust-offers-nurses-mental-health-carers-free-counselling-referendum-vote.html#comments. Zugegriffen am 14.06.2019.

Stewart, H. (2019, January 16). May suffers heaviest parliamentary defeat of a British PM in the democratic era. *The Guardian.* https://www.theguardian.com/politics/2019/jan/15/theresa-may-loses-brexit-deal-vote-by-majority-of-230. Zugegriffen am 05.06.2019.

Stewart, H., & Mason, R. (2016, April 7). EU referendum: £9m taxpayer-funded publicity blitz pushes case to remain. *The Guardian.* https://www.theguardian.com/politics/2016/apr/06/cameron-to-push-case-remain-eu-with-9m-taxpayer-funded-publicity-blitz. Zugegriffen am 21.06.2019.

Stewart, H., Mason, R., & Walker, P. (2019, March 28). Brexit: May vows to resign before next phase of negotiations if deal is passed. *The Guardian.* https://www.theguardian.com/politics/2019/mar/27/theresa-may-to-resign-before-next-phase-of-brexit. Zugegriffen am 05.06.2019.

Stiensmeier-Pelster, J., & Heckhausen, H. (2018). Causal attribution of behavior and achievement. In J. Heckhausen & H. Heckhausen (Hrsg.), *Motivation and action*. Springer.

Strack, F., & Mussweiler, T. (1997). Explaining the enigmatic anchoring effect: Mechanisms of selective accessibility. *Journal of Personality and Social Psychology, 73*, 437–446.

Stuckler, D., Basu, S., Suhrcke, M., Coutts, A., & McKee, M. (2011). Effects of the 2008 recession on health: A first look at European data. *Lancet, 378*, 124–125.

Sturridge, P. (2018a). Brexit, British politics, and the left-right divide. *Political Insight, 9*(4), 4–7.

Sturridge, P. (2018b, August 15). *The social roots of values and their influence on voting*. Medium. https://medium.com/@psurridge/the-social-roots-of-values-and-their-influence-on-voting-aae8c193821. Zugegriffen am 05.06.2019.

Sumner, C., Scofield, J. E., Buchanan, E. M., Evans, M.-R., & Shearing, M. (2018, July 5). *The role of personality, authoritarianism and cognition in the United Kingdom's 2016 referendum on European Union membership*. Online Privacy Foundation. https://www.onlineprivacyfoundation.org/opf-research/psychological-biases/personality-authoritarianism-and-cognition-in-brexit/. Zugegriffen am 05.06.2019.

Tabernero, C., Chambel, M. J., Curral, L., & Arana, J. M. (2009). The role of task-oriented versus relationship-oriented leadership on normative contract and group performance. *Social Behavior and Personality, 37*, 1391–1404.

Taylor, S. E., & Brown, J. D. (1988). Illusion and well-being: A social psychological perspective on mental health. *Psychological Bulletin, 103*, 193–210.

Tharoor, I. (2019, January 4). Fool Britannia: Britain clings to imperial nostalgia as Brexit looms. *Washington Post*. https://www.washingtonpost.com/world/2019/01/04/britain-clings-imperial-nostalgia-brexit-looms/. Zugegriffen am 17.05.2019.

Thomas, S. (2016, October 10). Why Brexit is just like having a baby. *Spectator*. https://blogs.spectator.co.uk/2016/10/brexit-just-like-baby/. Zugegriffen am 14.06.2019.

Tillman, E. R. (2013). Authoritarianism and citizen attitudes towards European integration. *European Union Politics, 14*, 566–589.

TLDR News. (2019, February 19). *Game theory explains why no deal is inevitable: Brexit explained* [Video]. YouTube. http://y2u.be/BHiT9VPkgUY. Zugegriffen am 05.06.2019.

Tombs, R. (2019, May 21). Extreme remainers are driven by a misguided pessimism about Britain's future. *Telegraph*. https://www.telegraph.co.uk/politics/2019/05/21/extreme-remainers-driven-misguided-pessimism-britains-future/. Zugegriffen am 14.06.2019.

Turner, J. C., Wetherell, M. S., & Hogg, M. A. (1989). Referent informational influence and group polarization. *British Journal of Social Psychology, 28*, 135–147.

Tversky, A., & Kahneman, D. (1973). Availability: A heuristic for judging frequency and probability. *Cognitive Psychology, 5*, 207–232.

Tversky, A., & Kahneman, D. (1982). Judgments of and by representativeness. In D. Kahneman, P. Slovic & A. Tversky (Hrsg.), *Judgment under uncertainty: Heuristics and biases*. Cambridge University Press.

Tversky, A., & Kahneman, D. (1992). Advances in prospect theory: Cumulative representation of uncertainty. *Journal of Risk and Uncertainty, 5*, 297–323.

Van de Vyver, J., Leite, A. C., Abrams, D., & Palmer, S. B. (2018). Brexit or Bremain? A person and social analysis of voting decisions in the EU referendum. *Journal of Community & Applied Social Psychology, 28*, 65–69.

Van der Linden, S., Leiserowitz, A., Rosenthal, S., & Maibach, E. (2017). Inoculating the public against misinformation about climate change. *Global Challenges, 1*, 1600008.

Van Swol, L. M. (2009). Extreme members and group polarization. *Social Influence, 4*, 185–199.

Vandoros, S., Avendano, M., & Kawachi, I. (2019). The EU referendum and mental health in the short term: A natural experiment using antidepressant prescriptions in England. *Journal of Epidemiology & Community Health, 73*, 168–175.

Verweij, M., Senior, T. J., Domínguez, J. F., & Turner, R. (2015). Emotion, rationality, and decision-making: How to link affective and social neuroscience with social theory. *Frontiers in Neuroscience, 9*, 332.

Wagner-Egger, P., Delouvée, S., Gauvrit, N., & Dieguez, S. (2018). Creationism and conspiracism share a common teleological bias. *Current Biology, 28*, R867–R868.

Walker, A. (2019a, February 4). Do mention the war: The politicians comparing Brexit to WWII. *The Guardian*. https://www.theguardian.com/politics/2019/feb/04/do-mention-the-war-the-politicians-comparing-brexit-to-wwii. Zugegriffen am 14.06.2019.

Walker, P. (2019b, June 25). Brexit: Johnson says Britain will leave EU on 31 October 'do or die'. *The Guardian*. https://www.theguardian.com/politics/2019/jun/25/brexit-boris-johnson-britain-will-leave-eu-31-october-do-or-die. Zugegriffen am 30.06.2019.

Wallace, S., Nazroo, J., & Bécares, L. (2016). Cumulative effect of racial discrimination on the mental health of ethnic minorities in the United Kingdom. *American Journal of Public Health, 106*, 1294–1300.

Walter, S. (2019). Better off without you? How the British media portrayed EU citizens in Brexit news. *International Journal of Press/Politics, 24*, 210–232.

Watson, M. (2019, May 16). Michael Gove's war on professional historical expertise: Conservative curriculum reform, extreme whig history and the place of imperial heroes in modern multicultural Britain. *British Politics*. https://doi.org/10.1057/s41293-019-00118-3. Zugegriffen am 21.06.2019.

Watts, J. (2016, June 29). The EU referendum has caused a mental health crisis. *The Guardian*. https://www.theguardian.com/commentisfree/2016/jun/29/eu-referendum-mental-health-vote. Zugegriffen am 14.06.2019.

Williams, Z. (2019, April 4). 'All I hear is anger and frustration': How Brexit is affecting our mental health. *The Guardian*. https://www.theguardian.com/politics/2019/apr/04/anger-and-frustration-how-brexit-is-affecting-our-mental-health. Zugegriffen am 14.06.2019.

Wood, M. J., & Gray, D. (2019). Right-wing authoritarianism as a predictor of pro-establishment conspiracy theories. *Personality and Individual Differences, 138*, 163–166.

Yamamoto, M. (1999). *Animacy and reference: A cognitive approach to corpus linguistics*. John Benjamins.

YouGov. (2019a). *YouGov/5 news survey results*. YouGov. https://d25d2506sfb94s.cloudfront.net/cumulus_uploads/document/3vq4kkd53t/5News_Brexit-MentalHealth_190118_w.pdf. Zugegriffen am 05.06.2019.

YouGov. (2019b). *YouGov/5 news survey results*. YouGov. https://d25d2506sfb94s.cloudfront.net/cumulus_uploads/document/9gs7ol1mhl/5News_190318_Brexit_MentalHealth.pdf. Zugegriffen am 05.06.2019.

Younge, G. (2018, February 3). Britain's imperial fantasies have given us Brexit. *The Guardian*. https://www.theguardian.com/commentisfree/2018/feb/03/imperial-fantasies-brexit-theresa-may. Zugegriffen am 17.05.2019.

Zmigrod, L., Rentfrow, P. J., & Robbins, T. W. (2018). Cognitive underpinnings of nationalistic ideology in the context of Brexit. *Proceedings of the National Academy of Sciences, 115*, E4532–E4540.

Printed by Printforce, the Netherlands